U0135330

后浪

[美] 马特·约翰逊　普林斯·古曼 著　柴淼麟 译

BLINDSIGHT:
上瘾的秘密

The (Mostly)
Hidden Ways Marketing
Reshapes our Brains

潜移默化的营销方式
如何重塑我们的大脑

民主与建设出版社
·北京·

感谢玛琳和桑地亚哥无尽的鼓励支持，
感谢我的父母，因为你们，我才可以一直写下去。

——马特

感谢我的母亲一直以来无私的爱护、支持和鼓励。

——普林斯

目录

盲视的力量

2010 年，许多实验接连不断震动科学界。其中一项实验是受试者 T.N. 穿过 20 米长的走廊，走廊里摆满了箱子、橱柜和椅子，他却没有碰到任何一个物体 [1]。听起来很简单吧？但请注意，T.N. 属于官方认定的盲人。他是为数不多的神经学家所说的盲视患者之一。

盲视患者本身失明，但仍可以处理视觉信息。如果效仿实验研究，让盲视患者坐在电脑前，电脑屏幕上再闪现一排圆点，他们会坚称看不见显示屏或圆点。但如果你耐心鼓励，说服他们随便猜一下，猜测结果却往往出人意料地准确。

这是为什么呢？

原因在于，大脑处理视觉信息的步骤复杂，涉及几个区域一起合作。大多数失明是因为眼睛受损，大脑根本就接收不到视觉信息。但像 T.N. 这样的人，失明是由于大脑某个区域受到了损伤，眼睛接收的残余视觉信息会在大脑其他区域进行处理，可以让人对视觉刺激做出反应（比如绕过障碍物），不过他们往往意识不到自己处理了视觉信息。也就是说，人们往往意识不到大脑接收的信息。

这种情况不只发生在盲视患者身上。我们的大脑时时刻刻都在接收信息，但我们根本意识不到。通过观察盲视患者，我们不仅可以了解大脑如何产生视觉感知，还可以了解我们与消费的关系。

盲视患者走在满是障碍的走廊上，连他们也不知道为何每遇上一个障碍物，自己总能突然感知到应该靠哪边行走。其实这是一种直觉反应，而非思考结果。我们的消费行为也是同理。

作为消费者，购买与否会受到各种因素影响，比如遍布的广告、网站"购买"按钮的位置、包装设计等，这些我们通常都不会特别留意。选购某个品牌牙膏的原因我们自己也说不上来，只知道就是买了支牙膏而已。

本书的用武之地正是揭示消费背后的架构蓝图和设计目的。随处可见的品牌商标、新闻栏滚动的广告、吸睛的电视广告、日常使用的应用程序，这些只是消费中显而易见的表面现象。更深层次的是，利用独特的大脑结构进行巧妙设计，使我们在不知不觉中就受到影响。

刚才分析 T.N. 这样的盲视患者是属于神经心理学范畴。而本书将从不同方面着手，向你介绍消费时的"盲视"，从而让你有能力觉察到"看不见"的消费陷阱；力图帮你了解广告的设计意图，了解广告如何影响消费决定，以及为何最终能激发你的购买欲。

飞行准备

想象一架飞机，在消费世界里航行。这架飞机就相当于大脑，构造复杂，要想运作需要有一套特殊的规则限制。飞机周围呼啸的风就是消费世界，品牌和营销会借此不断影响大脑的运作机制，让我们的想法和欲望产生动摇。

然后有人登机，这个所谓的人就是你自己，更确切地说是你的意识。那么问题来了，你到底是飞行员还是乘客？

究竟是哪个角色取决于对飞机和风的掌控。飞行员对其了如指掌，可以轻车熟路地安全抵达目的地。而乘客则一窍不通，也就是对大脑和消费如何互动一无所知，只能任由飞机去到哪里。

从这个意义上来说，本书是对如何控制飞行建言献策，包括明白飞机和风的相互作用，理解大脑功能，营销如何影响大脑等，以便你在暗流涌动的消费世界更好地飞行。

查缺补漏

理解消费行为不仅大有裨益，而且也非常紧要。为什么这样说呢？

因为今时不同往日，品牌比你更了解你自己！了解大脑和消费之间的联系，受益的不仅仅是你。每一次智能设备上的点击、刷卡，甚至心跳记录，都会让品牌更好了解到如何让顾客乖乖掏钱。消费者和品牌之间的知识差距越来越大。

请牢记，本书为你、为消费者，以及任何决心不受心理学和营销学蛊惑的人量身打造，帮助你们填补差距。

在接下来的十二章里，会将大脑和消费之间的深层互动一一揭晓。在营销学的背景下，我们讲解神经科学，涉及记忆与体验、快乐与痛苦、情感与逻辑、感知与现实、注意力、决策、成瘾、新鲜感、喜好度、同理心、沟通、故事讲述和潜意识信息传递等多个方面。

从表面来看，你会了解大脑如何运作，以及品牌如何应运而生。

而继续深入挖掘，你会更加清晰地理解自己，更好理解自己消费行为中映射的心理。

要想成为飞行员，关于飞机和风的知识都得一清二楚。而要想掌握消费中的新型"盲视"，就得成为营销学家和脑科专家。这也是两人合著本书的原因。结合神经学家马特·约翰逊（Matt Johnson）和营销学家普林斯·古曼（Prince Ghuman）的经验，本书将带你深入了解鲜为人知的消费科学。

准备好了吗？就像《黑客帝国》（*The Matrix*）的主角尼奥（Neo）准备好去见识一下"兔子洞"的深浅。跟我们来吧。

欢迎打开"盲视"。

上瘾的秘密
BLINDSIGHT
The (Mostly) Hidden Ways
Marketing Reshapes
Our Brains

第一章　只"吃"菜单，不"吃"菜

市场营销如何鱼目混珠

假设你现在是一场烹饪大赛的评委，面前摆着五碟精美的肉酱，配着进口饼干。每一碟看起来都令人垂涎，你可以任意品尝。然后主持人布置了一个任务：找出哪一碟是狗粮。

这不是什么烹饪大赛，其实是 2009 年的一项研究实验[1]，实验名称就是"人类能区分肉酱和狗粮吗？"。有四个碟子装的是肉酱，价值不菲。还有一碟是加工处理过的罐装狗粮，外观和稠度看起来和肉酱一模一样。每碟肉酱除了肉色略有不同，别无二样。结果如何？没人可以尝出哪一碟是狗粮。

如果你的妈妈递来一罐狗粮，说道："尝尝这个，味道和鸭肝酱没啥区别，还挺便宜。"你可能怀疑妈妈在说胡话。然而，狗粮加工成肉酱后，你确实尝不出来。这里强调一下，尽管受试者努力分辨哪碟是狗粮，但他们还是以失败告终。那么来换位思考一下，毫无戒心的顾客在一家餐厅里到底能吃到什么？

有人可能会反驳，肉酱实验捉弄得了门外汉，可捉弄不了真正的美食家。接受质疑，所以这次不再是狗粮和肉酱，而是经过类似处理的葡萄酒。

侍酒师对各种葡萄酒的味道再清楚不过了。他们经过多年沉浸式学习、饮用、品尝、考试，接受正式的职业教育，才能获得认证上岗。侍酒师的味觉强悍，只消轻抿一口，他们就能说出葡萄酒名、葡萄品种、出产国家以及年份。

波尔多大学的弗雷德里克·布罗切特（Frêdêric Brochet）进行了一项极具欺骗性的实验[2]，结果表明，即使是职业侍酒师，味觉也会失灵。实验提供了两杯颜色不同的葡萄酒，一杯红色，一杯白色，让侍酒师们细细品味。他们不知道，红葡萄酒除了添加了红色食用色素外，其实和白葡萄酒没有任何区别。结果，他们的结论是两杯酒的味道完全不同，白葡萄酒尝起来有蜂蜜和柑橘的味道，红葡萄酒尝起来有覆盆子和桃花心木的味道。但事实是，味蕾感知到的味觉信息完全相同。好了，这下子尝不出狗粮的人不用太沮丧了，美食专家也不过如此！

这简直为高端餐厅削减成本找到了新方法（开玩笑），实际上，这还说明了我们感知世界的基本洞察力——味蕾，不一定如实反映味道。

我们无法直接感知到食物的味道。味蕾尝出的食物本身的味道与大脑最终感知到的味道相去甚远。正如已故伟大的哲学家艾伦·瓦茨（Alan Watts）所说："只吃菜单，不吃菜。"换句话说，感知与现实总有一步之遥，因为我们感知到的是自己内心对世界的看法，而非世界本身。

在神经科学领域，这一差距解释了感知为何容易出错，因为我们（也许）根本不能真正感知现实世界。而在市场营销中，这一差距大有作用：这是机会，可以调整、影响，甚至从根本上改变消费者对现实世界的深层感知。在不断说服顾客的过程中，营销者最想要的恐怕就是改变现实世界，从而让自己获利吧。

市场营销最基本的策略是，通过利用其他感觉影响消费者的某种感觉，例如餐厅除了供应美食，还播放音乐、布置装饰等。从深层次来说，这改变了消费者对正在消费的东西的想法——只要你觉得狗粮是肉酱，那么它尝起来就很好吃。在最极端的情况下，这些改变了的认知信念根深蒂固，使得一个品牌甚至可以烙印在消费者的大脑里。

而品牌之所以能做到，是因为客观现实和主观感知存在差距，大脑会以一种奇特方式处理这之间的差距。多年来，各大品牌都各显神通弥补差距，在此过程中从根本上改变了消费者对现实的感知，营销者正好大显身手。为了更好理解这个差距，以及品牌如何弥补其间差距，我们首先深入研究一下在日常生活中，大脑如何感知世界。

猜谜游戏：心智模型

我们的大脑不直接感知现实世界，而是构建了一个模型，神经学家称其为心智模型。大脑会持续建模，每次你咬一口食物，并不是在品尝食物本身的味道，而是大脑对这种食物味道的最佳推测。这一模式主要是味觉起作用，其他知觉也同样奏效。虽然大脑努力精确地还原现实，但正如上文的狗粮实验和品酒实验，这些模型远远不够完美。

心智模型极易受到各种因素的影响。几乎不能被"纠正"重建，因为感知到的所谓现实就是心智模型构建的现实，所以我们永远不能验证对错。因此如果一个品牌或企业影响了心智模型，那么就可以直接影响我们对现实的感知。

餐厅在很大程度上就依赖于此，即心智模型很容易产生暗示。当我们坐下点餐，我们会不自觉地留意周遭的一切：餐厅环境、背景音乐、餐具、地段等。实际上，这所有的一切都会影响心智模型。在废弃的仓库和华丽的宴会厅，同一顿饭吃起来味道也会截然不同。

大脑时时刻刻都在建模，所以我们从未留意心智模型什么时候开始以及如何运行。理解大脑如何构建这些心智模型，尤其是味觉模型，是理解在消费时如何被影响的关键。

首先要知道大脑什么时候建模。大脑并不会对所有感觉一视同仁，而是优先处理更强烈的感觉。与其他感觉相比，味觉非常微弱（因此易受影响）。视觉是最强烈的感觉。如何知晓这一点？视觉中枢占大脑皮层的绝大部分；大约1/3脑容量用来专门处理、解读视觉信息。与其他感觉相比，视觉占主导。

听觉紧随其后，但同时处理视觉、听觉信息时，你会切实感知到大脑就像一个失之偏颇的交警，如果视觉数据和听觉数据同时靠近十字路口，大脑每次都会优先处理视觉信息。

这就是现实世界中的网球决胜盘抢七局。一段视频中有个男人一直在重复单词 bah，声音很清楚：bah，bah，bah，bah。现在有另外一段视频，还是这个男人清楚地重复 fah：fah，fah，fah，fah。最后，把第一段的音频剪辑到第二段上，现在会看到这个人的嘴型是fah，但发出的声音是bah。哪个"声音"赢了，是bah还是fah？哪段数据，音频还是视频更符合心智模型？显然，每次都是视频。尽管实际听到了bah，但由于视觉占主导地位，于是心智模型以此获取信息，导致我们最终误听到了fah。

这种现象随处可见，这就是著名的麦格克效应（McGurk effect）[3, 4]。

这不是个例，因为视觉对大脑的心智模型影响强烈，而味觉是最微弱的感觉。近来，许多研究[5, 6]重复验证了品酒实验结果，但实验内容略有不同：

不是简单添加食用色素，而是用增强现实技术（AR）把白果酒变成红色。受试者只能通过AR观看果酒，也就是用数字设备改变了外观颜色，但实验结果再次相同。即便果酒用料一样，"红色"果酒"尝起来"像是草莓和深色香料的味道。这简直像《黑镜》的现实写照：在虚拟世界中改变食物的颜色，那么在现实世界中对食物味道的看法也会随之变化。

食物颜色可以让你垂涎欲滴，也可以让你觉得淡泊寡味。在一项日本兵库大学的实验中，研究调查了颜色对汤羹的购买影响[7]。受试者品尝的汤羹配料、碗碟、温度都一样，只有颜色不同。添加无味食物着色剂来测试受试者的反应。结果不可思议。蓝色着色剂降低了受试者的进食意愿，他们对汤羹的美味度和舒适度的感觉也大打折扣。而且，喝蓝色汤羹的人感觉焦虑，满意度最低。也就是说，受试者感到不满只是因为汤羹是蓝色的。

在之前的实验中我们已经讨论过，受试者经常受骗。他们都很熟悉肉酱和红酒，知道这些东西应该是什么味道。蓝色汤羹也是如此，但他们品尝时仍受到了影响，这是因为蓝色汤羹的心智模型是基于大家对蓝色食物的想法。

无论是基于根深蒂固的进化论，还是生活经验，大脑都会得到暗示，觉得蓝色食物不安全，因为健康的食品颜色一般不会是蓝色。而蓝色食物（例如，变质的肉类）通常不是什么好东西。

已故的脱口秀泰斗乔治·卡林就曾有个段子：

> 红色有覆盆子、樱桃和草莓；橘色有橘子；黄色有柠檬；绿色有酸橙；棕色是肉色……压根没有食物是蓝色！别拿蓝莓来狡辩，谁都知道那是紫色。蓝纹奶酪？也不是！那是有绿霉菌的白奶酪[8]。

受试者可能没有意识到食物是蓝色的很可疑。但是，喝汤时大脑还是不自觉地影响了心智模型。

所信即所见

感觉强烈与否的互相影响很好地阐明了心智模型的不完美和易受影响，但这只是入门。心智模型还会被我们的信念严重影响，即消费时我们所认为的真实性。

在一家米其林三星级餐厅，配着一杯梅洛葡萄酒，享用一道美味佳肴。尝起来咸甜适中，烹饪得当，五味俱全，这是你的真实感受，然后服务员过来询问你是否喜欢"马肉"香肠。心智模型一旦接收了这个信息，那你再尝下一口的味道可能就大不一样了。换句话说，你对马肉的想法会影响你对这道菜的心智模型，反过来又会影响这道菜的味道，即使吃了一口之后紧接着吃了另一口！上一口你还不知道是马肉，而现在你知道了。不知何故，两口的味道大不相同 [9]。

虽然在亚欧许多国家吃马肉很常见，但在美国有些忌讳吃马肉。马肉本身并不难吃，喜欢与否取决于你的信念。你对饮食的信念会影响心智模型，从而影响对食物的享用。

电影《低俗小说》有一个经典桥段，朱尔斯（塞缪尔·杰克逊饰）对吃猪肉高谈阔论，他从来不吃，一口也不尝，因为他觉得猪很肮脏。"下水道的老鼠吃起来可能像南瓜派，那我也不吃，因为我他妈从来不吃脏东西。"想象一下，朱尔斯开心地嚼着所谓的牛排，结果吃到一半才知道是手撕烤猪肉。他很可能怒火中烧，十分生气。

信念影响心智模型，从而对消费产生深远影响。贴着有机标签会影响你对食物味道的判断 [10]。相同的火鸡肉，人们觉得国民商标包装的味道就比普通包装的更好 [11]。信念是构建心智模型的一部分，会严重影响消费体验。

可能会有人质疑，信念的影响只是表面的。我们只是告诉自己，咖啡在花哨的杯子里味道更好，大品牌的火鸡肉味道更好，或者贴着有机标签的苹果和真正的有机苹果，吃起来的味道不一样。

这个观点可能合理，但经不起推敲。葡萄酒再次成为绝佳的实验用品。无数研究表明，如果人们认为他们喝的葡萄酒价格不菲，他们会说自己的体验更愉快。有一项开创性的研究除了自我评测，还直接观察受试者的大脑。有两杯葡萄酒，一杯价格昂贵，一杯相对便宜。在受试者品尝这两杯葡萄酒时，斯坦福大学巴巴·希夫（Baba Shiv）教授的研究小组通过功能性磁共振成像（fMRI）扫描观察他们大脑的快乐中枢，即大脑深处的伏隔核[12]。研究小组发现，当受试者被告知喝的葡萄酒价格很贵时，快乐中枢的神经元会受到刺激。那么喝的是便宜酒呢？没有任何反应。实际上，两杯酒是从一个瓶子里倒出来的。

这项研究显示了心智模型受到信念的影响有多深，而且心智模型会对我们的感知产生深刻影响。这不是骗局。我们不是主动地自欺欺人。从大脑可量化观测的神经科学方面来说，葡萄酒价格越贵，味道越好。由于自我强加的信念，大脑会以两种完全不同的方式感知同一件事情。这并不是说你更喜欢更贵的酒，而是你确实觉得它味道更好。名酒背后的信念影响你的心智模型，实际上就影响了它的味道。心智模型不是在增加经验，它就是经验。

信念如何构建心智模型

如上所述，在心智模型中，比起简单的感官信息，信念发挥的作用更重要。但品牌不止步于灌输简单信念，比如"这是有机食物""这是纯牛肉"。在生意场上，品牌会为自己的产品创造复杂多变、经久不衰的信念，从而对大脑的基本认知产生持久影响。创造这样的信念需要在大脑里深入整合。要想了解这个原理，我们先来认识一下大脑如何组织信息。

大脑通常在一个庞大互连的网络中组织存储的数据，神经学家称之为"语义网络"。知识和概念不是孤立存储的，而是互相关联在相关网络中。每当你想到一件事，你自然会想到与之相关的其他事情。例如，当你想到"树"这个词时，你自然会想到"苹果"；而想到"门"时，可能就会想到"钥匙"，诸如此类[13]。

这些知识网络储于大脑颞叶。如果这一区域受损，会患上失认症——可以听和看，但无法将所见所闻与物体名称联系起来[14]。例如看到一辆消防车模型，失认症患者可以准确地描述出它的所有特征——它的样子，拿在手中的感觉，发出的噪声。但是他们说不出它叫什么。换句话说，他们无法将感知信息和含义联系起来。

大脑把知识存储在一个有组织的网络中，所以不同类别的知识可能会选择性地丢失。例如，如果颞叶的某一特定部分受损，你可能会失记或不能命名有生命物体，但可以说出无生命物体的名称[15]。

颞叶神经网络的联系不是与生俱来的，而是慢慢建立的。"树"会让我们自然联想到"树叶"，因为它们总是同时出现。同样的，通过感知输入信息或不同的抽象概念，情感可以和其他抽象概念建立联系。我们会不由自主地将警报声与警车或消防车联系在一起，也会感到恐惧或警惕。这些情感联系也存在于颞叶区域。

大脑能够建立这些联系，是因为它们天生就会找规律。神经学家称其为"统计学习"。大脑毫不费力地就可以检测到所处环境的模式规律。时间久了，日益重复的模式就转变成联系。联系需要建立，但这个过程似乎是天生的。八个月大的婴儿就能辨别自然语言中的发音规则，这是语言习得的关键基础[16]。人类记录规律的能力不可思议。我们无意识地就会将环境中的统计数据转化为知识。由于联系对建立知识至关重要，所以它们对心智模型的影响尤为强烈。

品牌 = 基于信念的心智模型

现在思考一个问题：品牌到底是什么？神经学家的答案是品牌就是一连串的联想。打造品牌就是联想设计的一项实践。

在餐饮品牌中，可口可乐当数世界第一，在所有品牌中位列第五，仅次于苹果、谷歌、亚马逊和微软[17]。考虑到消费者对其他四家品牌产品的依赖程度，可口可乐跻身前五，多少会有些意外。考虑以下情境：

情境1：生活里没有可乐。

情境2：生活里没有谷歌。

哪种情境更让人难以想象？显然是后者，毕竟谷歌为生活提供了无限便利。暂且不论好坏影响，如果没有谷歌，我们会很难在现代化世界立足。而一瓶可乐呢？简直微不足道。喝可乐至多是个消遣，假设可口可乐现在是一家资源匮乏的初创企业，大概率会一败涂地。一瓶可乐的效用微乎其微，甚至可能会对健康产生负面影响。

可乐其实就是棕色的碳酸糖水。不管怎么说，要没有品牌加成，可乐实质就是如此。但可口可乐这个品牌完全是另一回事。每年可口可乐的广告营销和品牌推广费用高达数十亿美元。

为什么呢？只要是生活在这个星球上，几乎就没有人没听说过可口可乐。所以，可口可乐之所以这样做，是因为广告不仅打开了知名度，还带来了心理联想，这是语义网络中的"房地产"。或者换个角度来说，可口可乐愿意在联想设计上一掷千金。不过绝对不是随随便便的联想，可口可乐是把自己和快乐绑定。怎样让大家都来买汽水？那就把自己的产品和大家都想要的快乐绑定。糖水＋快乐肥宅创造的价值达 2000 亿美元。

在日常消费时，品牌举足轻重，因为它们会与快乐等抽象概念联系在一起。你喝了一口可乐，你并不会下意识把味道一分为二——25% 来自饮料本身，75% 来自品牌的抽象联想。相反，你有一个恰当的心智模型——可口可乐最擅长创造的无缝体验，这使得可口可乐让人久久难忘。

如何做到这一点？秘诀就是利用大脑颞叶的联想设计巧妙打造品牌地位。可口可乐每年在联想设计上花费 40 亿美元，包括宣传广告和其他数字和线下营销活动。所有活动只为一个目的，向大脑灌输可乐＝快乐，这样当你下一次想喝点什么时，你自然会选择可口可乐。它多年来的广告语就是（距今已有十年）："畅爽开怀。"难怪百事可乐总是略逊一筹，谁又能赢过"快乐"呢！

显然，可口可乐强烈影响了我们对饮料口味的选择。但是当一个品牌变得如此深入人心时，是否还可以量化品牌对感知的影响程度？答案是否定的，因为现实世界中两者无缝融合。但是在可控的环境中，实验可以帮助我们梳理出品牌对心智模型的具体影响，从而与产品本身做个对比。最赫赫有名的是"百事大挑战"。

百事大挑战是百事于1975年推出的一项长期营销活动。活动灵感来自营销团队的耳闻——人们不知道喝的是百事可乐还是可口可乐时，他们其实更喜欢百事可乐。尽管现在大家认为百事大挑战只是一种营销策略，但整个实验要求严苛，细节详尽，严格控制所有变量。两种饮料同时倒出，保存温度相同。所有实验都是随机进行的，评委也和百事可乐没有任何关系。实验严密程度比得上临床药物试验。

20世纪90年代百事可乐亚太区首席营销总监李世宜说出了百事可乐的活动初衷："我们知道百事可乐肯定更好喝，所以开展这个活动来自证一下[18]。"当时百事可乐销量大大不如可口可乐，所以百事大胆策划了这场声名远扬的官方实验。

实验结果出奇一致。受试者知道喝的可乐是什么品牌时，80%更喜欢可口可乐，只有20%选择百事可乐。然而，在品牌没有揭晓之前，蒙在鼓里的受试者有53%更喜欢百事可乐，只有47%选择可口可乐。营销团队大做文章，尤其是在同时销售百事可乐和可口可乐的地区。只论口味的话，百事可乐更胜一筹。

百事可乐的成功营销还主要得益于出人意料的支持者：可口可乐的铁杆粉丝。他们坚信可口可乐更好喝，而且非常清楚可口可乐和其他汽水之间的区别。这些可口可乐铁粉最终成了挑战活动的焦点。他们事先说出自己最喜欢可口可乐的原因，几乎无一例外都说味道。然而，实验结果显示，他们对可口可乐味道的喜欢有些自以为是。他们喜欢只是因为自己觉得自己喝的是可口可乐。品牌影响了粉丝们对可乐的心智模型，很大程度上就影响了可乐口感。

可口可乐在汽水市场有着主场优势，是因为这个名字已经铭刻在大脑的语义网络中。仅仅想到可口可乐，就能深深刺激大脑。

受到百事大挑战营销活动的启发，科学家们利用功能性磁共振成像技术，观测受试者喝可乐时的大脑活动[19]。一组受试者事先被告知喝的是可口可乐，而另一组只被告知喝的是可乐。两组对照，喝可口可乐成员的大脑多个区域更加活跃，最明显的是和语义、情绪相关的颞叶区域。这也就意味着和名酒一样，人们根本尝不出可口可乐更好喝。觉得更好喝只是因为联想设计。我们可以确切地看到，大脑里与可口可乐有关的联想正在被激活！

让我们回顾一下神经学家对品牌的定义：联想设计，或者反复让人们接收公司想要自己产品引发的联想信息。如果品牌始终如一地不断重复，那么就会将信息灌输给大脑的语义网络，改变其基本认知。小时候学习时，"叶子"和"树"常常结伴出现，现在通过无数广告的重复宣传，你会觉得可乐等于快乐。语义网络告诉心智模型，这就是产品的同义词。我们敢说，这个联想已经切实烙印进大脑的颞叶区域。实际上，可口可乐是在你的大脑里"租房"，但每次买可口可乐，反而是你付费。不开心吗？放宽心，毕竟"可口可乐添欢笑"。

大脑如何脑补

上述主要探讨了关于味觉的心智模型，因为所有感觉中，最容易通过味觉观察心智模型的变化，以及利用心智模型打造品牌。由于味觉是最薄弱的感觉，大脑就会更容易被影响。这就意味着，关于饮食的心智模型更容易受信念影响，比如用餐餐厅的巧妙设计、可乐品牌或是苹果贴的有机标签。

尽管视觉是占主导地位，是最可靠的感官，但它也会受到信念影响。大脑不断地构建视觉上的心智模型，从而可以眼观世界。典例之一就是视觉盲点的存在。

每只眼睛后面有数百万的神经细胞记录来自外部世界的光线，视网膜接收视觉信息，然后经过大脑处理后形成视觉。具体方式是，视网膜通过视神经将这些视觉信号传递给大脑的其他区域进行处理。然而，视神经与视网膜交汇的地方没有任何的感光细胞，导致每只眼睛都会有个盲点，接收不到来自外界的视觉信息。视觉盲点直径大约为 1.5mm，位于视野中心偏 15 度左右的区域。

下一页你可以"看到"自己的视觉盲点。

你可能从来没有注意到。这是因为人人都有两只眼睛，一只眼睛看不到的地方，另一只会帮忙。但是闭上一只眼睛，我们也看不到一块空空的黑色斑点，这是因为心智模型，大脑会不断脑补，"填补"应该有的东西。

为了填补这一空白，大脑会根据其他感官数据或内心信念推测现实，而且大脑的推测能力十分了得。毕竟，我们一生都没有意识到视觉盲点的存在。

这也说明了大脑建模多么普遍，并不是偶尔为之。一旦处于一个模糊环境中，伴随着相互冲突的信号，大脑会时时刻刻都在建模，比如吃着看起来不错的狗粮，或是一个人明明嘴巴在说 bah，我们却听到了 fah。

当然，这种模型不仅适用于味觉、视觉或任何其他特定的感官。大脑不断地对现实世界的全部感知进行建模，可以说是事无巨细。出人意料的是，对待现实的心智模型和味觉模型一样，也极易受到影响。

因此，除了可口可乐，许多品牌也都铆足力气，想把自己的产品引进消费者的大脑里。品牌致力于成为脑海中那些抽象、鼓舞人心的理念的代名词。宝马的口号是完美，福特是坚韧可靠，苹果等于时尚的极简主义，科罗娜（Corona）啤酒则与惬意海滩联系在一起……不胜枚举。品牌改变了我们对一家公司的整体印象，再从根本上改变对其产品的消费体验。所以，每年全球知名的大牌公司仍不惜花费数十亿美元投放广告。品牌不仅仅让公司名字享誉全球，更重要的是在消费者的大脑里牢牢灌输恰当的属性和联想。

1. 右手把上页图片举到与眼睛水平的位置，距离自己大约一臂远。

2. 用左手盖住左眼。

3. 右眼看着这个 X。盯着 X，但要注意圆点。

4. 继续盯着 X，慢慢把图片靠近。

随着图片越来越近，点会消失，然后重新出现。（如果没有这个效果，请再试一次，这一次将图片移动的速度放慢到之前速度的一半或更慢。）这可能需要练习几次，但一旦你找到了合适的距离，圆点会完全消失！恭喜你找到了自己的视觉盲点！

耐克是另外一个经典案例。该品牌把自己和运动传奇绑定，致力于让自己与希腊胜利女神的化身同名。因此，穿一双耐克鞋和普通品牌鞋，身心感觉都是不一样的，远远不是穿鞋本身的实物感受。对耐克鞋的心智模型不仅带来了相关的感官数据，还让我们越来越了解耐克潜在的品牌知识。

红牛也用"极限能量"完成了类似壮举，暗示品牌不仅影响口味，还会影响感受。想想百事可乐大挑战，现在换成能量饮料，结果如出一辙。在 2017 年的一项实验中 [20]，随机选择 150 名巴黎男性分成三组。每个受试者喝的都是用伏特加、果汁和红牛调制的鸡尾酒，但三组人被告知喝的东西不一样。第一组是"伏特加鸡尾酒"，第二组是"果汁鸡尾酒"，最后一组是"伏特加红牛饮料"。与其他两组相比，喝红牛的那组报告说，他们感觉醉意更浓，更愿冒险，接近女性时更有自信。真正"让你能量超乎想象"的是你对品牌的联想，而不是饮料本身。诸如此类的品牌效应与医学界几十年前提出的"安慰剂效应"原理相同。只要服用者相信治疗有效，贴着药物标签的糖丸会像药丸一样发挥疗效。这就是品牌致力打造的：糖丸变药丸。不过"糖丸"是他们的产品，药效则是经过计算的抽象情感或概念。

最近利用功能性磁共振成像技术的研究发现，使用安慰剂的受试者大脑同样受到了刺激，表明安慰剂的疗效确实和任何生物制剂一样有效 [21, 22]。研究安慰剂效应的分子生物学家凯瑟琳·霍尔（Kathryn Hall）于 2018 年在《纽约时报》上发表文章 [23] 称："多年来，我们认为安慰剂效应只是人们的想象，现在通过成像，可以真正看到吃糖丸时，大脑同样会有刺激反应。"这再次验证了希夫的葡萄酒实验，信念不断影响心智模型，最后大脑会自发地形成生理反应。如果你坚信出色的篮球运动员与所穿的鞋子品牌密不可分，那么谁又能否认呢？这就是安慰剂效应或自证预言现象，即信念可以显化。想要成为"迈克尔·乔丹"的运动员，穿上乔丹鞋会表现得更加出色，这纯粹是品牌与表现卓越的宣传效果。事实上，对照实验发现，尽管球杆是普通牌子，但如果你相信用的是耐克高尔夫球杆，那么你击球会更卖力、更准 [24]。

每一个大牌产品的宣传原理都是如此。美妆品牌花费数百万美元将产品和美丽自信联系在一起，如果买家信以为真，实际的使用体验就会反映出来。服装奢侈品牌就是时尚、潮流、自信的代名词，让穿着的人深以为然。总之，品牌因信念而生。

品牌使用心理份额这一比喻来形容自己和竞争对手在消费者

心中所占的比重。但大牌都知道，心理份额这一说法不够精准，因为一个品牌可以力压对手支配大脑，比如可口可乐 vs 百事可乐。

品牌一旦构建联想，就可以永远改变大脑的语义网络。这是什么意思呢？让我们花点时间好好想想。品牌联想不是短暂的、不可触及的概念。从生物意义上说，品牌联想占据大脑空间，连接颞叶之间的神经元。那么真正构建之后，会严重影响我们的现实体验。

我们通过感官体验生活。每当看、听、闻、摸、尝时，大脑会输入客观的原始数据。然后，这些数据会与我们对现实世界的认知相结合，在大脑内部创建一个主观模型。这个模型不是浅层的，是感知新数据的框架，代表感知本身。感知就是现实。在接受客观数据和产生主观体验之间，大脑会无意识地构建心智模型。消费者这种无意识，即现实和感知之间存在差距，对于营销者来说代表着大把机会。通过影响其他感官，不断灌输信念，把自己的产品深深铭刻在大脑中，品牌其实是在指挥这一建模过程，这就会从根本上改变我们对现实的认知。

这是人类所独有的。你觉得你的狗狗会因为狗粮是爱宝（Alpo）还是普通牌子而尝出不同味道吗？显然不会。但是人类就是如此独特，我们感知现实世界，这个过程既复杂又易受影响。无论好坏，我们总是只"吃"菜单不"吃"菜。餐厅大概不会把狗粮摆上餐桌，不过就算他们真的如此行事，我们也分辨不出来。

上瘾的秘密

BLINDSIGHT
The (Mostly) Hidden Ways
Marketing Reshapes
Our Brains

第二章 锚定效应

神经科学的相对论

哪一部分看起来更黑？

显然是上半部分，对吗？

再猜一次。两块颜色其实一样。你用手指遮住中间的接缝，会
发现这两部分的颜色完全一样。

一开始看起来颜色不同是因为认知的锚定效应。大脑会根据参考点，自动处理输入数据。图上的背景色就是参考点，大脑会据此处理两块阴影的颜色：较亮的背景下颜色较暗，较暗的背景则反之。尽管眼睛看到的颜色波长完全相同，但受到背景颜色影响，看起来反而不一样。锚定效应会改变我们的认知，也会影响我们的注意力和价值判断。

世界就是一连串源源不断的复杂数据，大脑不可能面面俱到。为了处理如此庞大的信息数据，大脑会找捷径。最大的捷径就是锚定一切事物，这有助于我们分清主次，统筹兼顾。

锚无处不在，不管是所视还是所闻。如果黑色背景是锚，那么普普通通的白点也会很扎眼。如果你从小在城市长大，那么你可能已经习惯了夜晚的噪声，包括汽车声、脚步声和偶尔的警报声，这种持续不变的噪声就是你听觉上的锚。所以当你第一次去乡下露营时，夜晚的寂静可能让你无所适从，原因就是乡下和城市的夜晚太不一样了。对于在乡下长大的人来说，情况则正好相反。寂静的夜晚是锚，而你习以为常的喧哗对他们来说可能是震耳欲聋。

背景是锚，前景会突出。前景可以是灰色方块、新车，或是其他任何东西。即使是成功这样抽象的前景，也跟锚密切相关。如果你从部门经理升职为副总裁，那肯定感觉很棒，不得不开瓶香槟庆祝。但如果是从总裁降职为副总裁呢？你不会为那件事开瓶塞的，这是一种截然不同的生活。

大脑对前景的感知取决于背景锚。最有趣的是，我们几乎意识不到锚，不管它会对我们的行为产生多大影响。

但品牌会利用它来盈利。当我们消费时，看看一种产品是否符合其标价，我们可能觉得就是单纯地评估一下。实际上，我们是根据锚来估算的，这个锚很可能是由品牌设定的。品牌创造锚，一是为了吸引注意力，二是为了影响我们的价值判断。

大脑总想"抛锚"泊定。而品牌就化身航海专家，做出相应的规划。让我们先从注意力谈起，看看品牌是如何做到的。

锚定注意力

关注某事的动力要么来自内部，要么来自外部。更高级的说法就是，要么是"内生的"，要么是"外生的"。购物时有购物清单，这就是内生注意力。购买的物品就是清单上的条目，你的注意力会遵从内心（"内生的"意思是"来自内部"）。但换个场景，你去商场只是四处逛逛，打发时间，没有确定的内在目标。你关注某个东西是因为它吸引了你的眼球，这就是外生注意力。

品牌喜欢用外部环境中的锚吸引我们的外生注意力。电视上广告的播放内容都比电视剧多。广告牌颜色鲜艳，与平淡的风景色调形成鲜明对比。驱动外生注意力说到底就是利用你特别容易注意到的东西：变化。

从视觉上来说，大脑会倾向于关注高对比度的物体：白色对黑色，黄色对红色，依此类推。线条和轮廓也可以产生高对比度。事实上，大脑中有不同的系统会优先处理高对比度的信息[1]。对刚出生的新生儿进行的研究表明，他们始终会优先对高对比度的刺激做出反应[2,3]。利用成人眼球追踪技术观测发现，成功预测 85% 的人会先看高对比度区域[4]。

大脑对高低对比度的不同关注，注重用户体验的设计者一清二楚，所以会巧妙地应用到设计之中。例如，注销界面。脸谱网要想获利，最佳方式就是让用户保持登录，否则他们如何收集数据财富呢？为了不让用户注销，他们利用对比度将用户注意力集中到取消（Cancel）按钮上。

这是亚马逊的视频会议系统 Chime，注销界面利用对比度把注意力集中到 Cancel 按钮上。暗淡的背景是锚，与白色按钮相比，深色按钮更能吸引你的注意力。

研究表明，涉及紧急采购时，仅仅是产品外观的突出特征（显著性），即由高对比度产生的视觉特征（如色调、边缘和颜色对比度），会极大地增加顾客购买欲[5]。也就是说，如果产品的外观和周围环境形成鲜明对比，那么产品会更易被购买。

假设你非常口渴，对矿泉水的价格、品牌或大小真的不太在意。那么一冰箱的矿泉水你会选择哪瓶呢？如果冰箱里有 Voss（芙丝）矿泉水，毫无疑问它会成为首选。这正是 Voss 设计矿泉水瓶的初束，整体看起来很像苹果公司的风格——用玻璃制成，瓶身纤细，线条鲜明，轮廓干净。在一片满是塑料瓶的海洋中（你的视觉锚），Voss 会抓住你的注意力。

你要是卖俄罗斯产的伏特加酒，赌注会更高。你要是喝过 Popov 烈酒，伏特加尝起来就会索然无味。与威士忌或龙舌兰酒不同，味道并不是我们选择哪个品牌的主要决定因素。在一项全面的神经学营销研究中[6]，营销员调查了哪种伏特加瓶子设计受到的关注最高。事实证明，货架上的 Absolut（绝对）、Pinnacle（品尼高）和 Svedka（诗凡卡）位居前列。这里就要跟时尚达人说抱歉了，Tito（醍拓）排名倒数。需要对比更鲜明！利用对比吸引消费者超出了视觉范畴。在新闻领域，吸引眼球成为重中之重，让人点击一篇文章需要概念层面上的对比。曾为《名利场》《Kinfolk》和《赫芬顿邮报》撰稿的纽约记者凯蒂·卡拉蒂（Katie Calautti）认为，吸引眼球变得越来越重要。正如她在一次电话会议中分享道："这里有很多琐碎信息，你必须做一些不同的事情才能脱颖而出。读者的时间和精力变得前所未有地紧张急促。你要想传达文章的主旨，得简明扼要。[7]"媒体公司正在进行一场"标题党"竞赛：在其他条件相同的情况下，一个标题与其他标题反差越大，读者点击它的可能性就越大。

不随机的随机

回顾一下第一章，我们的大脑天生爱找规律。我们无意识地不断学习环境中的各种模式。在我们的一生中，大脑已经内化了许多这样的模式，这些模式提供了背景——锚，促使人们自发关注不同寻常的东西。

这种类型的锚定在进化上是有意义的。生存并不完全依赖于感知和体验环境。事实上，时刻关注每一个细节会降低我们的生存概率。要想生存，得行动迅速，所以为了顺利行动，大脑已经进化到能处理足够的感知信息。这种浆果是我以前吃过的水果，还是没见过的可能有毒的东西？我们没有必要看到浆果中的每一种色素，只须注意它是否符合食用浆果的安全模式。找到规律有利于节约时间和精力。

事实上，大脑非常喜欢模式化，并不喜欢真正的统计随机性。当 iTunes 首次推出随机播放功能时，收到了大量投诉邮件。投诉来自顾客，他们控诉这项功能根本没用，因为他们随机播放超级男孩乐队（*NSYNC）的专辑时，曲目有时还是顺序播放。大家觉得受到了欺骗。三首歌曲随机播放怎么能和专辑中的实际顺序一样呢？随机难道不是意味着 7，11，13，而不是 1，2，3 吗？歌曲随机播放顺序确实是随机的，但每次当前歌曲结束时，每首歌的播放概率相同。有时是 7，11，13，有时也是 1，2，3。

为了解决这一问题，iTunes 改变了他们的随机算法，避免出现上述情况。新的算法对大家来说感觉更随机，实际却并非如此。声田（Spotify）在确定播放列表随机播放的最佳方法时，也有类似经历。声田的算法开发者马蒂亚斯·彼得·约翰逊（Mattias Peter Johansson）一语道破："对于大家来说，问题就是随机却感觉不那么随机。为了让人们感觉更随机，我们用一种新的算法更新了（随机功能）。"人类真的很奇怪。

模式创建预期

　　品牌常用的策略就是反其道而行之，这句话也完美地揭示了大脑注意力系统的简单之处。心理锚是之字形，是每个人统一的前进方向。要想吸引大脑的注意力，就必须反向而行。所以，各大品牌都很擅长"变化无常"。他们会利用现有联想充当预制的锚，然后打破锚定的联想，瞧——遵循规律的大脑发现了突如其来的变化，自然的反应就是给予品牌关注。

　　如果让你设想一辆外国跑车，你会觉得它是什么颜色？答案很可能是红色或者亮黄色。如果你是一个发布新跑车的汽车品牌，你要如何在大片红色跑车中一鸣惊人？对于日产的新一代 350Z 跑车，答案是使用橙色。具体地说，是略带焦糖色的亮橙色，在一片红色跑车的海洋中，"350Z 橙色"惹人注目。多年来，女性产品销售品牌一直使用粉色代表女性气质，日积月累，效仿的品牌越多，粉色就越成为引发联想的锚。那么，在这个锚面前，你要如何脱颖而出？最简单的答案是选择不同的颜色，珠宝品牌蒂芙尼（Tiffany & Co.）就是这样做的，所以它越来越成功。通过一次次打破现有联想，不断坚持下去，最终创建一个新的联想。这就是"蒂芙尼蓝"大获全胜的原因，成为万"粉"丛中的一点"蓝"，经年累月后，它自己就成为一种联想。

　　如果你下足功夫，甚至可以实现最终的突破：创造惊喜。2006

年末，位于英国总部的吉百利公司（Cadbury Chocolates）正处于一场公关风暴之中。沙门氏菌的暴发使 40 多人患病，严重损害了品牌形象。在公关团队进行初步公关挽救后，他们迫切需要重振这个经典品牌的声誉。吉百利的公关救星是一只两百公斤的大猩猩，那支广告就像病毒一样传播开来，自此"病毒式营销"广为人知。广告开场特写大猩猩的脸，没有背景音。随后出现菲尔·柯林斯（Phil Collins）《今晚夜空中》（*In The Air Tonight*）的开头，音乐逐渐增强，其间穿插着可能是流行音乐史上最著名的鼓声间奏。随着歌声逐渐消失，摄像机慢慢拉近镜头，发现大猩猩原来就是鼓手，他屏气凝神，等待着演出爆发的那一刻。想象一下，在会议上听到这个高潮！"鲍勃，我有办法摆脱沙门氏菌噩梦。只需要菲尔·柯林斯和一套大猩猩套装！"[8]

这个计谋成功了！这段视频很快在 YouTube 上获得了超过 50 万的点击量。[9]吉百利称，除了颇受关注，这支广告中还给消费者留下了颠覆性的积极印象，销售额出现显著上升。

模式创建预期，预期充当锚。看到了太多门把手，你会期待门被拉开。而太多人在击掌，当有人举起右手掌朝向你时，你自然知道去回应。而打破预期会产生一种非常特殊的感觉：惊喜。事实上，打破预期正是神经学家对惊喜的定义。鼓手一般会是人，吉百利就是利用这个傻瓜联想作为一个锚，从而让观众感到意外。我们的日常生活中，不会有一个大猩猩是鼓手（尽管可以载入史册）。因此，我们看到一个广告感到惊讶，是因为广告打破了预期，引起了我们的注意。

最有趣的是，这则广告一成不变。几次更新迭代后，大猩猩的魅力消失了。续集的回头率急剧下降。为什么呢？因为最初感到惊喜的这种吸引力是转瞬即逝的。学习了新模式，有了新锚，新鲜感自然会消失。也就是说，大猩猩骗你一次，你自惭形秽。骗你两次……

如何打破预期

神经学家对打破预期进行了深入研究。通过脑电图（EEG）仪，可以观测到惊喜时脑电波的变化。这项测量分析叫作N400，这是因为听到了出其不意的趣话后，脑电图仪在400毫秒左右就检测到大脑做出了反应。

N400效应主要由言语惊喜引发[10]。一般来说，每个词都会引起N400效应，但词语越不常见，其电波波动越明显。比如，"superfluous（多余的）"就没那么常用，它比"chapter（章）"引发的N400效应的波动更明显。

一个有趣的点是，语境锚对N400效应影响重大。虽然每个单词本来就会引发N400效应的波动，但这个波动会根据单词的语境发生巨大变化。以这个句子为例，"I long to marry my one and only true ___."（我渴望嫁给我唯一的真命 ___。），如果最后这个单词是love（天子），你觉得顺理成章。然而，如果最后是elephant（大象），你会大感意外。所以，N400的波动会更大。elephant并不算什么生僻词，但在这个语境里就出人意料。

多个脑电图分析研究[11]都反映了这一现象。单词和语境越不匹配，N400效应的波动越大，越会感到惊喜。语境本身就是锚，既可以符合预期也可以打破预期。一旦打破预期，你就会情不自禁地关注它。

喜剧演员安东尼·杰塞尔尼克（Anthony Jeselnik）深谙此道。他是N400专家，他的脱口秀就是不断打破预期。笑料简单却让人爱听。他讲述的内容画面本来向东，但最后走向却是朝西，结果妙趣横生。高潮讯号是什么？尽管观众对他的表演节奏十分熟悉，但他们还是摸不透最后的画龙点睛之笔，所以杰塞尔尼克总能在一个多小时里给观众反复带来惊喜。

以下是杰塞尔尼克式的脱口秀，看看你能不能猜透谜底。

我的爸爸真伟大。养了五个男孩。我们谁也不知道谁。

虽然我知道小弟对花生严重过敏，但我还是觉得我父母太过小题大做——他们看到我吃了一小袋飞机上送的花生，就把我赶出了弟弟的葬礼。

我有个孩子在非洲，这个孩子我悉心照料，提供教育，现在每天能赚75美分。不过比起把他送去那里的费用，这几乎算不了什么。

品牌故意打破预期屡见不鲜。IHOP（松饼屋餐厅）是一家美国早餐连锁店，它在2018年信誓旦旦公布要把名字IHOP改成IHOB。这个宣传噱头博得了很多关注，通过数字指标量化就是，短短一天之内社交媒体上的男性顾客增长了 6477%，大大提高了品牌知名度。#IHOP 和 #IHOB 话题在一周内获得了超过 2.97 亿的阅读量，然后官方出来回应：这只是个玩笑 [12]。他们成功抓住了消费者的注意力，借机推出新品——汉堡。

汉堡本身并不会让人感觉意外。在一般语境中，单词 Burger（汉堡）根本不会产生什么 N400 波动。但在 IHO 这个情境下，Pancake（煎饼）本来是锚，所以汉堡成功造势。

内生注意力：闪闪发亮迷人眼

无论是广告牌、精美包装，还是别出心裁的广告，用锚就可以吸引消费者。但我们的外生注意力是有限的。作为消费者，注意力只能分散到一定的方向。各大品牌都纷纷跃跃欲试，想要抓住消费者的注意力，所以要怎么做才能脱颖而出？答案就是让消费者加入品牌。

那些赢得消费者忠诚度的强大品牌，能吸引其内生注意力。内生注意力来自内部：购物前就列好购物清单，而不是边看边买。品牌通过出现在购物清单上来吸引内生注意力：

> 购买（卡夫）通心粉和奶酪；
> 购买（多力多滋）薯片

如果你特别喜欢某个牌子的矿泉水，比如 Dasani（达萨尼），那么购买之时，你会以内生模式搜索矿泉水，结果就是 Dasani。如果公司品牌已经烙印在大脑中，他们就不需要再从外部抓住你的注意力。

有趣的是，内生注意力可以防止竞争对手抢夺消费者的外生注意力。越喜欢 Dasani，越不可能再去看其他替代品。我们会对 Dasani 的竞争对手视而不见，Dasani 大获全胜。

品牌若是被纳入内生模式，可以削弱角度、颜色和对比度对视觉吸引的效果。还记得前面引用的那个研究吗？在浏览（外生）模式下，根据视觉上的突出特征，可以以 85% 的准确率预测视觉的注意力。一旦你给受试者提供一个确定目标，预测准确率就会骤降到 40%。也就是说，要是变成了内生模式，吸引眼球的花招就不怎么奏效了。

这似乎值得庆祝，毕竟，内生模式好像可以消除注意力的外在影响，但先让我们花点时间反思一下。当大脑从浏览（外生注意力）转成目标导向（内生注意力）时，大脑看到的东西会更少，这意味着大脑会选择性"失明"。

哈佛大学研究者丹尼尔·西蒙斯（Daniel Simons）发现[13]，"失明"这个说法真是恰当。实验的设计精彩绝伦：受试者扮演游客，拿着地图向一个陌生人问路。当陌生人看地图时，两名搬家工人举着一幅画走过，游客趁机和其中一名工人互换位置。新的游客继续问路，而那个陌生人完全没有意识到两名游客长得不一样！[14]

西蒙斯还做了一项经典研究，证实了我们多么容易被蒙蔽[15]。如果你不明白其中意思，你可以亲自试一下。

在这项研究中，受试者看了一个视频，视频内容是很多人来回扔球，他们需要计算弹起次数。由于内生注意力自然将目光集中在球上，受试者完全没看到一个穿着大猩猩套装的男子在人群中间走过。当我们的注意力本能地停留在看地图或数次数这类事情上时，我们的大脑与盲人无异。一个足够有吸引力的锚可以让我们对其他东西都视而不见，即便是大猩猩。不要满不在乎，阿拉丁神灯能满足一家公司的一大愿望就是让客户对竞争对手置若罔闻，而现在公司根本不需要阿拉丁神灯的帮助。我们对品牌的忠诚度会让大脑进入目标导向的内生模式。再想想第一章，品牌如何从根本上改变我们的认知，现在它也可以从根本上转移我们的注意力，进而大大获利。

从注意力到价值判断

再来回顾一下本章开头：大脑就像船只，总在寻找"抛锚"的地方，我们大脑就是根据锚面对世界、理解世界的。惊喜、感知和注意力都取决于大脑所依赖的锚。当然，锚不仅仅是分散注意力，还会影响我们的价值判断。

要想弄清这一点，我们先来了解一下数字对大脑的影响。随口说几个数字，大脑的锚开始超速运转。一旦数字出现，大脑会把这些数字作为参考的价值锚，不管是数字应答还是视觉都会产生错觉。

著名行为经济学家丹尼尔·卡尼曼（Daniel Kahneman）进行了一项实验，受试者旋转转盘，指针可能随机指向介于 1 到 100 之间的数字。每旋转一次后，受试者都要回答涉及数字的猜测问题："津巴布韦出境游的人数比例有多少？"或"蒙大拿州波兹曼市的平均温度是多少？"有趣的是，他们的答案与指针指向的数字有关。如果指向的数字较大，他们的预估数字就会更高，反之亦然。尽管受试者完全知道数字是随机转到的，和问题答案毫无关系，但这个数字仍然影响了他们的答案。

现在可以加大赌注了！如果锚就是物价，那么对我们的消费金额会大有影响。在旧金山探索博物馆外进行了一项测验，调查人员说野生动物因为石油泄漏受到波及，然后询问路人是否愿意捐款帮助它们。美国西海岸的居民热情善良，大多数人纷纷慷慨解囊，平均捐款金额为每人64美元。但如果提供给路人一个确定的捐款金额——这相当于一个数字锚，结果发生了微妙变化。如果这个锚是5美元，平均捐款金额就只有20美元；如果是400美元，平均捐款金额则上升到143美元！

同样的，在威廉索拿马（Williams-Sonoma）家具公司的货架上，如果把一台429美元的面包机摆在279美元机型旁，毫无疑问429美元机型的面包机会卖不出去。同时，售价279美元的面包机销量翻了一番。要不是面包机行家，且货架上只有279美元一种型号，我们会不知做何选择。279美元价格公道吗？定价过低还是过高？我们搞不明白。同样的，把279美元的面包机放在429美元的面包机旁，我们会当机立断。429美元成了锚，279美元就格外惹眼。在这个锚旁边 [16]，279美元真是划算。菜单上也会有同样的效果。如果开头的主菜价格很贵，可能没人会买，相比之下其他菜品便宜得多，点这些菜的人自然就多。

大脑深受数字锚影响，公司甚至不用故意设计价格高昂的替代品，就能让顾客感觉物超所值。快餐店满是特大优惠的宣传广告。这很奏效，毕竟 1 个汉堡 1 美元真的很划算。当竞争对手大卖 1 美元汉堡时，那还卖 4 美元就毫无吸引力。卡乐星（Carl's Jr.）汉堡就深谙此道，因此大获成功。业内其他品牌还在鹬蚌相争时，卡乐星宣传"汉堡原价 6 美元现仅售 4 美元"，品牌名字本身就是一个价值锚；它会让你有个大约的心理价位，以及你会愿意支付多少附加费。卡乐星现在就是让顾客觉得只有 4 美元，太划算了！

这就引入了 MSRP。MSRP 到底是什么？MSRP 全称是 manufacturer's suggested retail price（厂商建议零售价）。你可能见过，但应该不知道 MSRP 对购买心理的影响。从价格层面来说，MSRP 就是锚。这是亚马逊的惯用伎俩：产品清单展示原始（高得多）价格。一套 Bose 降噪耳机建议零售价为 300 美元，亚马逊却仅售 150 美元，消费者一看简直不能错过，甚至从来没有注意到其他网上销售平台其实和亚马逊的价格相差无几。

数字限额作为一个锚，也会大大促进购买力。如果杂货店挂着一个大标签，写着"苹果每人限购 15 个"，大脑就会根据这个锚考虑是否购买。一项关于购买汤羹的研究表明，如果人们看到每人限购 4 罐，大家一般就会买 4 罐，而非两罐[17]。

上述已经表明，为了吸引消费者，品牌如何故意打破大脑中的统一模式。公司对价格做了同样的手脚。梅西百货（Macy's）正是因为这种策略而出名，甚至是臭名昭著。该公司要么不打折，要么短期持续大打折。走进一家梅西百货，一件 Ralph Lauren（拉夫劳伦）男士西装售价 700 美元，这是大脑锚定西装价格的参考值。一个月后的总统日假期，再走进去，同样的西装打折只卖 400 美元。既然已有 700 美元在前，那么 400 美元看起来就会很划算，即使每个重大节日梅西百货都有类似的大减价。

老海军（Old Navy）品牌更胜一筹——永远在打折。想一想：什么时候路过老海军的橱窗没有广告？老海军总是打折，消费者一直上钩。有人批评梅西百货和老海军本质就是价格欺诈。JCPenney（杰西潘尼）最初也是这样运作的，总收入只有 1% 是来自全价购买的商品。后来公司听取意见，表明立场反对欺骗性定价，放弃所谓的建议零售价，转而每天都提供低价。

结果呢？完全是场灾难，损失近 10 亿美元！"公平"定价后，杰西潘尼那个财年的总收入暴跌 9.85 亿美元。事实证明，消费者喜欢降价，他们的大脑想要夸大的、不真实的价格作为参考，以此证明购买合理。Target（塔吉特超市）"轻奢"设计和 Apple's Genius Bars（苹果天才吧）的幕后推手——罗恩·约翰逊（Ron Johnson），当时任 JCP 首席执行官的他离职了，然后打折促销又回来了。结果呢？收入回升。

回看不得不有些悲哀，大名鼎鼎的零售之王承认 MSRP 作假，做了一件占据道德高地的事情，结果却不尽如人意。调整每一件商品的价格，使之低于以前的销售价格。从理论上讲，这很有意义，消费者可以不用费心比较，节省支出。但失败的事实却表明，大脑的锚定机制牢不可破。其影响力更是强大，消费者宁愿被价格欺诈，也对 JCP 做出的崇高努力毫不领情，即使 JCP 是在真心实意为顾客省钱。尽管如此，本人还是要向您脱帽致敬，约翰逊先生。

金发姑娘偏见

如果在寻找数字锚的过程中，我们看到了三个定价选项，而不是两个，那该怎么办？会发生什么呢？答案是大脑会掉进"金发姑娘偏见"陷阱：给出三个选项，我们倾向于选择中间的那个。

品牌经常故意设置他们希望的选项作为中间选项。12 盎司牛排 18 美元，14 盎司牛排 22 美元，16 盎司牛排 26 美元，你想要哪个？大多数人会选 14 盎司。我们如何得知人们不是本来就更喜欢 14 盎司的牛排呢？因为当它成为最低选项，也就是选项变成 14 盎司、16 盎司和 18 盎司时，16 盎司就成了更受欢迎的选择。选择倾向"中间"是很有说服力的因素。

BuyAutoParts.com 是最早的汽车零件销售网站，在合伙人普林斯担任销售主管期间，成功应用中间选项策略。汽车零件有三种，按价格高低排序为：重新制造、无牌新零件、品牌新零件。超过 80% 的顾客会选择中间的无牌新零件。在这种情况下，中间选项最具吸引力，因为购物者一般不是汽车零件专家。他们知道自己需要一个散热器，但不知道如何区分好坏。行为经济学家将其描述为"高度不确定性决策"：没有其他信息来帮助我们判断价值时，金发姑娘原则是一个最有效的锚。

报酬递减

锚也会引发报酬递减现象，尤其是牵涉到金钱时。钱越多，似乎就越不值钱。你对 100 美元钞票的感觉取决于你自己的贫富程度。如果你破产了，100 美元就是所有身家。如果你是杰夫·贝佐斯，100 美元都不值得弯腰去捡。银行的存款可以作为心理锚，影响你对新增收入的心理判断。每多出 1 美元，你就感觉越不值钱。

除了资金财产，这样的锚也会影响其他判断。品牌可以在顾客消费时创建一个锚，从而降低你对支付价格的判断。范例之一就是附加定价。一支数位笔 100 美元听起来太贵了，但如果刚刚花了 2000 美元买了一台微软 Surface Pro，那么再多花 100 美元就会感觉无关痛痒了。

宝马等德国汽车厂商尤其擅长这一点。假设你因为升职想奖励自己，于是花 68000 美元买了一辆宝马 M3。选择不错！如果你不怕超速罚单，毅然决然选择红色（因为这个颜色太扎眼，警察最容易注意到），那么你就乖乖掏钱吧。正因如此，宝马竟然能向你收取汽车外观费！只要多付 550 美元，你就可以买到红色 M3。考虑到没有"无色"车，真可惜啊！

宝马自信你会为此买单，于是先加 500 美元买无线充电器和蓝牙，然后加 300 美元用于连接你的苹果设备（真的），200 美元用于加热方向盘，1100 美元用于车镜扣盖，再加 430 美元用于将烤架漆成黑色。雪球越滚越大。为什么呢？因为你已经花了将近七万美元买车，多加几百美元又算什么呢？无论什么时候，像买车或买房这样的大笔支出，心理锚越大，价值判断就会更易受到影响。相比起来，其他东西似乎都微不足道。当价值数字化时，计算并不是凭空的。取而代之的是，我们对价值的认知被参考值左右，这个参考值就是锚。这个参考值有时是最近购买的价格，有时是一组选项，有时是附近的一个随机数字。所以我们可以长个教训，大脑不会天然去寻找物品的客观价值，而是去寻找数字，无论那些数字多不相关，我们对物品的价值认知都要建立在那些数字上。

无论是数字锚还是心理锚，它们之所以存在是因为我们自发的需要。现在，不计其数的数据点充斥着我们的生活。打个比方，世界曾经就是一条土路，偶尔有路标，但现在已经大变样，有汽车、行人、自行车道、滑板、红绿灯、人行横道、街道标志、停放的汽车、停车计费器、消防栓、路牙石，有门、窗、涂鸦和标志性的建筑物。如果没有锚找出捷径，让大脑优先处理各种信息，我们可能永远都不想出门。

消费世界尤其繁杂，广告牌、电视商业广告、商业广播、社交媒体广告、文章点赞和各大赞助商比比皆是。难怪我们越来越容易分心，不能集中注意力，所以激励品牌根据大脑的锚定效应进行设计。如何不让品牌抓住我们的注意力呢？现代世界纷纷杂杂，受到过度刺激、负担过重的大脑要么找借口将替代选择拒之门外，要么依赖方便的数字锚进行价值判断。

法国哲学家西蒙妮·魏尔（Simone Weil）说得对："注意力是最罕见、最纯粹的慷慨形式。"了解锚如何运作，有利于我们对最有价值的资源重新进行评估判断。对待品牌营销不再束手无策，起码让品牌有耕耘才有收获。

上瘾的秘密

BLINDSIGHT
The (Mostly) Hidden Ways
Marketing Reshapes
Our Brains

第三章　记忆编码加速器

感知与记忆之间的营销机会

在英国东海岸的韦兰德河河畔，坐落着斯伯丁小镇。追溯到古罗马时期，这片土地曾有一个古老的盐厂。如今，你可以乘坐"水上的士"顺流而下，跟着著名的斯伯丁花车巡游（Spalding Flowers Parade），一起庆祝该镇郁金香的丰收。

米歇尔·菲利普斯（Michelle Philpots）就住在斯伯丁镇，她的生活和这个小镇一样不可思议。1994年，她经历了大多数员工都有过的"成人礼"：被解雇。而她被解雇的具体原因是她反反复复在复印同一页文件。当问及为何这样做时，米歇尔解释说，她知道必须要复印这一页，但她记不得已经印过了。她的记忆状态成了死循环。

四年之间，米歇尔就经历了两次重大车祸，每次头部都有受伤。米歇尔被解雇后，当地医生诊断她患有由创伤引起的癫痫，记忆力恶化，直到几年后终于慢慢稳定。如今，她记得1994年以前的所有事情。每天早上醒来她都以为自己只有二十几岁（写这篇文章的时候她已经54岁了），还以为《低俗小说》是一部由刚刚崭露头角的昆汀·塔伦蒂诺（Quentin Tarantino）执导的新电影。米歇尔记得她的丈夫伊恩（Ian），因为他们在1994年之前相遇，但她却不记得嫁给了他，因为他们 1997 年才结婚。

　　每过一天，米歇尔的记忆都会消失不见。这听起来像是电影《初恋 50 次》的情节，情况确实如此。米歇尔基本就是德鲁·巴里摩尔（Drew Barrymore）饰演的露西原型。露西每天见亚当·桑德勒（Adam Sandler）饰演的男友亨利都如初见，于是她写日记来记住亨利。在某一天，露西和男友分手了，她擦去了日记中每一处提到他的地方，从而抹去了对他的所有记忆。

　　这就是事情变得令人毛骨悚然的地方。露西住进了一家成人护理诊所，在那里她每天都在画画。几个星期过去了，她专注于自己的大作。这幅大作原来是亨利的肖像，她并没有特意地记住这个人，但很明显，她没有真正忘记他。她的潜意识记忆让她自然而然地为前男友画画。

　　像米歇尔和虚构的露西这样的人患有神经学家所说的顺行性遗忘症，患病原因有些特殊，是因为大脑海马体和内侧的颞叶附近区域受损引起的。研究这种类型的健忘症患者，恰恰可以帮助人类解开记忆的奥秘。

记忆是什么

　　直觉上，记忆好像就是简简单单的一组数据。但实际上，记忆是很复杂的神经科学现象。去博物馆时，从体验中（语义记忆）获取知识的大脑区域与博物馆之旅（情节记忆）涉及的大脑区域是不同的。从维基百科了解一个城市（外显记忆）和搬到一个新城市后慢慢熟悉（内隐记忆）也是非常不同的。学习生活技能又是另一种不同的记忆模式（程序记忆）。假设你在练习草书，或随便做笔记，时间越久，你会做得越好，即使你已经忘了练习的实际情况。

如果要给记忆下个定义，简要概括所有特征，即记忆是大脑试图将我们与过去联系起来的一种方式。

不管品牌是否意识到，他们在做的都是记忆生意。世界上最令人惊叹、扣人心弦的 32 秒广告，如果一结束观众立马忘记，那么它就毫无意义。线下店内体验再好，如果顾客逛过就忘，那就白费心力。事实上，我们说一个品牌，指的是我们对它的记忆集群，包括过去所有的体验和先前了解的产品相关知识。

一个品牌最重要的是，可以把体验转化为记忆，而且让记忆长留顾客脑海。品牌要想创造联想，就需要成为过去记忆的一部分。下面我们会看到，通过记忆将我们与过去联系起来往往带有偏见，即使不是天然如此，大概率也是不准确的。

这里需要细细讲解，因此，记忆是本书中唯一涵盖两章的主题。而本章侧重于如何对记忆进行编码，即如何将体验转化为记忆；第四章侧重于如何想起被编码的记忆。

记忆编码

要使事件转成记忆，必须先对事件进行编码。神经学家所说的"编码"是指大脑将事件转为印象的过程。编码是动词，印象是结果名词。印象是客观存在的，储存在大脑的海马体中，靠近大脑中心区域，随后整合到大脑最外面的区域皮层中。一次体验要形成记忆，从生理层面来说，大脑必须真正地有所改变。

并不是经历的所有事情都会留下印象。你可能有过一次不可思议的经历，但后来却什么都记不得，这可能是因为你喝得太多了。那么真的发生过吗？当然。但由于酒精干扰了记忆巩固过程，所以没有在大脑中留下任何印象。没有印象就没有记忆。米歇尔·菲利普斯记不起 1994 年后的任何事情，是因为她大脑中负责编码的区域受伤了，所以她的大脑自 1994 年后就没有再编码过任何生活事件。

对于品牌来说，一场活动的成功与否取决于大脑中印象的强烈程度。如前所述，如果没有留下印象，对未来行为就不会造成任何影响。因此，品牌的主旨就是要营造印象，或者像神经学家所说，品牌的主旨就是编码记忆。然而，这并不容易，因为事件留下印象的过程曲曲折折。

聪明的品牌善于创造体验，不仅优化事物，还会优化由此产生的记忆。事物的某些特征可以"加速"编码，从而让大脑留下更深刻的印象。运用这样的印象强化手段会有更深刻的记忆，从而可以更好地实现品牌目标。

加速器 #1：注意力

在大脑中，一件事能否被编码至关重要。如果不留心，记忆就不会留存。因此，第一个编码加速器就是注意力。第二章中已经了解了吸引注意力和保持注意力的方式——注意力机制尤其会对锚的突然变化发生兴趣。不过注意力不只是瞬间体验，还是形成明确记忆的第一步。

注意力容易集中也容易分散，我们要么密切关注某件事，要么几乎没注意过。而且注意力有一定的范围，易受干扰。想想音乐会或演出，大多数观众可能用手机录制了整场演出。透过镜头感受表演意味着我们不仅要关注面前发生的事件，还要关注手机、定位镜头以及屏幕上的录制。我们同时要处理多个任务。

2018 年，普林斯顿大学[1]的戴安娜·塔米尔（Diana Tamir）教授和同事们发表文章称，如果我们录制了一场音乐会，反而不如只用眼睛看记得深刻。一项类似的研究[2,3]发现，即使有照片，但对拍摄事件的记忆还是没有那么深刻。原因是，当通过相机体验世界和记录世界时，我们对眼前事物的注意力会分散，对记忆的编码内容随之减少。多么讽刺，我们本来想用数字设备保存当时的体验，结果反而削弱了我们的记忆力。

在这种情况下，移动技术对品牌来说有利有弊。一方面，移动技术可以使社交媒体的分享内容大幅增加。另一方面，消费者分享内容的话，其实又削弱了他们对实际体验的记忆，印象变得模糊。

注意力对记忆编码的影响解释了为何产品投放在视频游戏中会比在电影里更成功。看电影时，观众是被动的，根据人物角色、情节一一展开。而在视频游戏中，观众是主动的，有精力管理自己的头像。注意力更集中会导致更强大、更成功的记忆编码，从而对公司产品印象更加深刻。

加速器 #2：冲突

如第二章所述，注意力自然而然就会被视觉上的高对比度刺激所吸引，这些刺激正是打破预期。进一步说，冲突刺激不仅吸引了注意力，还会迫使注意力进入更深层次，让我们仔细思考看到的事物。当我们看到的事物有些难以理解时，这些冲突刺激会驱使我们集中注意力弄清楚，而一旦我们深入思考，我们就会把它深入记忆编码，从而记得更清楚。

字体实验可以很好地验证这一点。卡内基梅隆大学（Carnegie Mellon University）的丹尼尔·奥本海默（Daniel Oppenheimer）教授让两组受试者看不同字体写同一个故事。一个版本的字体是清楚、易认的大写字母，另一版本是有些难以辨认的不规则字母。然后他进行测验，结果发现，看字体难以辨认（冲突较大）的学生，他们的记忆要比另一组深刻得多[4]。

在感知过程中，注意力越集中，记忆编码的能力就越强。换句话说，记忆不是凭空发生的，必须通过大脑的努力加工才能形成。

值得注意的是，我们不能一直提高记忆难度并期望记忆最大化。如果太难，大脑就会放弃，即使有记忆也很少。成功的记忆编码难度适中。比如，字体导致的智力冲突必须适中：大脑需要集中足够的注意力，而且阅读不会太过困难，否则大脑会放弃尝试。有趣的是，皇家墨尔本理工大学（RMIT）的一个团队创建了一种难度适中的字体——Sans Forgetica 字体。他们实验室的证据表明，阅读用 Sans Forgetica 字体书写的信息更容易记得住[5, 6]。Sans Forgetica 字体可以增强记忆力是因为它使我们的注意力达到了完美平衡，奥本海默将其称为"理想的难度"。

2018 年，汉堡王（Burger King）发起了一项活动，旨在吸引人们对其移动应用的关注。经典皇堡（Whopper）只要 1 美分，但顾客得先开车或步行到麦当劳 200 米范围内，然后拍照上传到汉堡王的应用程序上就可以领取皇堡。汉堡王的宣传噱头不仅成功地吸引了眼球，还通过上传照片的形式制造冲突，从而帮助汉堡王的品牌记忆深刻编码。如果任何下载应用的人都可以领取 1 美分汉堡，那么冲突就会降到最低。通过增加一项打卡上传操作，汉堡王制造了一个不太困难的冲突，有助于深化品牌记忆。

加速器 #3：情绪唤醒

情绪反应就像强力胶，粘合注意力和记忆。大脑往往优先处理情绪反应[7]。无论事情好坏，如果足以唤醒我们的情绪，大脑就会认为这件事情很重要，应该记住它。这种情绪记忆的优先顺序有重要的进化意义。高度情绪化的记忆，比如被动物追赶或吃浆果会生病，这些记忆可以帮助我们提高生存率，是值得记住的教训。情绪会告诉大脑应该给什么事件贴上"重要"的标签，从而加速编码，强化印象。

我们可以从切身经历中了解记忆的优先处理顺序，像车祸等情绪起伏很大的经历，比学会开车这样平淡的经历更让人难忘。还可以从文本这样简单的刺激中了解。与桌子、金钱和公路等中性词汇相比，爱、恨和快乐等情绪词汇的记忆编码更深刻，回忆也更准确[8]。因此，在广告牌、横幅广告及搜索结果等各种营销宣传中，多用情绪词汇就不足为奇了，这些词汇可以吸引注意力，最终加深记忆[9]。

我们体验时的情绪不仅影响关注的程度，还影响关注的内容，从而影响我们的记忆。换句话说，情绪影响了我们的注意力。实验表明，当处于负面情绪时，我们会更关注细节，而处于积极情绪时，我们则更关注全局[10]。如果你刚刚结束了一场不太顺利的求职面试，你可能会对细节以及你应该（或不应该）说的话深思熟虑。相反，如果进行得很顺利，你就更有可能统筹看待这次经历。

加速器 #4：音乐

接下来的加速器我们非常熟悉：音乐。音乐对大脑影响深远，音乐记忆是最持久的记忆形式之一。音乐记忆不可思议，可以蛰伏在记忆深处。即使一首歌你已经多年没有听过，但当你下次听到时，旋律和歌词往往会立即跃入你的脑海。

证明音乐记忆持久性的典例是对痴呆症患者的观察。晚期阿尔茨海默病患者很难辨认家人和熟悉的物体，但却可以识别熟悉的歌曲。在某些情况下，这些患者即使丧失了说话能力，却仍能唱歌[11, 12]。

多年来，音乐记忆的独特力量一直是未解之谜，但音乐记忆强大的一个原因可能是，编码音乐需要大脑的几个不同区域共同处理。虽然主要涉及听觉区域，但负责图像和情绪的区域也要工作。

所以音乐记忆储存于多个大脑区域，刺激任何一个区域都可以唤醒它。这可能也是痴呆症患者音乐记忆持久的原因。如果大脑其中一个区域受损，另一个区域还可以填补空缺，理论上可以提供"备份"记忆。

任何因为沉迷"Call me, maybe？"而顾不上洗澡的人都知道什么叫"洗脑"。美国音乐确实朗朗上口，不过这种现象跨越了不同文化。法国人称为 musique entêtante（顽固音乐），意大利人称为 canzone tormentone（折磨歌曲）。而在英语中，则俗称为"耳虫歌"。与其他形式的听觉记忆不同，"耳虫歌"不由自主就会在脑中循环播放[13, 14]。（尽管在系统性研究中显示，这些片段基本上是令人愉快的。[15]）

重复形成记忆，但不幸的是，化学知识卡必须背上好几遍才能记住。耳虫效应的重复一般都是不自觉的体验，虽然有时令人困扰。脑海中的每次回放，音乐记忆都会变得更加深刻，不管是最喜欢的一首歌曲，还是品牌最新的顺口溜。互动性的品牌体验不仅带有情绪，还会吸引眼球，例如广告和商业广告，它们被编码进大脑中，但这些体验却做不到洗脑。想象一下一个品牌自由地在你的脑海中反复弹出商标，即使你积极地试图阻止它。正是品牌广告语使这一切成为可能。但是，如果广告语不是音频呢？耐克的"Just do it（想做就做）"朗朗上口，但它就没有麦当劳的"I'm lovin'it（我就喜欢）"那么让人上头。原因何在？答案就是音乐记忆。

内隐记忆

上述对记忆编码的讨论已经阐明了我们有意识的经历如何转变为印象。然而事实证明，大脑也会编码无意识的事件记忆。即使我们没有留意，记忆却是一直"开启"的。所以，事件总会留下印象，即使我们没有意识到这些印象正在产生。

我们觉得必须尝试"放下"回忆，但事实并非如此。作为一台找寻规律的机器，大脑总是在吸收信息。大部分信息会留下记忆痕迹，大脑因此发生变化，这些痕迹会完全储存在意识之外，无论我们喜欢与否。神经学家称其为"内隐记忆"，这是健忘症患者的一种记忆存储方式。

再来回想一下，电影《初恋50次》中，露西画亨利完全是无意识的，她既没有关于亨利的回忆，也没有学习绘画的记忆。这就是内隐记忆。海马体存储外显记忆，但内隐记忆并不存储于此，所以海马体受损的患者仍然有内隐记忆。

如果你以前打过篮球，你会知道锻炼球技的法门就是练习。当然，教练指导也有帮助，但如果没有实际练习，球技不可能真正提高。每天坚持在球场上运球一个小时，日积月累，球技就可以不断进步。现在，如果有人问你学到了什么，以及应该如何运球，你要想描述清楚可能得煞费苦心。学习自然发生了，在大脑中留下了重要印象足以改变行为，即便你没有意识到学习过程的细节。

正如我们早先了解到的那样，大脑不断地从周遭环境的统计数据中获取信息。整个过程的统计学习都是隐性的，最终对记忆和行为产生重大影响。在广告中看到多少次"可口可乐"和"快乐"一起出现？大概没数。但是，通过隐性的数据学习，你建立了联想。科罗娜啤酒和海滩又如何？你可能无法数清两者结合在一起的频率，但大脑会记住并产生联想。大脑所做的还不只是建立联想。记住，科罗娜啤酒与海滩绑定也会影响行为：如果你在海滩上，你很有可能点一杯科罗娜啤酒。你有没有试着把这些联想牢记在心？当然没有。然而，在完全无意识的情况下，大脑已经毫不费力地捕捉到了这些统计规律，并根据这些记忆中的联想影响未来行为。

内隐学习者越年轻越好

孩子是最好的内隐学习者。语言是一个复杂的系统，内容丰富详尽，但我们在很小的时候就可以掌握一门语言，甚至不用花费多大力气。六个月大的婴儿不可能注册多邻国或罗塞塔石碑软件的会员，而且大多数人学习基础单词也没有用过识字卡。但大部分孩子在四岁时就已经掌握了 5000 多个单词。几十年的研究表明，父母并没有刻意地教孩子识字认词，反而是孩子从幼时周遭的语言环境中自然而然地学习到了语言知识。"孩子就像海绵"这个说法都太过保守。

早期的内隐学习能力不仅表现在语言习得方面，在学习乐器、舞蹈、运动锻炼等方面也是如此，孩子通常都会比成年人做得更好。也就是说，这些事情学得越早就学得越好。我们这些成年后试图学习第二语言的人肯定对此深有体会。我们在单词卡前犯难时，很难不羡慕那些自小母语就是双语的人。

我们仔细想想这个事实：越年轻，大脑就越容易接收信息。现在出台了许多法规禁止某些公司直接向儿童推销产品，这些措施值得称道，但同时也营造了一种虚假的安全感。何出此言呢？因为正如语言习得一样，年幼的孩子或普通消费者根本不需要通过明确的针对性广告了解某产品。想想网站、电视、手机、社交媒体和视频游戏上的广告，孩子们可以反复接触到上百个品牌投放的几千个广告，而易受影响的他们则会自然而然地不断接收其中的信息。尼克国际儿童频道的一项研究表明，孩子们接触到的广告实在太多了，他们不到十岁就能记住三四百个品牌。更意想不到的是，随着孩子们长大，他们会成为其中某些品牌的铁粉，就像那些父母所不知道的孩子的朋友一样。

再来回想一下，如果童年去足球训练场乘坐的是丰田车，一家驾车去迪士尼乐园游玩还有辆丰田车，那么现在你自然就会联想到这个汽车品牌。父母对品牌的选择会埋藏在孩子的记忆中，反过来会影响到孩子长大后的选择。联想在记忆形成的过程中起着关键作用，如果一个成年人对某个品牌的印象充满怀念等积极情绪，那么他的偏好选择就会受到影响。记忆就是以这种方式悄然蛰伏。难以置信吗？先试试对果倍爽饮料说"不"吧……

那么再来想想麦当劳。在孩子们甚至还没钱买食物的时候，这个快餐品牌——麦当劳就根植在许多人的记忆里了。麦当劳叔叔之家慈善基金在法律上本来是一家独立的非营利性基金会，其目标是改善儿童的福祉。麦当劳公开声明大力支持这个组织[16]，其合作活动[17]之一就是，员工们打扮成一篮薯条或汉堡，还有小丑麦当劳叔叔，参观小学和中学，宣传（讽刺的）健康饮食理念。在此过程中，麦当劳利用了非营利性组织麦当劳叔叔之家这个"木马计"，在孩子们的头脑中灌输了与品牌相关的积极记忆。有了这些记忆，孩子们长大后自然会选择金拱门。

公司只有在创造记忆方面更聪明，加上复杂的技术支持就能带来积极的品牌联想。听说过 Apple Jacks（苹果杰克）吗？如果你以为是麦片，也不能说错。家乐氏公司（Kellogg's）把苹果杰克做成了一款视频游戏，孩子们可以在游戏中赛车获得"积分"。不出所料，这些积分可以兑换麦片。在某种程度上，这是麦当劳战略的数字版本：在早期形成积极的联想记忆，这样孩子们就会偏好这个品牌。想想之前探讨过的编码加速器。互动，可以高度集中注意力，所以是加速记忆编码的一种有效方式。玩苹果杰克游戏并不是简单联想到麦片，因为游戏的互动性，孩子们是在把这个品牌深深地印在脑子里。你觉得孩子在超市里会拿起什么牌子的麦片？

外显记忆和内隐记忆不尽相同，但两者相互作用，帮助产生对过去经历的整体印象。孩子们玩游戏的体验形成了外显记忆，与此同时，通过品牌联想的内隐学习也在发生，因为孩子们的大脑把苹果杰克和乐趣联系在了一起。内隐学习完全是自然发生的，但却可以塑造孩子们未来的喜好。

情绪记忆和峰终定律

本章前面探讨了记忆和情绪之间的特殊联系，接下来的介绍会更详细。情绪不仅会影响记忆内容，还会影响记忆方式，进而塑造记忆。所以，消费者的记忆会不可思议地受到影响，许多公司则聚焦情绪记忆，力求美化产品印象。

一件事情，并不是每个细节都同样地编码到记忆中。回想一下，最近的一次旅行的每一个细节你都还记得吗？不用说，肯定没有。总是有某些方面的记忆更深。原因何在？其背后有一个定律，而此定律的发现来源于一个意想不到的检查：结肠镜[18]。

心理学家丹尼尔·卡尼曼进行了一项研究，实验过程可能不太舒服，患者在进行结肠镜检查时需用刻度盘报告目前的不适程度。检查结束后，填写一份简短的问卷，内容是关于他们对这段经历的记忆。他们（通过问卷）记住的和他们（通过刻度盘）报告的揭示了经历如何形成了记忆。

研究发现，受试者对检查过程的痛苦记忆和自己报告的疼痛程度几乎没有关系。相反，他们的记忆关乎两个因素。一是疼痛的"峰值"。如果在检查过程中某一瞬间疼痛突然加剧，例如，医生的手打滑，患者会觉得整个过程要痛苦得多，无论他们在剩下的时间里通过刻度盘报告了什么。

事件"峰值"会影响我们对整个事件的记忆。峰值刺激不仅影响记忆编码的深刻程度，还会影响我们的最终印象，并改变对整场经历的记忆。换句话说，如果在 1～10 的刻度盘上，平均疼痛度是 5，但最大的疼痛度是 8，大脑会记住整场经历的疼痛度更接近 8，而不是 5。

影响患者记忆的第二个因素是终结状态。检查结束时如果很痛苦，那么患者感觉会比通过刻度盘实际反映的更痛苦。而要是结束时"没那么糟糕"，那么患者就会感觉还好，不管检查过程的实际疼痛度如何。如果检查结束时的疼痛度是 7，刻度盘上的平均疼痛度是 4，受试者对整个过程感觉就会更接近 7，而不是 4。

根据第二个因素继续进行实验，在这个实验中，检查过程实际上被延长了！结肠镜检查仪器只是额外多停留了几分钟，肯定会有些不舒服，但比起其他过程相对可以忍受。值得注意的是，接受后续实验的患者会觉得整个过程没有多么痛苦。尽管他们的检查时间更长，客观上来说更痛苦，但他们对这次检查过程的感觉要好得多。

事件的记忆很大程度上取决于峰值和结束状态，这就是峰终效应（Peak-End Effect）。虽然上述实验的证明带有痛苦和不适，但峰终效应是人类记忆的一种稳定属性，同样适用于积极的经历。

假设你身处一场音乐节，表演从头到尾都相当平庸，但在某个节点，乐队的一名鼓手进行了 15 分钟独奏，令人心潮澎湃。几个月后，当你回想起时，你可能只会记得那段令人叹服的独奏，因此，你的整场回忆都会很开心。

峰终效应会在出其不意的情况下进一步被放大。比方说，乐队没有请鼓手，而是请来了一位木琴演奏家，进行了 15 分钟的独奏。峰终效应仍然会很强烈。无论是木琴独奏还是鼓手独奏，都会使你忘记音乐节糟糕的开局，而记住整场演出让人愉悦的部分。

峰终效应包括的结束状态则解释了我们对悬念的痴迷：我们喜欢念念不忘的结局。然而，很少谈论我们对豁然开朗式结局的喜爱——最后是结束也是高潮。无论书还是电影，出人意料的情节揭秘后戛然而止，整个故事就会镌刻在观众的脑海里。

许多电影情节我们都久久不能忘怀，无论是《灵异第六感》中布鲁斯·威利斯（Bruce Willis）饰演的麦尔康医生身亡，还是《搏击俱乐部》最后揭晓布拉德·皮特和埃德·诺顿饰演的角色其实是同一个人，或是《非常嫌疑犯》中整个故事都是假的，凯文·史派西（Kevin Spacey）饰演的角色就是凯撒·索泽（Keyser Söze）。最佳示例就是《盗梦空间》，情节扣人心弦和揭晓谜底完美结合，最大限度应用了峰终定律。当莱昂纳多·迪卡普里奥（Leonardo DiCaprio）饰演的多姆·柯布终于回到了孩子们的家里，然而在电影中大门却打开了，这意味着他可能还在做梦。莎士比亚所说的"结局圆满就是圆满"，用来形容记忆形成过程再恰当不过了。

峰终效应也解释了为何那么多好莱坞式结局让电影质量有了保障。电影时长 100 分钟，观众们可以欣赏 90 分钟，但如果最后 10 分钟的结局不讨喜，那么观众对整个电影的评价都会大打折扣。电影结尾成为重中之重，即使你不知道峰终效应。损失价值两亿美元的票房毒药和获取两亿美元的差别就在于结局是否令人失望。相反，一场质量平平的电影可以靠出彩的结局力挽狂澜，就像《蚁人》和《大黄蜂》，这就是优秀范例。

对于许多人来说，连续剧的巅峰之作是《权力的游戏》。这部

HBO 推出的电视剧详细演绎了各人物之间交织在一起的故事。这些故事都有难忘的高潮和结局。高潮经常出现，并且大多是主要人物的意外死亡，让人害怕。

同样，每一季结束都留下悬念，因为很多角色的故事仍是未完待续。尽管该剧最后的结局颇有争议，但《权力的游戏》却创造了一系列纪录，斩获 59 座艾美奖、盗版统计最多（一集种子文件分享达 258 000 次），成为尼尔森收视率最高的剧集，获得了 1650 万次点击。

服务业尤其热衷于创造美好回忆，酒店简直是为顾客量身定制小惊喜的行家。卷筒厕纸、毛巾折叠成天鹅、精心设计的酒店大堂、枕头上摆放的"惊喜"巧克力，还有欢迎入住的香槟等，这些都是酒店为打造美好住宿回忆的小伎俩。

实体零售店也非常注重应用峰终效应，不过并不是所有店铺都这样。如果你因为从来没有赶上黑色星期五的促销热潮而感到 FOMO（害怕错过），别担心。你可以在随便哪个周末冲进距离最近的 Fry's（弗莱斯）电子连锁店。杂乱无章的结账流水线，看起来像罗马遗迹的过道，还有那些似乎除了你会帮助所有人的员工，这些都是 Fry's 店的峰值体验。当然，最后一个关口是有员工会来检查收据以防你是小偷。在 Fry's 店里，不管是峰值还是结束的回忆都很痛苦。

对比看看苹果零售店——每位员工都可以结账；入店时热情欢迎；需不需要员工或者选购产品都可以由着自己。离店之际，会受到什么待遇？再见，欢迎下次光临。这是对你逛店的招待。到了门口只需要和站在几英尺处的员工进行友好的眼神示意。苹果离店的最后一步比 Fry's 领先了好几步。

不过即使苹果也比不上最优秀的实体零售店：亚马逊 Amazon Go 便利店。从线上平台到实体零售，亚马逊最近全面打通，现在正在进行实体零售店内测。亚马逊首次提出实体零售的概念就是 Amazon GO——2018 年在西雅图开业。其店铺概念是极简极美。没有货架走廊，没有结账单，没有登记员，没有现金。亚马逊称："使用亚马逊应用程序的二维码扫描进入商店，拿起手机就可以开始购物。买你所想。任何选购物品都会自动添加到虚拟购物车中。如果不想买了，只要放回原处就好。"在 Amazon Go 的案例中，购物体验的峰值也是结束。消费者可以通过一种真正新颖的方式结账，只要出门就是离店，整个购物体验与其他商店相比更令人难忘、令人愉悦。

品牌体验成为编码器

另一种新型营销，可以运用多个加速器，确保记忆与品牌紧密关联，并且推出体验式产品。在体验式营销中，品牌创造条件使消费者能亲自使用或实际接触产品。互动增强了对产品的关注，增大了冲突，也依靠互动本身及附带情绪。互动体验对创造记忆很有作用，可为品牌创造利益。事件跟踪研究显示，四分之三的消费者表示体验式产品会让他们更想购买 [19]。

体验式营销是什么样子？想象一下钢琴制造商在一组地铁楼

梯上买了广告位，投放的广告里有把钢琴钥匙，还有他们的标识 voilà! 。这就是品牌体验，按照钢琴上的琴键走路，还会发出声音。

如果消费者有些懒惰，那么创造品牌体验的一个有效方法是让他们分担一点痛苦。雀巢 2015 年在纽约的中央地铁站里打造体验式产品，推出的瘦身特餐 Lean Cuisine 颇费心思。首先，雀巢不是简单地通过张贴广告海报推广特餐，而是制作一个可以互动的迷你摊位。这个做法立即抓住了地铁行人的眼球，因为摊位比海报更有吸引力。接下来，对摊位一番设计后邀请行人互动，这形成一种冲突。品牌体验不是简单地竖立广告牌，路人还可以"称量"任何东西，只是不称人。在一份支持健康体重的声明中，参与者说出个人的理想价值，并将代表着同等价值的东西排列出来。

一名学生从学校寄了封信，庆祝她被列入院长名单。问及名单重要性时，她回复："不可估量。"另一个女人把离婚文件放在磅秤上，意味着要克服当下困难。一位参与者把女儿放到了秤上，她说自己想衡量一下母亲这个身份。参与人员不断变多。在这项活动中，雀巢能够利用注意力、冲突和情绪优化记忆编码，创造美好体验。如果你在地铁站巧遇这个活动或随后看到了活动视频，比起诱人的广告海报，它更能编码深刻记忆。吊诡的是，其中甚至没用到一张瘦身特餐 Lean Cuisine 的食物照片。

2015 年，谷歌精心打造了品牌体验[20]，该公司决定捐赠 550 万美元资助位于旧金山湾区的非营利性组织。谷歌根据各组织对当地问题的创新解决方案选出入围者，随后再对最终入围者的贡献程度进行公开投票。但是，谷歌没有采用在线注册的投票系统这种简单、可预测的方法，而是在投票同时创造线下体验。谷歌在旧金山湾区各地设置了摊位、咖啡店、书店、音乐会场和美食餐车公园。每个地方都有 10 个巨大的按钮，代表每个非营利性组织的目标。按下一次得一票。共计有多少投票呢？超过 40 万次！当时旧金山人口总数也不过 80 万而已。

谷歌无处不在，但该公司找到了一种深度互动的新方式。阅读十几个非营利性组织的社会责任目标，选择一个最喜欢的目标，还要参加一次线下投票，都需要参与者投入大量的精神和体力。所以，谷歌致力于新型记忆编码方式，使得自己能在市场中拔得头筹，成为消费者的首选。

体验主导未来

品牌体验属于体验式营销这一更大的范畴，体验式营销是商业术语，指的是通过让消费者切身体验来营销公司产品／品牌。对于一些内容产业（广播、视频、印刷等）来说，体验式营销不仅是营销产品——产品本来就需要切身感受。这对于曾经是实体的产品来说更是如此，不过现在这些产品已经变得越来越数字化[21]。

还记得 VHS tapes（录像带）和 DVDs（光碟）吗？现在已经是 Netflix（网飞）的天下。装满 CD 的活页夹？现在用个声田就可以。与其每天早上看报纸，不如只要手指轻轻一碰就是无穷无尽的最新消息。盗版进一步推动了数字内容的商品化，让更多人能用较低的成本，甚至免费获得数字内容。因此，消费者更有权免费获得内容。

没有人愿意每月至少支付 10 美元订阅声田或苹果音乐。付费新闻？
没门儿!

消费者对此乐观其成，但对需要谋生的原创作者来说简直是灾
难。众所周知，凯文·哈特（Kevin Hart）等喜剧演员严禁观众在演
出过程中使用手机，以防观众只顾录影而忽略了现实体验[22]。免费
的东西实在太多，以至于标价任何数字产品，并从中收费变得越来
越困难。因此，许多出版商和原创作者将计就计，从 CD 或报纸等
实体产品转到一个无法（至少现在还不能）在线和数字化的领域：
体验。

如果你是一家清高的报社，不屑投放点击广告，但现实中没
有人想为新闻付费，你要怎么办？享誉盛名的《纽约客》（The New
Yorker）采取的策略是，效仿音乐行业，创办一个"新闻节"，收取
入场费。从 2000 年的周年庆典开始，现在已经成为一个名副其实的
文化节。不仅可以听到自己最喜欢的播客（免费），阅读文章（大部
分免费），还可以近距离接触撰稿人和内容制作人、思想领袖、政治
家、喜剧演员、电影制作人、音乐家和艺术家等。对于《纽约客》
粉丝来说，这好比一场科切拉音乐节（Coachella）。

记者凯蒂·卡洛蒂（Katie Calautti）说，这种对体验的投
资——"跃然纸外的新闻主义"正在萌芽。"现在可以看到越来越
多的编辑和记者做演讲，或者活跃在线下，这些早已成为名人聚会。
这是一种与读者保持联系的独特方式，不是通过新闻业和数字媒体
就能轻易做到的。"[23]

音乐人境况更为艰难。Napster 等同类产品，以及 BitTorrent 等

新型点对点音乐共享网站招致侵权行为泛滥，潘多拉和声田等媒体缓解了这一问题，但一个音乐人的一首歌平均要有 220 次点击才能赚到一美元。令人意外的是，音乐产业研究协会（Music Industry Research Association）2017 年的报告显示，音乐家大部分收入来自现场表演和音乐会 [24]。所以，酒吧举办了更多线下表演。从线上免费收听音乐的粉丝们来到线下体验，因此音乐节场次激增。从某些方面来说，注重体验对消费者来说是有益的。最起码，令人愉快，现场体验产生的价值正在增加。在科切拉音乐节见到肯德里克·拉马尔（Kendrick Lamar）的感觉无与伦比，这是在家里听专辑所享受不到的。对于音乐行业来说，至少有一定的作用。2016 年，美国专辑下载量为音乐行业带来的收入是 6.23 亿美元 [25]。一年后，这一数据涨到近 16 亿美元（十多亿）。[26]

由于体验式营销的兴起，品牌的生产成本没有提高，但是说服力却更高了。记住，昂贵的品牌体验不仅窥探你的钱包，它们还在捕捉你的想法。

倘若大获成功，品牌体验就可以编码成一段日后时常记起的回忆。这种编码非常有用，因为记忆不仅重播过去的愉快事件，还会引导消费行为。这正是品牌一掷百万设计品牌体验的原因，他们知道这些体验会加速编码，催生消费者日后的购买欲。

那么接下来就要介绍等式方程的另一半：大脑如何回放编码的记忆，品牌如何利用回忆驱动未来的消费行为。

上瘾的秘密

BLINDSIGHT
The (Mostly) Hidden Ways
Marketing Reshapes
Our Brains

第四章　记忆合成

过去影响未来

基本上每个人都不想碰上堵车。一旦遇上，我们会越想越不痛快，对前方的拥堵越想越气。但是，居住在洛杉矶的鲍勃·彼得雷拉（Bob Petrella）要是遇上交通拥堵，反而认为是个放松的好机会。他会回想起过去几十年的分分秒秒，挑出六月的美好周六，或是把2002 年发生的每件事都再回忆一遍[1]。

　　鲍勃可以进行记忆游戏，是因为他的记性算得上举世无双。如果问起鲍勃过去任何一天的事情，他都能以惊人的细节回放出来。例如，问他"1996 年 2 月 18 日发生了什么"，他会回答："那是星期五，（高中橄榄球队）海狸瀑布队（Beaver Falls）击败了砂轮队（Sharen）。"他不仅记得发生了什么，还记得当时的感受。他说道，"就像有了时光机，我可以回到特定的某个时期，或者特定的某一天，我真真切切地穿越了回去"。如果有了时光机，怎么还会觉得堵车无聊呢？鲍勃拥有所谓的超级自传体记忆[2]，目前全球只有 60 例左右记录在案。加州大学尔湾分校神经生物学教授詹姆斯·麦高夫（James McGaugh）研究了鲍勃和其他病例，总结说："你我只能记得昨天具体发生过什么，而他们却可以具体记得生命中的每一天。"[3]

而我们没有这样的时光机，回忆则截然不同。如同感知，我们只能回忆部分事情。大多数人几乎记不得昨天的晚餐比 15 年前的量少得多。我们现在的回忆不可能把过去精确复制。还是和感知一样，我们只有一个心智模型，就是大脑对过去创造性的复制。

回想一下上一章中对记忆的定义：记忆是大脑把我们与过去联系起来的尝试。尝试是关键词。首先，我们经历的事件被编码成印象。然后这些印象就会变成脑海中可以回想起的朦胧影片。但是，编码事件和回忆事件有一段距离。假设回忆准确，那么想起的图像、声音或故事，我们会感觉它们的样子就是我们回忆中的样子。再假设编码像录制唱片，而回忆就像播放唱片。但其实，这些想法大错特错。

实际上，我们对编码事件的回忆是模糊的。每当回忆某件事时，会更像混合事件，而非原本的样子。记忆和感知一样，本质都是最佳猜想，因此很容易带有偏见或受到影响。两个人有同样的经历，记忆却可能大不相同。此外，回忆的不同取决于对象、心情和其他变量等。我们甚至能回忆起没有发生过的事情。所以，回忆其实是原始事件经过编码再重新组建的过程。

当然，尽管回忆有缺陷，但还是非常强大。正如麦高夫教授所强调的："记忆是最重要的能力……如果人类没有记忆，就不会有人类。"因此，记忆几乎是所有行为的起点。

接下来是怀旧营销。如果上一章中提到的果倍爽饮料让你想到了童年的感觉，那么你对怀旧营销就不陌生：你过去的混合记忆有着自己的个性，通常会带来积极意义。无论准确与否，这种内在、主观的混合奠基了未来行为。所以谈及与记忆有关的营销，怀旧营销不得不提。品牌通常会选择一首复古歌曲，搭配他们的老产品，甚至投放以前的经典广告角色，用深刻感性的方式与我们的过去联系起来。这样的联想会深刻影响未来购买行为。甚至有人说，阿迪达斯的运动鞋可以重整旗鼓，是因为品牌重新调整了二十世纪八九十年代的经典款式，比如 Superstar 和 Stan Smiths。

品牌（有时是政客）利用怀旧效应的一种巧妙方式是把产品宣传成"过去的经典"复刻。最佳案例是 1971 年可口可乐的经典广告[4]，画面中一群世界各地的年轻人聚集在山坡上唱着"我想教这个世界一首歌……我想为世界买瓶可口可乐"[5]。在这个国家深陷越南战争和民权运动抗议之际，这首歌试图唤起国家人民对简单和谐时代的集体怀旧情绪，并将可口可乐与这种怀旧情绪联系在一起。大多数人会评论说，这首歌很成功。

如今，消费主力军千禧一代每年在美国消费 1.4 万亿[6]，所以可以看到越来越多的产品是 20 世纪 90 年代他们童年款的翻版。无论是《壮志凌云》（Top Gun）的续集，还是任天堂（Nintendo）重新推出手持游戏机[7]，俄勒冈之旅（the Oregon Trail）手机游戏，或是拓麻歌子（Tamagotchi）玩具的再售（那些必须"活着"的小玩意儿），越来越多"千禧一代经典怀旧"的物品再版。千禧一代的消费能力日益提高，如果看到 Jorts 和 Pogs（卡片游戏）卷土重来，也不要太惊讶!

虽然怀旧营销很有效果，但经过进一步研究发现，怀旧营销可以发挥作用并不是直接基于我们过去的经历，而是玩弄大脑的奇怪机制：记忆。让我们更深入地了解一下记忆的易错性，看看聪明的营销如何利用我们自己创造记忆。

记忆会犯错

你上周四午饭吃了什么？上上周四过得怎么样？三周前的那个周四呢？一个月前呢？这些问题可能听起来不值一提，谁会在乎你上个月午饭吃了什么？但对李海敏（Hae Min Lee）的家人来说，却意义重大。2014 年，记者沙拉·凯尼格（Sarah Koenig）推出的播客节目《Serial》第一季就讲述了李海敏之死。韩裔女生李海敏是美国巴尔的摩的一名高中生，于 1999 年 1 月中旬失踪。2 月初发现了她的遗体，她的男朋友阿德南·赛义德（Adnan Syed）于 2 月 28 日被捕，被控谋杀罪。20 年后，此案仍是未解之谜。为什么呢？因为记忆存在漏洞。

李海敏于 1999 年 1 月 13 日失踪，阿德南对那天的记忆已经模糊。记住上周午饭吃了什么已经够难的了，还能记清六周前下午 2 点 15 分到 2 点 36 分之间做了什么吗？但是，却有一个人的证词和他的含糊其词相悖，那该怎么办？

阿德南已经记不清那 21 分钟发生了什么，高中生杰伊·怀尔德（Jay Wilds）却说自己协助阿德南杀了人。真相一团迷雾，但随着播客报道的逐渐深入，大家对一件事的看法一致：记忆不是客观的。关于 1999 年 1 月 13 日发生的事情，几名高中生分别于 1999

年和 2014 年接受了警方问讯和播客采访，他们的描述有很大出入，对记忆的自信程度也不一样，阿德南闪烁其词，杰伊却自信清晰。《Serial》播出后不久，该案重新开庭审理，至今仍没有定案。

故事模棱两可或相互矛盾，归根结底是因为记忆是出了名地爱出错。

我们很容易被现有的语义网络欺骗，这样的例子随处可见。假如我现在给你一张物品清单，让你记住它们：

甜甜圈

蛋糕 烤饼 糕点

棒棒糖

冰激凌 三明治

如果一周后我再问你："嘿，还记得我给你的单子吗？上面有馅饼吗？"你很可能回答有，这个确定的概率比自行车或椅子等不相关的物品大得多。正如第一章所说，大脑按类别储存知识。因此，那份清单除了能让你感到饥饿，还能激活大脑中"甜食"的语义网络。因为馅饼之类的东西属于这个网络，即使清单上没有馅饼，你也很可能觉得有出现。这就是记忆科学家所说的关联性错误记忆，大脑储存记忆和信息的方式决定了这一现象的发生。

再从怀旧的角度思考一下。要成为"回忆"，一个特定的品牌或广告并不一定要直接唤醒我们的记忆，而只需要挖掘足够多的"点"，让我们的大脑自己连点成线。想想 Internet Explorer 的广告 [8]。对于

20 世纪 90 年代成长起来的人来说，充满了儿时的经典回忆——链式钱包（"你一无所有"）、锅盖头（"理发不要 60 元，只要 4 分钟"）以及五颜六色的小腰包（"储存空间大到无法想象"）。当你回想起 20 世纪 90 年代，你可能不会马上想到 IE。但现在这些小物件让你想到了愉快的童年时光，你很有可能认为 IE 也是伴你成长的一部分。

加州大学尔湾分校心理学教授伊丽莎白·洛夫特斯（Elizabeth Loftus）实验室强有力地证明了记忆有着惊人的可塑性。对受试者进行一系列简单的提示性询问（例如，你不记得那次去康尼岛的旅行了吗？那时你大约五岁，那天阳光明媚……），洛夫特斯和同事实际把完全错误的事件植入了受试者的大脑中[9, 10]。大脑把知识库中这些熟悉片段上的点连接起来，形成记忆。一旦植入，记忆真真假假就难以区分！洛夫特斯还对目击者证词提出疑问，特别是当律师提问，希望证人能够记得特定记忆的时候，审判结果甚至都被推翻了。现在还来得及，谁来给阿德南·赛义德的律师打个电话……换句话说，记忆就是一个高度不准确的重建过程，因为大脑存储和尝试检索以前的事件和信息时，很容易出错。即使像鲍勃那样具有超强记忆能力的人也不能幸免，研究[11]发现，拥有超级自传体记忆的人和其他人一样，记忆也容易出现异常！

这一点很重要，因为我们对事件的记忆，无论真假都很重要。记忆是行动的基础，植入记忆不只是个愉快的鸡尾酒会，记忆可以不由自主地改变我们的行为。

想象一下，你刚吃完隔壁快餐店的猪肉三明治，现在弯腰趴在加油站卫生间的马桶上呕吐不止，嘴里满是廉价猪肉和合成面包的味道。太恶心了。如果这真的发生在你身上，你可能再也不去那家快餐店了，甚至一辈子也不再吃猪肉三明治了。这正是伊丽莎白·洛夫特斯的做法——让那些急于减肥却一直吃不健康食物的人产生了糟糕的回忆。如果人们认为对某一特定食物有过可怕的经历，他们会自然生厌，拒绝再吃，仿佛亲身经历过 [12, 13]。错误记忆节食法是记忆凌驾于现实的完美印证。对你的余生影响最大的是记忆，而不是现实的经历。

随着虚拟技术的兴起，制造错误记忆只会变得越来越容易。2009 年，斯坦福大学进行了一项研究 [14]，儿童被带进实验室，获得与海豚一起游泳的沉浸式虚拟体验。几周后，再次回到实验室，很大一部分孩子都记得他们真的和海豚一起游过泳。技术几乎植入了新的记忆。

VR 和 AR 技术不断发展，在消费购物时应用广泛，看看它们如何影响感知、歪曲记忆是件有趣的事。实际上，我们根本不需要先进的技术改变我们对过去的理解。对于记忆，情境的一点小变化就能起到大作用。

情境改变一切

虽然记忆不靠谱，但是记忆系统详细而庞大。如果想用数字设备下载记忆，恐怕还没有内存那么大的硬盘。原则上，过去数不清的经历，都可以在特定时刻回忆起来。因为，一生的所有记忆永远不会一下子涌入脑海中。为什么可以在某些时刻想起某些记忆呢？

总体来说，我们不能从庞大却不完美的记忆库中选择要记住的东西。情境可以自动勾起回忆。

如第三章所述，记忆被编码的当下，我们吸收的信息比我们想象的要多得多。同时与记忆相关的情境也包含在内。事实上，所有记忆都有情境。如果你播放了一首年轻时的流行歌曲，虽然你已经多年没听过了，但你很有可能会被多年前的记忆淹没。这是因为大脑将经历的细节与编码的记忆打包在一起。当播放特定的歌曲或闻到特定的气味时，大脑可能会自动联想到与该歌曲或气味相关的完整、生动记忆。

不只是和经历有关的记忆，有关知识的记忆也是如此。如果你总在某家咖啡馆，坐在某把椅子上听着音乐准备考试，那么你再回到那家咖啡馆，坐在同一把椅子上，听着相同的音乐，就更有可能记住所学的内容。在某些更微妙的情境下也是同样的效果，比如嚼口香糖，或穿着某件特定的衣服。实验表明，如果你在水下记忆各种生物名称，那么你在水下会比在陆地上更能回忆起那些名字 [15]。

其他研究发现，在不同的房间里体验不同的事情会扭曲对时间的感知。如果有场聚会，你一直待在一个房间里四小时，你会觉得比在四个不同的房间里一共待上四个小时更加漫长。切换情境可以延长时间，或是至少延长对时间的感知。聪明的主人知道如何创造令人愉快还令人难忘的聚会，他们晚上会策划一系列不同的活动，每一项活动都在不同的空间进行：客厅吃开胃小菜，餐厅里享用正式的晚餐，阳台上喝鸡尾酒，再在书房里抽雪茄、喝白兰地。利用不同的物理空间可以让客人第二天的回忆更加清楚、有条理，而不是混杂在一起。聪明的主人清楚地了解这一点：环境不同，记忆清晰。

不过，环境不只影响记忆，还可以将记忆转化成行为。

情境驱动行为

坦白说，记忆如此不准确和容易出错是因为大脑并不在乎准确与否。人脑这个器官具有前瞻性，但本质上很务实。正如前文所提，记忆是大脑连接过去的尝试，还是大脑连接过去从而成就未来的尝试。回忆可能很有作用，但与记忆的主要目的相比，准确与否是次要的：我们只须对过去有"足够好"的印象，以便驱动自己继续前进。

因此，记忆和行为紧密相连。回想一下，记忆是所有行为的起点，没有对自己、对世界，以及对来自哪里的记忆，就没有往后的一切。记忆依存于当时创造记忆的环境，行为与环境也密不可分。

在简单的学习联想中这一点显而易见。研究人员在美国西北大学进行了一项有趣的实验[16]，他们随机挑选了几个普通人分成两组。一组身穿医生的白大褂，另一组穿着便装。研究发现，穿着白大褂的那组人在准确性和注意力集中方面表现更好。原因何在？因为经年累月，大脑不知不觉就把医生和高智商、更精准联系在了一起。久而久之，我们对医生的概念主要就是这些特征。穿上白大褂会激活这些联想，反过来改变了我们的行为：我们的举止行为不自觉地会跟所知概念的特征符合一致（比如，高智商和准确性）。

这也许就是篮球可以打得更好，或者我们起码有信心可以打得更好的原因，毕竟我们穿的运动服或运动鞋和自己最喜欢的运动员所穿是同一品牌。即使像衣服这样简单的东西，已有联想在熟悉的环境里也能显著影响我们的记忆、态度，甚至行为。

再来想想音乐可以产生的影响。里尔·乔恩（Lil Jon）的"Shots"这首歌在酒吧再次响起时，记下当时情境。讨厌这首歌，也不妨碍欣赏在酒吧放这首歌的天才。一旦听到，顾客很可能想到酒，然后点更多的酒。也就是说，放这首歌会让顾客更想买酒，这一行为帮助酒吧大赚特赚。

利用流行乐来驱动行为的天才做法数不胜数，比如烟鬼组合（The Chainsmokers）的"Selfie"这首歌。每一段主歌（如果可以这么说的话）都是一个加州女孩夸张的臆想段落，结尾都是打算自拍。如果你没有听过这首歌，下面是大热的（不是歌曲）第一段主歌。想象一个女孩在夜总会酒吧的镜子前化着妆，唱着：

那个女孩怎么混进来的？

你看到她了吗？

她那么矮，裙子那么俗

谁还穿豹纹啊

现在又不是夏天，为什么DJ循环播放《夏日忧郁》这曲子？

等去洗手间的时候，我们抽支烟吧？

我真的需要来一支

但是等等

让我先来张自拍!

　　这首"自拍之歌",就和里尔的"喝酒之歌"一样。听着这首歌会让你有个冲动:自拍。不用说,酒吧老板钟爱这首歌,因为它简直就是在为酒吧做免费宣传。开始放歌了,"辛苦的成年人"拿起手机纷纷自拍,并在他们的推特中标注酒吧。一举两得!

　　情境可以驱动特定的行为,因情境驱动的行为比比皆是,尤其是购买行为。比如,州展览会和漏斗蛋糕、棒球比赛和热狗、电影和爆米花、花生酱和果酱、比萨和啤酒、小憩和雪茄、帆船赛事和信托基金等。大脑对情境-行为的自然配对是品牌大展身手的好机会。久盛不衰的范例是奇巧巧克力(Kit Kat)的经典广告词:饶了我吧!饶了我吧!让我吃块奇巧巧克力!雀巢(奇巧巧克力的母公司)正是把"休息"和"吃奇巧巧克力"联系在了一起。到了午休时间吗?吃块奇巧巧克力。学习累了想休息吗?吃块奇巧巧克力。这种做法使情境-行为的配对更加有效。听到一次,就难以从脑海中抹去。谁要一说,"嘿,休息会儿",那么接着会有什么跃入脑海?(旁注:广告语是值得保护的濒危媒体类型。不加保护,一笑而过会消失。)

　　虽然奇巧巧克力的宣传语没有经受住时间的考验,但下个品牌做到了经久不衰。努力想象以下情景:你在度假,那个地方气候温和,温度恰到好处;背景宁静安谧——没有车,没有人,只有层层递进的海浪声敲打你的耳朵;你可以闻到海滩的清新气息,体会到双脚踩在沙滩上的感觉。

花一分钟好好想象一下。好了吗？现在再想象有个服务员问你是否需要一杯啤酒。哪个牌子会跃入脑海？很可能是科罗娜啤酒。几十年来，科罗娜已经镌刻在了你的脑海里，牢牢地把你自己和海滩绑定。（前一章已经有所铺垫，提到了科罗娜。但我们绝对没有收取任何广告费，但如果公司高管正在阅读本书，请送我们一扎啤酒！）这个联想毫无意外。一览无余的啤酒海洋，科罗娜如何脱颖而出，还让消费者感觉到了新意？创造情境。你试试找到一支没有提到海滩的科罗娜啤酒广告。科罗娜直白地表现在了品牌理念中："生活要惬意，沙滩来杯科罗娜。"

然而，情境和行为的联系也会对公司产生反作用，情境和产品关联度过高反而可能会成为提高销售额的重重阻碍。香槟通常与特殊场合有关。想想庆功会，你会听到开香槟的声音。许多人认为香槟只适合于特殊场合，因为香槟除了昂贵和可以喷沫，没有什么用处。事实上，一些泡沫多的昂贵啤酒品牌成功地渗透到"庆祝"市场，甚至超过香槟，成为消费者首选。（有趣的是，品牌通过利用与香槟有关的情境和行为做到这一点，并且用同样的方式装瓶，开瓶时也要拔取软木塞[17]。）

竞争日益加剧，香槟公司一直试图拓展香槟用途来扩大版图，所以它们不得不努力克服原有的情境联想。例如，法国葡萄酒和食品贸易组织（French Wine And Food）有意扩大香槟的市场范围，它们策划的"意想不到"（oui hours）活动，就是呼吁人们自发享用香槟，而不是计划好了才能庆祝。这真是典型的法国式口号！

情境影响习惯

如果考察情境和行为联系的时间够长，就会发现人类倾向于习惯成自然。换句话说，人类依赖习惯，习惯就是我们不假思索一直遵循的行为。情境对习惯养成起着巨大作用。最贴切的就是 50 美分（50 Cent）的 "In Da Club" 了，这首歌纯粹是一首派对合唱曲（"嗨，小子，今天是你的生日。我们的派对就是你的生日派对。"）。在人类历史上，没有人会在下雨的周末抱着猫蜷缩在沙发上读小说时放这首歌。这首歌就是一个狂欢派对的缩影。如果你没有在派对上，但一放这首歌，就会感觉置身派对，因为我们已经把歌曲和派对的一切联系在一起了。

想想最依赖情境的配对：电影院和爆米花。杜克大学（Duke University）的格雷格·伯恩斯（Greg Burns）教授进行的一项惊人研究发现，那些喜欢边看电影边吃爆米花的人几乎每次去电影院都会这样办，不管是刚吃过饭还是很饱都会去买爆米花。即使研究人员故意提供的爆米花变味了，他们还会吃！这项研究最有趣的是，这种行为与情境有着令人难以置信的特定关系。在其他情况下，比如在学校图书馆，如果饱了或爆米花变味了，他们是不会再吃的。只要不在电影院，必吃爆米花的魔咒就被打破了。

当谈到养成习惯或保持习惯时，情境成为重中之重。最极端的例子来自越南战争 [18]。越战中，美国士兵吸食海洛因的成瘾率让人震惊。1971 年，这一消息传回华盛顿并敲响了警钟。这是尼克松政府最不想听到的事情，他的竞选政策之一就是严禁毒品，并且由于越战越来越不受欢迎，政府已经与负面媒体报道进行了一场失败的战斗。于是，他迅速成立了一个特别委员会调查这些士兵及其成瘾率。这项研究系统地调查了美国士兵的药物使用情况，证实了坊间消息：越南战争中 20% 的美国士兵吸食海洛因成瘾。

更令人震惊的是士兵们回国后的海洛因吸食情况。海洛因是目前最容易上瘾的物质之一，吸食海洛因大约有四分之一的概率会上瘾 [19]，而在寻求治疗的吸毒者中，大约 91% 的人会复发 [20]。但是那些从越南回来的士兵，他们根本没想寻求治疗。在美国，只有不到 5% 的人吸毒。不同之处？环境。

即使是像吸毒这样具有很多生物学成分的行为，情境也会改变一切。在一种情况下强制做的事情可能在另一种情况下根本不会做。掌控情境就能掌控行为。如何做到？重复的情境会产生记忆，记忆又会产生联想，从而驱动行为。但是，如果没有情境，联想就会松散，行为也就演变不成习惯。

对于大多数人来说，我们的环境是相当固定的：家庭、工作，几家最喜欢的商店和餐馆。我们都是习惯性消费者，一半的购物都会重复。例如，我们清晨的咖啡或早餐，通常发生在相同的情境下：一天的同一时间，一周的同一天，同一家商店 [21]。消费者不仅购买相同品牌的产品 [22]，而且购买的数量也相同 [23]。吃什么早餐真是太好猜了！一旦我们养成了一个习惯，我们往往会坚持下去，因为我们日常生活环境大致不会改变。

公司渴望融入我们的日常生活，无论是早上一睁眼就点开的手机还是应用程序，或是上班路上喝的咖啡，还是晚上躺在沙发上放松时点击的自媒体。我们的习惯，以及帮助我们养成习惯的环境，都是品牌赚钱的大好机会。

记忆保持一致的重要性

我们已经了解到记忆容易出错，是因为它侧重实用主义甚于准确性。记忆不用多完美，只要"足够好"就可以奠定未来行为的基础。这不仅适用于我们对过去的感觉，还适用于对以前具体事件的了解。有趣的是，我们的自我认知也会起到一定作用。

为了做出决定和继续进步，大脑必须生成并保持一致的自我认知。如果我们要预测什么有利或什么不利，我们必须知道自己是谁。记忆成为关键，它是我们保持自我完整的黏合剂，是我们保持一致的手段。实际上，我们在不断提升和变化。托马斯·斯特尔纳斯·艾略特（T. S. Eliot）曾写道："你们不是刚才离开那个车站的人群／也不是行将到达终点的人们。"从生物学角度来说，我们身体的细胞每七年左右就完全更新一次。在所有变化中，我们的自我认知依然存在，因为记忆把我们与过去相连。每天早上醒来时，你是一个稍有不同的客观存在，但记忆将每个自己缝合在一起，成为连贯一致的存在。

重要的是，我们的自我认知（由记忆构建，创造性地重新融合）会驱使我们认为自己是始终如一的存在。每当遇到新的体验、做出新的决定，我们会被动调和一切，从而与连贯的自我认知继续保持一致。一旦出现矛盾就会导致心理学家所说的认知失调[24]，这是心理学中最古老、最有力的现象之一。如果认知和行动有了冲突，我们会感到不舒适，这会迫使我们去解决它。

如果你是一个素食主义者，坚决不吃肉。然后你和朋友出去喝酒。一杯接一杯，就像所有美好的夜晚一样，你在凌晨两点到了一家塔可饼店。在这种情况下，不需要喝醉的朋友劝诱，你不自觉地就会买个烤牛排塔可吃。这显然形成了冲突。我不吃肉，却吃了烤牛排塔可。有些东西不得不让步，认知失调必须调和。有不同的方法可以做到。你可以否认三连：我没有真的吃塔可，我就咬了几口，没什么大不了。或者理性点，你可以主张自己的行为，改变现有认知：是的，我就是吃了烤牛排塔可；我一般不吃，只是偶尔会吃。

认知失调是市场营销施展黑魔法的好机会。品牌可以大显神通，故意制造失调，迫使消费者觉得自己和目前拥有的东西之间存在分歧。这在那些使用励志广告宣传的日常品牌（如时装、跑车）中尤为常见，广告提醒着消费者他们渴望或尚未实现的事情。

比如，日产（Nissan）Xterra SUV 发布了一则广告[25]，其中 20 多岁的普通人不同寻常地开着卡车，在好几座沙丘上来回穿梭。欲知详解，请观看 GoPro 或 Red Bull YouTube 频道。最后，这群人决定，拉出滑雪板从山顶顺着沙丘一侧一路滑下去。

广告词是：买我们的车，一酷到底。看到商业广告时，你要么买，要么不买。如果没买的话，起码现在安全。如果你真的买了，并且认为自己很酷，那么大脑就必须解决这个认知和没有 Xterra 之间的这个矛盾。解决方案是要么买了 Xterra，继续觉得自己很酷；要么不买 Xterra，改变现有的自我价值认知：也许自己没那么酷。

在名人代言或巧妙设计加持下，这些令人向往的广告通过将其产品配对积极正面的属性来发挥作用。它们提出了一种潜台词：为了酷炫／魅力／成功，你必须拥有这个产品。每次你不自觉地因广告购买产品时，大脑就会被迫解决 Xterra 的计算问题。

涉及美妆行业时，这一点尤其关系重大。美宝莲有一套完整的美容产品线，叫作橡皮擦遮瑕。该产品线的杂志和平面广告与日产的潜台词相似：要想有魅力，就要美宝莲（橡皮擦遮瑕）。美宝莲没有明说女性必须需要橡皮擦遮瑕才能魅力无限。没必要这样直白，因为隐藏在情境下的认知失调会巧妙做到。意志坚强的人不为所动，而耳根子软的人会问自己："我有魅力吗？"如果你认为自己是后者，大脑要想解决这个矛盾，要么去买美宝莲"橡皮擦"，要么改变现有认知，承认自己"反正没有魅力"。

许多人能够而且确实对广告宣传不为所动，但与其他形式相比，拒绝某些形式的广告确实更容易些。只要意识到广告只是一种商业宣传，就像你知道电影不是真实生活一样，就可以保持清醒，不被广告蒙混。看到令人印象深刻的广告画面，比如巨石强森（The Rock）脱掉衬衫宣传安德玛（Under Armour）耳机，但如果消费者觉得，"他是明星，戴不戴耳机都像一个动作巨星"，那么就可以不受影响。

明星很容易被贴上不切实际的标签，而有影响力的人则不是。即使是最坚若磐石的理智消费者也会在社交媒体上出现瞬间的认知失调。在 YouTube、Instagram 等网站有影响力的人很难被贴上不切实际的标签，因为你觉得他们是"真实的人"，而不是"名人"。你也许可以忽略安吉丽娜·朱莉（Angelina Jolie）推荐的口红，但如果 YouTube 的美妆大师帕特里克·斯塔尔（Patrick Starrr）推荐同样的东西时，你可能就动摇了。

认知失调 & 妄想症

跟着广告购买是解决上述认知失调的其中一种方式，还有另外一种解决方式，即利用心理扭曲现实。这种方式通常会造成记忆模糊：我只咬了一小口烤牛排塔可，从而导致记忆和行为之间的关系颠倒。在这样的情况下，行为驱动记忆。

人脑最有趣的特征之一是可以尽可能地合理化一切事物[26]。某些类型的脑损伤表现尤其极端，比如卡普格拉妄想症（Capgras syndrome）。症状之奇实属罕见。患者可以回忆、做数学题、使用语言，他们的所有认知功能都正常，但却奇怪地坚信：自己所爱之人是别人冒名顶替的。著名神经学家拉玛钱德朗研究造成这一症状的原因，将其归结为大脑某一特定区域受到了损伤，导致负责面部记忆和负责情绪之间联系的神经网络被切断了。

卡普格拉妄想症患者的行为对正常人来说可能奇怪荒谬，但对他们来说，那是唯一符合逻辑的合理解释。我们对父母的脸庞再熟悉不过了，看到父母就会感到一种特有的温暖和好感。我们几乎注意不到，感觉都是理所当然。然而，一旦大脑中负责面部的区域和情绪之间的联系被切断，就不会再有同样的情绪反应。如何解释这种奇怪的情绪缺失？唯一的合理解释是，这个人不是自己的父亲，只是有人在假装自己的父亲。想法和理由会顺应自己内心预设的现实。

偏瘫的中风病人如果大脑左侧颞叶和顶叶相交的附近区域（与本体位置感觉有关，即身体在空间中的位置）受到了损伤，可能会有类似症状。病人虽然有一侧身体瘫痪了，比如完全抬不起左臂，但他们会全盘否认 [27]。如果让病人移动一下手臂，他们会提出许多令人难以置信的借口或理由："我太累了。""我不喜欢这样做。""我能做到，但我不想让其他瘫痪患者感觉不好。"在某些情况下，令医生吃惊的是，这些病人竟然声称他们正在移动手臂，只是医生没有注意到而已！在有些情况下，患者会表现出假肢妄想症 [28]，他们声称有问题的肢体确实没动，因为这根本不是自己的肢体！妄想真是没完没了。

乍看这些例子可能很疯狂，但这并不是只有大脑受损才会发生的事情。正常人也常常这样做。在《科学》（Science）上曾有篇实验研究 [29]，彼得·乔纳森（Peter Johansson）和同事让受试者参与一项简单的任务，他们先举着两张非常相似的人脸照片，询问受试者更喜欢哪一张。然后给受试者自己选择的照片，并让他们说明一下理由。

然而，一定数量的受试者被提供的是另一张照片。因为两张照片看起来很像，所以几乎没人注意到。他们选择的理由很有趣，听起来有说服力，还很可信："我喜欢这个是因为他戴着眼镜。""我喜欢这个是因为他的头发。""当我第一次看到他时，真的让我眼前一亮。"受试者在说这些理由时，与实际想选照片的理由一样令人信服。

在消费研究中，用果酱罐子代替人脸照片[30]，结果同样如此。若有人以为自己选的是苹果酱，但实际上更喜欢覆盆子时，他们会坚持己见，在"选择"上加倍下注。即使实际上他们根本不喜欢苹果酱，他们依然会滔滔不绝地赞扬苹果酱的美味，用三寸不烂之舌证明他们的选择合理。也许品牌营销试图大肆宣扬产品特点只是在浪费时间！消费者似乎喜欢他们以为的各种选择，不费吹灰之力就能让我们看起来像假肢妄想症患者。

这会对决策产生很大影响。纽约大学心理学教授乔纳森·海特（Jonathan Haidt）就曾谈道："理性思维自认为是总统办公室（决策者），实际上它只是新闻办公室（喉舌）而已。"我们做了多少错误"决定"，事后才合理化了？本书将在稍后详述如何控制决策这个话题。目前，一个有趣的问题是我们需要对自己的行为做出合理解释。一旦做出了选择，我们必须得明白它的意义，必须理顺整个过程，使之与我们过去的行为保持一致。我们对过去某次经历的记忆以及对其的解释，必然会与事实有所出入，从而避免我们和过去前后不一。

在消费时，这种心理的表现形式各异。拿过度消费来说，显然我们深知购买的东西远远超过了实际需要，但又希望把自己视为理性、一丝不苟的消费者。所以要如何解释呢？

答案就是营销界的"功能性借口"[31]。哈佛商学院的研究人员发现，当涉及高昂的奢侈消费时，随便一个微小实用的功能就可以显著促进销售。这项研究的作者之一阿娜特·基南（Anat Keinan）

在《大西洋月刊》(*The Atlantic*)发表文章称:"人人想做理性、聪明的消费者——不是为了炫耀而故意浪费钱财的人。"比如悍马(Hummer)车的油箱售价达六万美元,每行驶一英里耗油四加仑。油箱设计耀眼,体积不小,价格离谱。不过悍马的广告会少许提及其安全特性,所以营销抓住机会,以此说服理性的消费者。事实上,买它就是想炫耀车很酷,但你告诉自己,我买是因为它的安全系数高。安全性是你购买之时最后考虑的事情,却也是你想到的第一个理直气壮的借口。

其他汽车品牌也在应用类似策略。正如奥美集团(Ogilvy)副总监罗里·萨瑟兰(Rory Sutherland)所说:"不论最初买车的原因是什么,开特斯拉的人总会热切关注汽车的环保性能。"[32]

固守过去

由于我们对过去某些因素的依恋,追求一致变成了惯性。我们以神秘的方式执着过去,尤其涉及决策时,头脑往往不太理性。行为经济学家提出了"沉没成本谬误"。假设你两年前买了一辆二手车,然后总是因为各种各样的毛病去修理店。同事问你为何不直接买辆新车,你则回答:"我都花这么多钱修车了,再买新车不值当。"这就是沉没成本谬误的实际行为体现,说明了依靠过去来做出目前或未来的决策时,我们有多不理性。

仔细反思一下,你就会发现自己的决定有多不合理。我们会觉得如果不再坚持做某事,那么过去所做的一切都白白浪费了。然而，过去就是不复存在了，不管将来再做什么，功利主义者所谓的时间或金钱都已经"浪费"了。之前你的汽车发生过什么事故都应该无关紧要了。你的维修费花了就是花了。从逻辑上讲，现在重要的是修二手车与买新车哪个更划算。然而，我们会不合逻辑地合理化之前的支出，让它"物有所值"。营销者尤其擅长使用沉没成本谬误挖掘潜在客户。最简单的方式之一是收集电子邮件，其策略是在获得电子邮件地址之前先获取时间承诺。如果你已经花时间填了表格的其余部分，那么对在最后给出你的电子邮件地址就很难说"不"了。下次遇到填写表格或参加性格测试时，例如"您适合《哈利·波特》的哪个角色？"，对于索要电子邮件地址发送测试结果这个借口，你要警惕。如果在你回答后仍要求提供你的电子邮件地址，这就是一项应用沉没成本的设计。

如果你代表公司参与了一项重大的购买决策，沉没成本谬误无疑会影响决策。Salesforce 是一家软件服务提供商，旨在提供软件帮助其他公司管理客户关系。根据公司规模大小，提供的软件价格从数千美元到数百万美元不等。Salesforce 的营销策略是先做出一个小小的承诺（提供您的电子邮件，可以换取免费的电子书），然后是一个中等承诺（提供您的电话号码，可以进行数字演示），再然后是一个大承诺（亲自在您的办公室进行现场演示），最后进行出售。你很难开口说出不再与 Salesforce 进行互动了，因为已经投入了太多时间。汽车经销商一直在使用这种策略。汽车谈判持续的时间越长，投入的时间越长，你就越难离开。

沉没成本谬误可以帮助我们理解，为何在一方或双方都想离开的情况下，僵持的关系仍然存在[33]。合伙人告诉自己，"嗯，我们都走到这步了"。这是一种奇怪的自我调整，会让人陷入一种惰性心理。敏锐的市场营销者通过巧妙的设计，让我们先投入时间、金钱或两者兼而有之，从而劝说我们使用他们的产品和服务。由于沉没成本谬误，一旦我们开始，就很难抵抗自己的惯性。正如电影《木兰花》中的经典台词："我们忘却过去，过去却不忘却我们。"

记忆不是静态的，也不是固定的。相反，记忆会随着时间流逝而演变，这是因为大脑的易错性、普遍实用主义和对一致性的追求。就准确性而言，记忆远远不是视频回放。充其量是一张被大脑无意识地不断 PS 的照片。大脑会创造性地构建过去以规划未来，在这个过程中有时会牺牲准确性。

意识到这一点很重要，因为记忆和行为联系密切。记忆通常和情境一起驱动行为，行为也能以奇怪的方式影响记忆。

所以，记忆是笔大财富。记忆可以用来创造利润，而且是以我们预测不到的方式。就像其他消费行为一样，品牌可利用的大好机会在于我们各种怪癖心理，即大脑会无意识地填补现实和感知之间的差距，同样也会填补经历、记忆和行为之间的差距。无论是通过洞察心理，还是通过反复实验，品牌都知道如何设计营销活动和广告，利用我们的怪癖心理驱动消费行为。

好消息是，我们也可以利用洞见。了解了记忆驱动行为的情境后，我们可以根据自己的意愿设计情境，以实现自己的目标。知道了记忆的易错性，我们可以适当地调整对记忆的信心。通晓了我们追求一致性的动力，可以看到我们如何以不准确，甚至是无益的方式歪曲对过去的理解。

我们可能永远不会拥有和鲍勃·彼得雷拉一样的记性，其深度和准确性都令人难以置信。但我们可以做些更有价值的事情：对记忆的易错性、相应的营销策略保持敏锐，警惕自己掉入营销的混合陷阱。

上瘾的秘密

BLINDSIGHT
The (Mostly) Hidden Ways
Marketing Reshapes
Our Brains

第五章　左右摇摆

冲动在消费决策中的作用

假设你是即将退休的首席执行官，到时候挑选继任者了。现在有两名候选人，山姆（Sam）和克里斯（Kris）。

各自的领导风格总结如下，你会选谁？

山姆：

- 杰出的领导，冷静克制、纪律严明。

- 逻辑是智慧的起点，而不是终点。

- 控制情绪，不要放任情绪。

克里斯：

- 尽管不合逻辑，直觉就是一种特权指令。

- 有时候，感觉就是一切。

- 我是在打扑克，不是下象棋。

《星际迷航》的粉丝可能已经猜到了这些话的由来，山姆就是斯波克（Spock）的化身，克里斯则是柯克船长（Captain Kirk）的化身。通过虚构人物把大脑做决策的两种方式呈现出来：迟钝的逻辑推理和迅速的直觉反应。行为经济学家、诺贝尔奖获得者丹尼尔·卡尼曼则阐述为：系统 1（缓慢思索）和系统 2（快速直观）。斯波克（系统 1）不会草率做决定。他会深思熟虑，放慢脚步分析所有的可用变量，然后得出最合理的结论。柯克则反之，他没有时间放慢脚步去思索下一步，而是用直觉思维进行下一步行动。

决策过程很大程度上就是控制自己深思的过程。我们要么像斯波克细心推理后再做决定，要么像柯克船长那样凭直觉行事。

柯克的决策模式就像驾驶一辆自动挡的汽车，不必去考虑引擎盖下的挡位变化，只要控制方向盘就可以。斯波克的决策模型更像是驾驶手动挡的汽车，必须认真考虑发动机转速、速度、当前挡位等。在手动模式下做出的决策是缓慢的、理性的，经过分析和深思熟虑的。

柯克的自动模式是大脑默认的模式，斯波克的推理模式则是例外。不过这两种决策模式都很容易受到营销策略的影响，会影响我们选购什么、何时购买以及购买多少。

自动模式

如第二章所述，我们的注意力是极其有限的。因此，大脑会走捷径对现实做出合理的"最佳猜测"，从而指导我们的行为。在决策方面更是如此，每当做决定时，我们不会参考所有的相关信息。比如说去冰激凌店，我们不会花时间去品尝每种口味，也不会去仔细回想每种口味的味道。我们不会去特意评估草莓和巧克力口味的长短期影响。如果要这样做的话，恐怕得耗上一整天。所以我们会快速看看每种口味，然后选择一个"足够好"的味道。人类大脑对"足够好"真是情有独钟。

不仅是注意力有限，而且大脑也不喜欢深入思考正在处理的信息。在所有条件相同的情况下，我们会想少动点脑筋。如果一个问题有简单的方法解决，那么大脑每次都会遵循这条路径。这是一个非常稳定的特征，被称为"最省力法则"。

不过不是有喜欢数独、纵横字谜和拼图游戏的人吗？难道他们不是热爱思考吗？不得不承认，有人确实会觉得某些特定类型的逻辑思考令人愉快。但在日常的工作中，需要细心思考的任务并不令人愉快，即使是益智爱好者的大脑也宁愿少费脑力。这就是"最省力法则"。

这无疑会对决策有重大影响。谢恩·弗雷德里克（Shane Frederick）和丹尼尔·卡尼曼提出了著名的认知测试 [1]，并且在卡尼曼的《思考，快与慢》（*Thinking, Fast and Slow*）一书中有详细阐述。测试要求受试者对下列问题做出快速回答：

一个球拍和一个球的价格是 1.1 美元。

球拍的价格比球贵 1 美元。那么球的价格是多少？

如果你和大多数人一样，那么很可能会回答 0.1 美元。这项测试的参与者是麻省理工学院、普林斯顿大学和耶鲁大学的本科生，大约 50% 的学生给出了同样的答案。但再简单验算一下会发现，整个答案并不对：要是球的价格是 0.1 美元，那么球拍就是 1.1 美元（比球贵 1 美元），总价就是 1.2 美元，而非 1.1 美元。要想满足以上题目要求，球的价格得是 0.05 美元，球拍价格为 1.05 美元（比球贵 1 美元），合起来总价才是 1.1 美元。

对于大多数第一次看到这个问题的读者来说，脑海中会立马浮现一个直觉答案：球的价格是 0.1 美元。大脑对答案很满意。

即便答案是错误的，大脑也不会切换到手动模式再做进一步分析。卡尼曼在书中就提到："大脑习惯浅尝辄止是个麻烦。"懒惰的大脑很容易放弃思考，而非切换手动模式。

就像你想象的那样，大脑处于自动模式状态下，很少会深思熟虑，很容易受到影响。除非发生需要我们主动控制局面的重大事件，否则我们很乐意顺其自然。

大脑遵循最省力法则，偏爱自动模式，所以这就解释了人类的大量行为。想想自己如何使用搜索引擎。使用谷歌搜索时，多久才会翻到第二页或第三页？很可能只停留在第一页。大多数人宁愿尝试新的搜索关键词，也不会主动点击到第二页或第三页。即使是在第一页上的十个搜索结果，你在单击前会花多长时间阅读每一个结果？很可能点了第一个不错的搜索结果，然后点击第二个、第三个。使用谷歌时的表现也反映了人们浏览的方式，即追求速度，而不是准确性。大脑在形成记忆时，会优先考虑一致性而非准确性，在做出决策时也同样如此。难怪我们总是如此容易出错。

要想使用谷歌准确搜索，就意味着在点击之前必须分析每个页面上的每个搜索结果。从理论上讲，这样你才最有可能找到正在寻找的东西，但这样做需要大脑切换到手动模式。大脑宁愿快速扫描试错，也不愿仔细阅读找出答案。后退按钮进一步帮助大脑犯懒，因为后退可以有效地消除错误的猜测，再次尝试。快速试错几乎没什么后果。

消费时，品牌方乐于满足我们的思维惯性，让购买变得尽可能简单自由。线上购物平台尤其明显，就拿网页设计来说，英语母语者浏览网页时会很自然地以"F轨迹"扫描界面。内行网页设计者深谙此道，会把最想让我们看到的东西放在F线框架上，以便符合大脑天然的偏好。网站界面的主要设计元素要么在顶部水平位置，要么垂直放置在左侧。有趣的是，大多数中东国家则是把F左右翻转[2]，因为波斯语、希伯来语和阿拉伯语等语言是从右向左阅读，而英语和大多数欧洲语言是从左到右阅读。网页的设计需要符合阅读的自然趋势，以使浏览尽量顺畅。

网页上的数字设计元素也据此进行优化。除非万不得已，都会用图标代替文字，因为可以更节约脑力。如果网页上必须要用文字，段落都会尽量简短。一个文本通常有多个标题和副标题，还有明显的着重号，重要的内容也会以粗体加重。

我们通常意识不到大脑对上述设计元素的偏好。然而，我们经常会对某个网站、手机应用程序或一款软件"感觉"不错。你可能会非常喜欢某款移动应用，特别讨厌另一款，甚至都不再使用。本书作者在2018年左右不再使用 Snapchat（色拉布）。

在日常的数字生活中，如果有公司根据大脑的自动模式设计架构，那么应该心怀感激，而非抱怨。毕竟，易用性真正实现了技术

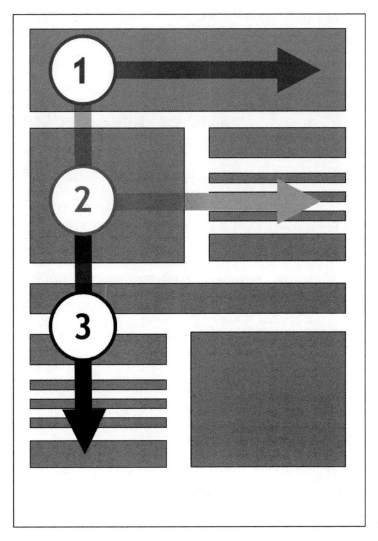

英语母语者会自然地以 F 式布局浏览页面

的价值。然而，一些狡猾的公司利用大脑的自动模式来制造冲突，而不是消除冲突。他们根据最省力法则从自身利益出发，操控消费者的所见所闻。

想想你最喜欢的电子购物网站。很可能界面已经优化设计，付款步骤尽量便捷。要是想退货怎么办？退货条款通常很难找到。从理论上讲，退货信息越难找到，退货数量越少。

对于脸谱网来说，隐私只是一个微不足道的问题。脸谱网使用你的数据大赚特赚。你点赞、分享、评论和查看的内容都会被整体卖给广告商，然后他们可以更好地定向投放广告，这就是为何在脸谱网上点赞、分享、评论和滚动是一种无冲突的体验。上述操作显而易见，甚至不由自主地就可以完成。如果不是点赞、分享或评论，而是想改变隐私设置，不让脸谱网使用你的数据从中谋利，那么这个操作就没那么明显了。到底要去哪里设置？可能会在右上角，然后呢？这时懒惰的大脑需要被迫换到手动模式，但大脑可不喜欢这样。

如果网站需要你切换到手动模式，这绝不是巧合，而是公司有意让某些设置很难找到。

默认设置

YouTube 拥有超过 13 亿的全球用户，目前访问量在整个互联网排名第二，脸谱网紧随其后，其母公司谷歌则位居第一[3]。YouTube 全球各地的用户，每天在该网站上花费的时间超 10 亿小时。美剧《办公室》中的主角麦克·斯科特（Michael Scott）就有一句经典名言："我第一次知道 YouTube 后，五天没工作。"了解一下 YouTube 如何触发大脑自动的默认模式，就不难看出原因了。

YouTube 每分钟上传的新内容在 400 小时以上，所以用户可看的新颖内容可谓应接不暇。为了尽可能地迎合大脑的默认模式，该网站开发了越来越精确的视频推荐功能。机器算法根据你的搜索历史、观看历史和统计数据，可以完美找到让你欲罢不能的下一个视频[4]。

例如，刚看完"查理咬了我手指"这个搞笑视频，YouTube 可能会接着给你推荐"十大婴儿爆笑视频"。看完之后，又会给你推荐著名的"婴儿鬼脸合集"等。在你意识到这一点之前，你已经相信金·卡戴珊（Kim Kardashian）的孩子叫 Illuminati……等你回过神来，才记起四小时前只是为了看一个震惊众人的视频。程序员们通过算法设计为每位访问者精准推荐下一个完美视频。难怪在撰写本书时发现，该网站上用户平均花费的时间每年上涨 60%。

似乎这还不够，2014 年 YouTube 又在其网站上添加了自动播放功能。视频播放完毕后会有几秒的倒计时，然后自动播放下一个视频，都不需要用户点击。这看起来只是一个很小的调整，其实

YouTube 的自动播放功能相当于创建了一个默认设置，因为大脑倾向于顺其自然，会自动默许。

YouTube 添加了自动播放功能不久后，网飞采用了类似的"跳转播放（Post-play）"，将继续观看下一集连续剧作为默认选项。YouTube 和网飞早已风生水起，但开发这个功能又将它们的收视率推向新的高度。正如《欲罢不能：刷屏时代如何摆脱行为上瘾》一书的作者亚当·奥尔特（Adam Alter）就指出了"刷屏时代"的到来。谷歌趋势统计显示，在新添 Post-play 功能的几个月后，大约在 2013 年 1 月"刷剧"和"网飞煲剧"两个词开始出现[5]。网飞调查发现，超过 60% 的成年人在 2013 年有刷过剧，大多数在网飞上刷完一部剧只需要四到六天[6]。现在自动播放已经成为行业标准，亚马逊和 HBO 纷纷迅速效仿。

这样的默认选项功能强大，因为大脑会觉得安全可靠，自然而然地继续观看。自动播放功能还增加了参与度，因为默认了自动播放，要想停止观看必须主动退出，这就会迫使大脑退出自动模式，进入手动模式。众所周知，大脑会避免这种情况。

不仅仅是视频平台这样，再想想汽车保险。保险的覆盖范围往往有一系列选择：发生事故时是想只赔偿对方，还是也包括自己？事实证明，保险默认选项包括的内容对新客户的最终选择有着深远影响。如果"飓风扩展条款"是默认选项，除非我们提出不添加此条款，否则我们最终很可能会默认。如果必须选择加入，我们甚至就不再过问。

1992 年，美国新泽西州和宾夕法尼亚州的纳税人首次切身地感受到了这一点[7]。这两个州在那一年都实施了无过错车祸保险法，在这种制度下，消费者可以选择不同程度的起诉侵权损害赔偿来节省费用，但具体方案有所差异：新泽西州对违约起诉的选择权利有限制，而宾夕法尼亚州则具有完全起诉权，除非主动选择不起诉。这一微小不同对人们的选择影响重大：宾夕法尼亚州75%的消费者愿意为保留侵权行为付费，而新泽西州只有20%。

在许多其他行为中也发现了类似现象，比如偿还学生贷款[8]，再比如捐赠器官。在奥地利等默认捐赠器官的国家，捐赠率约为90%。而美国或德国等国家可以自由选择是否捐赠，捐赠率则只有20%[9]。

通过故意设计默认选项可以影响消费行为。纽约市可能是最后一个出租车的乘坐人数超过优步和来福车（Lyft）的美国城市。自从2007年纽约市首次强制使用信用卡支付出租费用以来，支付系统就提供了一套精心设计的默认小费选项：支付20%、25%或30%的小费。如果你想给10%或15%的小费呢？那你必须得自己额外计算支付金额。出租车司机还收现金时，纽约市出租车的平均小费是10%。在新设置信用卡的默认选项后，这一比例上升到了22%。三种小费选项每年为出租车额外带来1.44亿美元的净收益！如果电子收银机（如移动支付Square Pos终端机）出现这样的默认选项，也会出现类似的效果[10, 11]。初始默认选项（通常我们完全意识不到）很容易就可以把我们带到设计者想要的方向上。一旦进入，我们会很难抗拒自己的思维惯性。

便利默认

听到"便利商店"一词，你的脑海里会浮现出 7-11 等便利店，对吗？但我们（作者）认为"便利"可远不止于此。世界上最便利的商店是亚马逊。在过去的 20 年里，亚马逊已经成长为全球市值最高的公司之一。有了亚马逊，购物变得方便无比。部分原因是亚马逊根据大脑自动模式的设计出类拔萃，两天送货、一键订购和定期订购享受配送优惠（Subscribe & Save）都是减少冲突、方便大脑处于自动模式的举措。研究表明，愉悦的零售购买体验往往最看重简单便利，甚至高于产品本身的质量 [12]。亚马逊创始人兼首席执行官杰夫·贝佐斯把这一点视为让亚马逊保持进步的商业哲学。

智能手机和智能手表等技术使得自发购买前所未有地容易。这些新型模式在购买冲动和购买决策之间会寻找最容易的路径，技术则充当润滑剂。2019 年，NPR（美国国家公共电台）的一份调查报告显示，80% 左右的美国人都会在网上购物 [13]，同年，Statista 发布的一份统计报告显示，美国超过 40% 的网购人群每月会网购好几次 [14]。过去必须开车、停车、仔细比对货架上的物品，才能购物。现在，只需要一个想法和一台可以上网的设备。

公司不断出奇制胜来从消费者手中更容易地赚钱，因为大脑处于自动模式时不会思索再三如何购买。亚马逊还定制了 Dash 按钮，可以自动购买指定产品。无论何时想购买，只要按下按钮，物品会在两天或更短的时间内送达。相比之下，打开笔记本电脑、登录、打开浏览器进入亚马逊网站、搜索产品、将其添加到购物车，然后经过重重阻碍电子支付下单，真是烦琐得要命！

如果摁下按钮对你来说都太麻烦，不要担心，还有更高效的智能音箱 Amazon Echo（搭载智能助手 Alexa）和家庭助手 Google Home Assistant。只要说出名字，智能助手 Alexa 就会把购买冲动直接转化为购买，速度比说完"热狗"这两个字还快。所以各大品牌绞尽脑汁要在 Echo 和 Google Home 上做广告 [15]，毕竟单向思维购物轻而易举。

自动模式对品牌大有裨益，手动模式往往相反。想想去年每次按下"立即购买"后，购物的"过去之灵"会时时造访让你三思，然后会有多少物品被退货呢？

手动模式

正如前文所讲，大多数时候，大脑喜欢在自动模式下随波逐流。不过有些时候，有必要集中精力进行手动操控。

手动模式和自动模式倘若发生直接冲突会导致所谓的斯特鲁普效应（Stroop effect）。其经典范式就是如果字体颜色与字义不同，人们的反应速度会下降。比如，字义和墨水颜色相互匹配（字义是蓝色且墨水颜色也是蓝色），人们很容易辨认，但是一旦不匹配（字义是蓝色但墨水颜色却是红色），人们的反应速度要慢得多，因为阅读时必须要克制自己的自动反应，过滤掉墨水颜色的影响。

斯特鲁普效应不仅是一种实验范式，在现实生活中也时时刻刻都在发生。比如，如果你从小只会说英语，即使长大后精通其他语言，当你和一个不会说英语的人交谈，或在一个非英语国家旅行时，使用的第一语言还是英语。俄罗斯籍 NBA 球员提莫菲·莫兹戈夫（Timofey Mozgov）就曾闹过类似乌龙。当时一位 NBA 新闻播音员用英语采访他最近的表现如何，他大概用母语说了 20 秒才意识到自己的错误！如果你想知道一个七英尺高的俄罗斯中锋脸红是什么样子，不妨看看这段视频 [16]。

大脑的自动系统需要被缓慢的、经过深思熟虑的系统所替代。所以自己必须要积极地深入思考，不要简单地随波逐流。

一般情况下，自动模式下的行为方式是由成长环境决定的，随着时间推移会演变成习惯。只有走出已经适应的环境，才会意识到自己的行为多么有自发性。如果从长大的美国搬到英国，立即就会经历各种各样的困难。现在可不是在讨论凝结奶油 clotted cream 和足球 soccer（抱歉，football）带来的文化冲击，更简单一些，只要四处走走就好。走在熟悉的城镇或城市时，我们会根据习惯过马路。而过马路时，我们可以想东想西，可以交谈、听音乐，甚至（有时）用手机聊天。一旦从美国到了英国，这些就都失灵了。在英国，车辆一般在街道另一边行驶，所以向左看看有没有车开过来的这个习惯已经不再适合当下环境。那么就要采取手动模式，故意忽略你的自动反应，仔细看看交通方向，确保自己安全。以前感觉毫不费力的事情现在却很困难，因为大脑运作处于手动模式。

切换到手动模式并不像听起来那么简单。毕竟这不是自发过程，而需要强加干涉。我们必须抑制自然反应，说出字义而不是说成墨水颜色，必须刻意不用母语交流，在过马路时不要先向左看。认知控制是一条逆流而上的大马哈鱼，周遭一切都在推动我们向着自动模式的方向前进，我们却得强迫自己背道而驰。

神经学家所说的认知控制就是让我们从惯性反应的自动模式转变为抑制冲动的手动模式。认知控制不是消灭冲动，而是抑制冲动。我们都有做某些事情的冲动，比如"吃美味的汉堡"或"看电视而不想学习"。做与不做之间的区别在于是否有能力不采取行动。

手动模式是抑制冲动的精神盔甲，可以让我们评估跟随冲动和延迟满足的结果。哪种选择会有更多奖励？是出去狂欢享受，还是待在家里学习，从而可以有更高的绩点找到一份好工作？是吃美味多汁的培根芝士汉堡呢，还是点沙拉？是把 5000 美元的假期奖金用来度假，还是存入 401（K）退休金计划？

有人可能会说，这些问题都没有正确答案。但倘若不抑制冲动，我们总会选择最具吸引力的选项：派对、汉堡、假期。只有通过手动模式进行认知控制时，我们才能延缓、抑制最初的冲动，从而获得长期回报。

如何抑制冲动令人着迷，最经典的就是棉花糖实验。在这个实验中，年幼的孩子被带到了实验室，并给他们设置了一个简单场景："这里有一块棉花糖，可以现在就吃掉，或者可以十分钟后再吃，到时可以吃掉两块棉花糖！"实验中摄像机的记录很宝贵。棉花糖放在孩子面前，实验人员离开房间，孩子和这美味的零食之间只剩认知控制这一步之遥。他们的反应更是值得琢磨，有人在座位上动来动去，有人对着棉花糖流口水，有人表情苦恼。这种场景下，自然会有各种各样的反应。有的孩子几分钟后就屈服了，有的孩子则坚持了整整十分钟，然后开心地吃了两块棉花糖。

经典棉花糖实验表明，孩子是否可以延迟满足感与后来能否获得成功有着密切联系：坚持了十分钟的孩子日后 SAT 成绩或者工作会更加出色。尽管实验有一定积极性，但事实证明这些发现难以复制，一是要花费数十年才能衡量长期影响，二是很难弄清认知控制对长期结果的确切影响[17]。不过，至少棉花糖实验为理解认知控制如何抑制冲动提供了重要参照。

当然，抑制冲动会有违大多数公司的希望。认知控制对许多类型的公司来说是克星。就拿冲动购物来说，这是一笔令人难以置信的大买卖。一项 CreditCards.com 上的调查发现，84% 的美国人[18]承认最近至少有过一次冲动购物，而 54% 的消费者[19]承认冲动消费的金额至少有 100 美元，其中 20% 超过了 1000 美元。冲动购物会让公司大赚特赚，所以公司设计会让你总是处于自动模式（容易顺从冲动），即使试图进入手动模式也徒劳无功。事实上，有些许可靠策略可以削弱认知控制，以及转换到手动模式的能力。

饿货，来条士力架

确保充分利用认知的最好方法不是关注大脑，而是关注胃。没错，一顿饱餐（尤其是高糖分的一餐，下边将讨论）可能是深思熟虑和抑制冲动摇摆的关键。

我们反感思考就是因为会消耗体力。大脑的手动模式是一个物理过程，需要消耗葡萄糖来维持运转。如果你曾在图书馆学了很长时间，尽管一直坐着，你可能还是会感觉到又累又饿。大脑虽然静止不动，却在忙于加班。

在你的代谢能量较低时，任何需要做决定的默认选项都会变得更有吸引力，因为耗费能量更少。想象一下深夜下班回家，你已经筋疲力尽。把公文包丢在门口，然后瘫倒在沙发上，甚至连遥控器也找不到。在这种状态下，你更想看什么呢？一部疯狂的法国心理惊悚片？或者……《速度与激情8》？无意冒犯范·迪塞尔（Vin Diesel）的"家人"和朋友，但显然第一种选择需要耗费更多脑力。精疲力竭的你只会想要最快、最简单的选择，同时还是愉快的。

在这种大脑状态下，更有可能冲动消费，为此公司颇费苦心对症下药。想想超市的摆放设计，结账通道里通常满是诱人的"冲动消费物品"，比如糖果和其他不健康的零食等。假设你是个非常理智的消费者，只选了健康低糖、低碳水化合物的食物，没选冰激凌和薯片，不断提高自控力，充分利用手动模式。好消息是，你控制住了自己的欲望，扼杀了它！坏消息是，自我控制就像悍马的油箱：

很快就会排空。现在你面对着好几排美味佳肴。通常情况下，一开始靠着意志力，你会放弃那块看起来很好吃的糖果。但在漫长的购物之后，你又累又饿，随着自控油箱耗尽，你对它们再也无法抗拒。

饥饿尤其对决策的负面影响既普遍又真实 [20]。即使是肩负使命需要做出重要决策的法官，也出人意料地会受到饥饿的影响。在审理假释申请时，时间越接近午餐时间，法官批准假释的可能性越低 [21]。为什么呢？因为批准假释需要慎之又慎，而法官倘若感到饿了，他们就更可能做出不那么激烈挣扎的决定，例如只盖个"否决"的印章。就像这样，你的超速罚单的上诉结果是由饥肠辘辘的胃裁决的 [22]。

玛氏食品公司（士力架）专门针对饥饿驱动的冲动消费多次优化营销策略。在杂货店排队结账时，抑制冲动已经很难，难上加难的是，你还必须对士力架的直接营销视而不见。"还在等什么？饿货，来条士力架！"士力架的广告语真是恰如其分，完美契合销售产品，而且消费者饿了的时候最有可能购买士力架。新的广告语和原来大同小异：横扫饥饿，做回自己！

客观环境重重障碍

客观环境也会削弱自制力。购物场所，一般人们会情不自禁地联想到商场。

美国读者恐怕已经很难想象没有购物中心的年代。然而，购物中心却是一个相对新的"发明"——由奥地利裔建筑师维克托·格伦（Victor Gruen）于 20 世纪 60 年代首创，迅速风生水起。格伦的设计初衷是购物中心不是商业中心，作为美国郊区生活的一个重要节点，可以让家人和朋友除了在工作场所和家宅之外也度过美好的时光 [23]。他的理论是，好的设计等同于丰厚利润，如果设计了一个令人愉快的空间，人们会想要在那里消耗时光，自然会在那里花钱。

格伦说对了一半。购物中心和现代零售空间鼓励消费，但不是让消费者欣赏美学设计。相反，刻意把零售空间打造得眼花缭乱、目不暇接、晕头转向，因为购物环境越让人精疲力竭，逛街的人就越不能抑制冲动，最终花销就更多。

商场的布局并不直观。一踏进零售空间，那种瞬间迷失方向的感觉甚至还有名称："格伦效应"。这是以最初的购物中心之父维克托·格伦的名字命名的，但他强烈反对这些设计技巧。格伦晚年强烈批评现代美国购物中心，他在一次演讲中声明："我拒绝为这些混账的发展支付赡养费。" [24] 零售实体店的设计迫使大脑进入手动模式，让我们尽可能长时间地进行艰难而深思熟虑的思考，从而耗尽我们有限的精力 [25]。

一开始，格伦效应确实让大家感觉放松。购物中心看起来很舒适，配备空调、宽敞干净，满是面带微笑的人，随时欢迎你进入商场。然而在这些表层设计之下，购物中心的布局故意让你疲惫不堪。

商场设计师知道，人们来这里经常是只为了一件商品，比如一双鞋。商场很乐意把那双鞋卖给你，但他们可以想方设法让你消费更多。所以卖鞋的商店往往分散在商场的两端，而不是便利集中。你来回走动会接触到其他几十家商店，而他们会试图用各种商品把

错综复杂的商场布局

你拉拢过去，毕竟谁能对"免费"样品说"不"呢？漫长的步行会让你感觉越来越疲惫。你应该会注意到商场里的自动扶梯通常都是秉承"越绕越好"的原则设计的：如果想从一楼到三楼，必须乘自动扶梯到二楼，然后一直走到楼层的另一边再乘自动扶梯到三楼。真是完全践行了让你"买到腿软"！

你一旦疲惫不堪迷失方向，零售店会巧妙地把你推到最昂贵、利润最高的商品前。商店会把商品放在视线的高度，也就是你的默认视野——看东西最容易且不疲惫[26]。如果最省力法则有一个物理位置，那就是你眼睛的水平位置。为了能在这个位置摆放产品，公司会向零售店支付附加费用。

你可能会纳闷，为何零售商可以迅速提供某些特定商品的超值优惠。比如，百思买（Best Buy）一台电视只卖 50 美元，沃尔玛（Walmart）一套刀具只卖 30 美元。如果这些零售公司只卖这些所谓的促销产品，肯定会赔钱。优惠活动的目的是让人们进店，他们相信，一旦消费者进店会买更多全价商品。

有趣的是，人们在实体商店会比在网上购物更冲动。2013 年，LivePerson 发布的一项全球调查显示，虽然冲动消费很常见，但在实体商店发生的可能性几乎是在线的两倍[27]。故意设计让人精疲力竭的环境，加上葡萄糖消耗，可以起到很大作用！

购物疗法

也许情绪是认知控制的最大对手。当你极度愤怒、悲伤、高兴或经历其他强烈情绪时，你的行动可能毫无意义，即使恢复冷静后也是如此。有人因情绪化的决定被判无期徒刑，如果他们等待自己的情绪平息下来，很可能就不会做出那个决定。这并不意味着冷静或深思熟虑的决定就是最好的。事实上，情绪可以积极影响我们的决策，比如对受教育的高自豪感会让人有动力读完硕士，对孩子的爱会影响为孩子营造的环境。你应该和交往已久的男朋友 / 女朋友结婚吗？考虑你与对方的情感体验，以及做决定的情感状态，都是理性、必要的。

然而，情绪通常会使做出的决策变得更糟，而能否抑制冲动情绪也会严重影响决策能力。如果认知控制能力增强，我们就可以意识到冲动的情绪，做出是否采取行动的慎重决定。但如果自控力很弱，会容易冲动行事。就像使用手动模式抑制其他冲动一样，不断压抑情绪会削弱认知控制能力。如果整天被我们试图抑制的情绪刺激轰炸，我们会更可能不由自主地切换为自动模式，比如购物时。

特恩斯市场研究公司（TNS）发现，一半以上的美国人承认经常把购物作为释放情绪的一种手段，称为"购物疗法"[28]。同样，大多数人承认会通过购买东西让自己振作起来，其中四分之一曾把一次重大购买作为一种庆祝方式[29]。

总而言之，迎合情绪的营销非常奏效，它很容易打破认知控制，干预我们的行为。看看美国公民自由联盟（ACLU）就知道了。2017年，有报道称唐纳德·特朗普（Donald Trump）的房地产公司在租购公寓方面存在严重的种族歧视，这种行为甚至在20世纪70年代就出现了。如果你对此大感震惊，你很可能会准备采取行动。此时，情绪的力量会越过认知控制，让大脑处于自动模式。美国公民自由联盟使用以下图片敦促人们捐款，人们越发冲动行事。

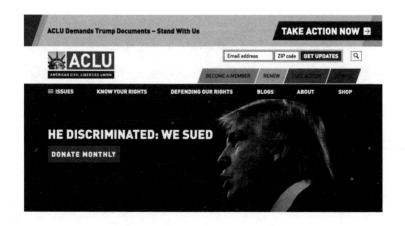

结果就是在短短的 48 小时内筹集了 2400 万美元。带有情绪诉求的广告非常普遍，也非常奏效。英国广告从业者协会对近 900 个广告案例进行研究，主要研究广告中情感诉求与理性诉求的说服力。结果相差甚远。报告清楚地显示，观众看待广告越感性，广告越有说服力。此外，效果最好的广告（几乎）没有或根本没有任何理性元素 [30]。所以对于自己的理性能力，不要太过吹捧！

左右摇摆：关键因素 K 指标

我们的生活并不是二元化的，决策也不会是只能二选一：要么冲动或抑制；要么自动或手动。其实现实生活更接近光谱，通过认知控制来平衡两个极端之间的关系。在神经科学中，衡量抑制冲动的指标叫作 K 指标。

行为科学家曾做过一个实验来验证"跨期选择"：时间对金钱评估的影响程度。这就像一个针对成人的棉花糖实验，需要做个选择题，主要测试我们对不同时间尺度下不同金额的反应。受试者有两个选择：现在得到 10 美元，或者明天拿到 12 美元。受试者会回答一系列问题，每一个问题都涉及不同的金钱数额和不同的时间跨度。大约 50 个问题之后，可以得到一个关于个人对长期投资重视程度的大致模型。结合多个实验得出的这个模型揭示了 K 指标。

每个人都有 K 指标，即在冲动和抑制冲动之间的把控程度。高 K 个体能够延迟满足即时冲动，更好优化长期利益。低 K 个体屈服于即时冲动，牺牲长期报酬。可以用自动或手动模式更好阐释 K 指标：高 K 个体适应手动模式，低 K 个体通常默认自动模式。

低 K 如何阻碍长期收益最大化显而易见。想一下著名的最后通牒博弈（Ultimatum Game）实验，假设两人得到了 10 美元，然后需要把这笔钱分掉。随机指定一人来做决定如何划分，比如，"你三我七"。决定方必须谨慎，不能太过贪婪，对方有权决定是否接受。一旦一方否决，那么两人一分钱也拿不到。注意，为了防止两人有长期合作或谋划，两位参与者只能搭档一次。

正常逻辑下，大家都会同意有钱总比没钱强。然而在实验中，没人愿意接受三美元或更低的非零金额！我们会情不自禁地想：才三美元？你怎么好意思！我就是不给你……我们宁愿放弃金钱，去怨恨一个再也不会有交集的陌生人，甚至去怨恨电脑算法！最后通牒博弈中的选择很大程度上取决于 K 指标。尽管存在文化差异，不过大多数参与者拒绝不公平的非零金额，不会同意对手获利更多[31]。如果你的首要感觉是拒绝不公平的金额，那无伤大雅，毕竟只有人类才有这种冲动去惩罚周围贪得无厌之人（或与我们互动的计算机）。有趣的是，抑制惩罚冲动的程度高低会决定最终的行为反应。有何根据呢？因为即使金额划分不公平，参与者自制力的各个衡量指标与拒绝与否的意愿密切相关。也许更有说服力的证据是，如果人们在玩这个游戏之前喝过酒，他们拒绝不公平金额的可能性就会明显上升[32]。任何目睹过酒吧斗殴整个过程的人都知道，酒精是认知控制的克星。

认知控制始终在光谱的高 K 端（受控、深思熟虑、以系统 2 为导向）和低 K 端（冲动、自动模式、以系统 1 为导向）之间左右摇摆。虽然每个人都有不同的默认 K 值，但情绪、饱腹感和环境等情境因素都会影响光谱上的 K 值位置。在一定时间段内，我们光谱上的 K 值位置（即认知控制能力）对消费决策至关重要，处于低 K 状态时驱动购买的因素可能在高 K 状态下就失灵了。

低 K 营销策略

消费者处于低 K 状态时会变得相对弱势，营销可以乘虚而入，更容易销售消费者本会拒绝的产品。从根本上讲，低 K 消费者营销人员求之不得，低 K 友好的营销策略旨在通过推进消费者的决策过程，让消费者做出最快反应，更加冲动行事。

"限时特价"依靠的就是低 K 自动模式。Gilt 闪购网是时装快消的先驱之一，设计蓝图目的相同：在售商品都有有效期，页面的显著位置会有倒计时提示时间。交易只能在"有限的时间"内进行，这会让人们害怕错过交易，而这种强烈的情绪会迫使大脑在自动模式下做出决定。

研究表明，13 岁到 24 岁的消费者 42% 的衣服[33] 都是属于计划之外的冲动消费。但消费者并没有随着年龄增长而变得更明智：25 岁到 34 岁的消费者仍表现出与青少年相同的冲动消费行为。理论上，56 岁到 70 岁的消费者应该最明智，不过他们也有三分之一以上的衣服属于冲动消费。限时特价是低 K 营销策略的核心，先激发消费者的冲动，然后再尽可能让消费者迅速行动。

亚马逊有自己的一套限时促销活动：秒杀王中王（Deal of the

Day），持续时间为 24 小时；特惠秒杀活动（Lightning Deals），持续时间为几小时，参与活动的库存商品数量有限。在亚马逊会员日（Prime Day），会有几件令人难以置信的低价商品也是以类似的方式秒杀，相当于电子商务版的"开门大抢购"。亚马逊的秒杀活动会有计时器和库存余量显示，所以其他客户购买时，库存余量会越来越少，这进一步加剧了我们陷入自动模式的紧迫感。

另一种低 K 营销策略是提供免费配送和免费退换。从表面上看，这些策略让消费者没有后顾之忧。其实在无形之中，这会鼓励消费者从网上购买更多产品[34]。所有促销目的就是让消费者在冲动消费时不会犹豫不决。毕竟，不需要花一分钱去尝试！

低 K 消费者还容易分心。萨拉·盖兹（Sarah Getz）和同事[35]进行过一项经典的跨期实验（愿意现在拿到 10 美元，还是两周后拿到 12 美元？）。除此之外，其中某些受试者还要完成一项任务：记住一长串数字（648912），在实验结束之时重复出来。所以，他们不得不在考虑研究人员问题的同时，还在脑海中重复数字信息。结果显示，这些受试者更有可能选择直接奖励。正如前文对深思熟虑和不假思索的讨论，刻意抑制习惯性思维会起作用。我们的精力是有限的，一旦有其他任务分心，抑制冲动（即时满足）的能力就会减弱。

显然，最耗费脑力的消费设计就是赌场。赌场没有倒计时，室内设计装修迷幻，让人"迷失"。如同购物中心，令人迷惑的室内装修会加重人们的精神负担。由于赌场的布局复杂难记，那么寻找浴室、酒吧或特定的游戏桌等空间任务都会增加记忆负担。一旦精力耗尽，就更有可能做出冲动的选择。而涉及冲动性决定时，赌场总是赢家。

我们注意到，有一个群体做出的决定更具说服力：穷人。生活在贫困线以下的人们较少购买预防性医疗保健服务[36]，往往倾向于购买超出其承受能力的物品[37]。他们不买食品杂货和蔬菜，经常选择立即令人满意的汉堡。不难假设这些倾向首先是由于内在 K 指标较低，然后导致了贫困。然而，赵家英（Jiaying Zhao，音译）和同事们研究发现，情况并非如此[38]。相反，贫困会让人精神处于高压之下，让人感觉心累，这种精神状态才是导致贫困的罪魁祸首。如果穷人考虑自己的财务状况，会更不利于他们做出符合长期最佳利益的经济决策。这一事实在农民身上也得到了印证。如果农民整年经受作物收成压力，那么与收获颇丰之时相比，他在收成前不富裕情况下的认知表现更差。

换句话说，与普遍的观念想法相反，在许多情况下，穷人吃快餐并不是因为快餐便宜实惠，而是由于经济压力，他们的大脑决策偏向于眼前的享受，而不是长期的解决方案。正如赵博士所说："多年来人们认为，穷人之所以贫穷是因为他们做出了错误决策。但我们发现事实恰恰相反——穷人是因为贫穷才做出了错误决策。"[39] 这就造成了一种恶性循环：穷人经历了长期的压力和饥饿，所以做出了错误、冲动的选择，然后反过来这又让他们变得更加贫穷。

那么，捐赠给穷人钱财会改变他们的冲动消费行为吗？早期实验结果的答案是肯定的。迄今为止，赵博士与温哥华政府合作，进行了一项研究全民基本收入效用的最大型实验，100 名流浪者每人直接收到无条件捐款 8000 美元。持怀疑论者可能会猜想，穷人拿到钱，第一件事肯定是去消遣娱乐。然而事实却并非如此。在撰写本书时，该实验仍在进行中，但到目前为止，针对受试者的研究结果鼓舞人心：穷人的精神负担减轻了，更好地做出了合理的经济选择。

高 K 营销策略

也许你的 K 指标很高。所以你会对营销免疫吗？显然不是。营销人员制定完全不同的营销策略。低 K 营销策略加快了消费者的决策速度，而高 K 营销策略则恰恰相反。

低 K 营销策略效果甚佳，为何还有高 K 营销策略呢？因为事实证明，低 K 营销策略对于大脑处于手动模式的购买决策并不适用，这时购买的东西更昂贵更复杂，购买所需时间更长。消费者的购买决策包含更多信息或者需要进一步的理由时，高 K 营销策略就奏效了。

美国前进保险公司（Progressive Insurance）推出比价界面确实开创先河。它是首家不仅提供自己的产品报价，还提供其竞争对手报价的大型汽车保险公司。为什么呢？因为购买汽车保险往往需要多方面分析，做出决定需要考虑不同保单的各个条件，如风险、概率、承保范围、自付费用和保费等。购买车险毕竟也不便宜，所以我们有额外的动力审慎思考做出正确的决定。此外，保险期限一般不短，不仅要决定当下花的 125 美元应物尽所值，还要想好每月向哪家保险公司定期支付 125 美元。把自己定位成一站式报价网站，前进保险提供多方报价，那么消费者只须进入前进保险网站（而且只访问前进保险网站），不用再去参考竞争对手的网站。

提供多方报价让消费者的浏览速度变慢，因为他们在做出决定之前可以仔细研究比对数据。消费者在比价时会觉得自己很聪明，这种比价为最终选择哪个保险提供了合乎逻辑的理由。根据客户天然的思维模式制定策略，前进保险公司发展蒸蒸日上。在推出比价界面一年后，前进保险的股价甚至翻了一番[40]。既然知道客户有多种选择，那么就不如直接提供透明的多方报价，让客户在不离开网站的情况下进行谨慎思考（系统2）。

在特定环境下，对高K购物体验的需求解释了为何旅游元搜索引擎无处不在。客涯（Kayak）在这方面数一数二，该网站正是根据大脑的手动模式，提供数百个旅游网站的机票、汽车租赁和酒店预订报价。客涯等类似网站提供了更多的数据，你可以慢慢思索，做出最合理划算的选择，而且比起单独访问所有旅游网站，在一个网站直接比价来得更快、更简单。与其用限时打折或限量打折来加快购买决策的速度，高K策略会减缓决策速度，并提供多种选择，尽可能让客户充分地慎重考虑。公司如何从中获利？涉及大脑系统2的思维时，公司会采用"如果不能打败对手，就加入他们"的策略。如果公司知道客户会考虑自己的产品，他们就利用这一点，引导消费者考虑"正确"的东西，然后进行购买。一站式网站的功能就是提供具体参考，让客户进行充分思考。

印象笔记（Evernote）的会员界面就是一个典例。充分了解客户群，知道高级用户不会心血来潮地购买会员，而且客户会想确切知道自己的权益。印象笔记的升级用户界面垂直列出了 16 项具体功能，顶部水平栏则是收费标准：免费版、标准版和高级版。印象笔记甚至因使用上述营销策略吸引用户选择标准版而收益大增。正如上述对 K 指标的讨论，人们不会完全处于系统 1，也不会完全处于系统 2。如果一个网站想要吸引各种人群，想要提供不管是消费者冲动消费，还是深思熟虑的产品，那么就得涵盖所有要求，制定相应的策略。亚马逊的策略就卓有成效，不管大脑的自动模式还是手动模式，它都能一一满足。最初，亚马逊只支持年费会员，后来亚马逊转而提供两个选项：月费会员（针对快速的自动决策者）和年费会员（针对慎重的手动决策者）。总会有一款适合你！

控制权

这些营销策略既有利也有趣，但如何才能让自己的决策更节制、更慎重呢？除了对这些策略保持警惕（并摄取富含葡萄糖的食物保持饱腹感），还可以采取什么方法来更好地提高认知控制？当然，自控力这个问题远远超出了本书的讨论范围，但先计划后决策似乎是一种更为行之有效的方法 [41]。如果知道自己很难抗拒冰激凌，就不要把冰激凌放进冰箱里。提前做好计划，尽可能抑制自己的一时冲动。与其强迫自己抵制诱惑，不如提前切换到手动模式引导自己的未来决策，从而减少为认知控制的买单。倒计时锁储物盒（Kitchen Safe）正是为此量身定制的，效果显著。这是一个简单的装置，可以用来对付糖果、iPhone 等任何诱人的东西。只要把那些不该拿到的东西放在盒子里，合上盖然后按下计时器，直到倒计时完毕盒子才会解锁。

前文提到了贫困会促使大脑处于自动模式进行决策。同样，对于那些银行余额空空如也或已经透支的人来说，财务规划会很困难。一系列实验表明，如果电话提示时简单增添几个问题，人们就可以好好思考，进而可以改变做出的财务决定。在某个实验中[42]，信用卡呼入用户提示系统做出了些许改变，不仅提示用户还款金额，还询问他们打算何时还清。这一简单的改变大大促进了用户还款，绝大多数用户能在电话中指定的时间内还清。这样的提示会让大脑进入手动模式，仔细思考抑制自动思维，促使用户三思而后行。

无论社会经济地位如何，进行长期财务规划都是一大挑战。荷兰 ING 银行在手动模式方面的设计出类拔萃，对自己和客户都大有裨益。在让客户承诺每月自动储蓄的金额之前，ING 银行会要求客户花点时间思考一下：如果存储更多的钱，生活中会发生什么积极的事情。控制所有其他变量后，与其他银行相比，在同样的客户中，ING 的 401（K）退休金计划注册人数增加了 20%。

我们如果充分利用了所有的认知资源，那么最有利于自己的事情就是在正确的、高 K 的思维状态下制定长期计划。然后，一旦制订了计划（例如，不吃饼干、每月的退休金存入 10%），执行之时可以不必依赖重复思考。每月会自动扣除 10%，而不必每次都调用系统 2 来实现。具有讽刺意味的是，对于系统 2，最佳的决策反而是不需要系统 2 参与的决策。思考 = 认知资源耗尽 = 更具冲动性。简言之，先做出最佳决策，然后执行决策之时外包给某个再也不用参与思考的外部系统。无论是抑制冲动，延迟满足，还是在零售环境中保持理智，认知控制都是关键。控制程度和保持程度最终决定了在各种场景下的行为。是要手动控制，还是自动驾驶？

自动模式也有可取之处，在决策过程中也是如此。有些时候，冲动的决定胜过反复思索的决定，不管是消费还是其他领域都是如此。但从长远看来，我们的冲动消费越少，获益可能越多。

在现实世界里，像柯克船长这样的低 K 买家是营销者的理想顾客，而像斯波克（高 K）会是消费者的理想样子——计算无比理性、从不冲动。消费时，出现更多的"斯波克"对于我们的生活长久繁荣必不可少。

上瘾的秘密

BLINDSIGHT
The (Mostly) Hidden Ways
Marketing Reshapes
Our Brains

第六章　快乐－痛苦＝购买

快乐 / 痛苦如何驱动消费

试着把你所有的家当清算一下，包括买过的东西、收到的礼物、房子里的家具、衣柜里的物品和墙上挂的画，甚至是睹物思人的旧信件、情书、毕业证和明信片等。这些东西会有多少？需要多久才能点算清楚？

　　2001 年，迈克尔·兰迪（Michael Landy）统计出来自己拥有7227 件物品。他花了几个月的时间，清点了 37 年来积累的每一样东西，甚至包括令人讨厌的收据。

　　兰迪清算自己的财产只有一个目的：销毁所有物品。在 2001 年2 月 10 日至 2 月 24 日期间，他公开销毁了汽车、电脑和父亲送给他的羊皮大衣等所有家当。所有的物品都被带到一个大仓库，兰迪和 12 名助手在那里给物品贴上标签，然后剥离、粉碎、拆卸，放在黄色的集装箱里，顺着传送带销毁，这次艺术作品的名字叫作《崩溃》[1]。一切结束后，兰迪除了身上穿着的蓝色连体裤，便一无所有了。

　　也许兰迪这次作品中最有趣的是周围旁观者的反应，他的行为引发了一种近乎恐怖的情绪。该项目的负责人詹姆斯·林伍德

（James Lingwood）告诉BBC："围观者看着个人纪念品、信件、照片和艺术品的销毁深感不安，有时甚至很震惊，忧虑倍增。"[2]

在光谱的另一端，有些人囤积成吨毫无价值的东西，和家用的东西都分不开。囤积行为非常普遍，2%到5%的美国成年人都有囤积行为[3]，整座房子都可能堆满毫无意义的东西。然而，尽管这些堆积物占据了他们的生活，但囤积者想到要扔掉从未拆封的钢笔，都会备感焦虑。

不管是兰迪还是囤积者，要如何理解对囤积东西不可思议的态度或行为呢？答案可以归结为两个最基本的动机：快乐和痛苦。生活中，我们总是追求快乐最大化或痛苦最小化。适用于消费生活的公式很简单：快乐 − 痛苦 ＝ 购买。

在一项实验中，斯坦福大学神经学家布莱恩·克努森（Brian Knutson）和同事们[4]利用功能性磁共振图像发现，根据大脑的快乐中枢（伏隔核）和痛苦区域（岛叶皮质）之间的神经元激活差异可以很大程度地预测消费行为。展示产品时测量快乐值，展示价格时测量痛苦感。如果大脑快乐中枢的神经元活动比痛苦区域更强烈，那么很可能会出现购买行为。反之，如果痛苦超过了快乐，那么购买的可能性就不大。也就是快乐 − 痛苦 ＝ 购买，或者说如果愉悦 − 痛苦 ＞0，就表示购买，不过从算术角度可能没那么易记。

总之，如果做一件事预期的快乐大于痛苦，我们就会采取行动。对于兰迪来说，一无所有的生活（或布置艺术）乐趣远远大于销毁家当的痛苦。对于囤积者而言，清理囤积比享受干净的家更痛苦。

聪明的品牌对此了如指掌，以优化策略最大限度地提高消费者的快感，减轻痛苦，但这并不容易。首先，我们体验痛苦和快乐的方式并非直截了当；其次，快乐和痛苦的经历也不总是直接塑造我们的行为。所以，出现了一个陌生的消费世界。

追求快乐

一方面，快乐是直观的。我们可以感觉到快乐，享受快乐，会想要更快乐。但实际上，我们竟然注意不到快乐如何影响长期情绪、行为和幸福感。让我们来了解快乐的怪癖。

怪癖 #1：快乐是一种感觉

威利·旺卡（Willy Wonka）：查理，不要忘记得到了想要的一切的那个人发生了什么。

查理·巴克特（Charlie Bucket）：发生了什么？

威利·旺卡：他过着幸福的生活。

如果事实如此，那就太好了。然而很遗憾，旺卡的预言没有实现。

快乐总是转瞬即逝。想想上次吃好吃的蛋糕是什么时候。蛋糕就摆在你的面前，糖霜闪闪发光，你的味蕾兴奋不已，期待着蛋糕的味道。你用叉子叉了一口蛋糕，放到嘴里，真快乐啊！完全满足，超出期望！你甚至闭上眼睛细品味道。现在好好想想：快乐持续了多久？每次感到快乐，与上一次隔了多长时间……你什么时候开始考虑吃下一口？一秒？两秒？几乎在体验快乐的同时，我们已经在寻找更多的快乐。

从生物学层面来说，快乐会在首次体验某件事情的那一刻攀升到顶峰，比如第一口芝士蛋糕，第一次开新车，第一次穿上新运动鞋跑步。然而第二次尝试带来的快乐感会减少，第三次索然无味，以此类推。

从表面看来，这很奇怪。为什么大脑在有所渴望的时候奖励你，一旦拥有之后却又把奖励拿走？从进化角度来看，大脑正在激励我们生存下去。许多带来快乐的东西是我们生存的关键。为了生存，我们总是需要寻求性、食物等重要的东西。如果我们在得到想要的东西后突然感到满足，就会失去动力，感觉继续寻找、收获没有必要。我们需要诱饵，保持渴望。满意或满足（至少是长期的满足）不利于生存。这就解释了为何大脑会短暂地体验到满足或快乐，或更准确一点，为何大脑在获得满足的那一刻反而没那么快乐。进化机制需要我们保持渴望。

丹尼尔·内特尔（Daniel Nettle）在《幸福：追求比得到更快乐》中总结得好："幸福感是进化的根基，它充当的不是实际的奖赏，而是一个想象中的目标，给我们提供方向。托马斯·杰斐逊强调的也是'追求幸福'的权利，而非'享受幸福'的权利。"我们朝着未来对快乐的期待前进。

我们追新求异，不断渴求，正是营销人员大展身手出售产品的机会。不过，一旦时间长了，这种奇怪的快乐习惯会让我们对曾经的购买产生不满。

比方说，当你还小的时候，恳求父母数月想要辆新自行车。圣诞节来了，你终于如愿以偿，感觉特别满足。但是在玩了几天之后呢？你会觉得不太满意了。拥有新自行车的快乐在你得到它的那一天达到了顶峰。你早已开始寻摸下一个玩具了。心理学家称之为"快乐水车"效应，意思是追求、实现一个目标的瞬间会感觉欣喜若狂，然后继续追求下一个目标。

对于成年人来说，落差不会太大，因为不再需要乞求父母的资助，可以自食其力了！营销人员乐于制造短暂的快感，不断提醒我们拥有的东西已经过时，从而让我们对"新一代产品"充满期望、兴奋不已。苹果的 iPhone 机型发布时间就是计划周密的享乐主义范本。在 2015 年之前，每一款新 iPhone 均按计划的两年周期发布。在推出新机型的第一年，手机焕然一新，采用了全新的外观设计。第二年，也就是发布 iPhone S 机型那一年，手机外观设计相同，但更新的内部元件功能强大。购买 iPhone 的一年内，手机要么内部元件老化，要么外观设计过时。第三年，iPhone 完完全全重新设计，这个过程周而复始。

有趣的是，事实证明，我们的身体灵敏程度和钱包竟然与发布时间出奇同步。哥伦比亚大学商学院进行的一项有趣的研究发现，如果有更好的新一代产品推出，人们更会对旧产品粗心大意 [5]。研究人员统计了 3000 多部丢失的 iPhone 发现，就在新机型发布之前，丢失数量出现了不可思议的激增。对 600 多台 iPhone 丢失和损坏的自我报告反馈结果再次验证，在一款新机型宣布发布后，iPhone 的丢失损坏数量小幅上升。尽管我们丢了手机，或把手机落在出租车上后假装伤心，但其实在不知不觉中给自己找了个借口去买最新款的手机!

　　体育类电子游戏是另一个计划周密的享乐主义范本。电子游戏版的 FIFA Soccer 是世界上最受欢迎的体育类竞技游戏，下载量超 2.5 亿次 [6]。2017 年和 2018 年，美国最畅销的五款游戏中有三款是体育类游戏。与苹果的两年发布新机战略不同，电子游戏每年都会发布新版本，游戏更新可能是最近的球员能力值更新，虽然只是略做调整，但会大肆炒作。即使变化甚微，快乐水手们每年都心甘情愿支付 60 美元以上（本书作者马特就深陷其中）。引起快乐的多巴胺会让你充满期待，然后在开始玩游戏后多巴胺逐渐消耗殆尽。

怪癖 #2：热衷随机性

　　快乐转瞬即逝的本质还会远远超出我们对最新、最闪亮的小玩意儿的潜意识渴望。在史蒂夫·乔布斯推出第一款 iPhone 的 50 年前，旧金山湾区有位对禅宗哲学感兴趣的人物正在书写自己的传奇，那就是英国出生的哲学家艾伦·瓦茨，他的才智闻名遐迩，他在很大程度上是将东方思想引入西方社会的功臣。在二十世纪六七十年代，他主持各种大型晚间沙龙活动，在各所大学举办讲座和研讨会。有天晚上，他正在答疑解惑之时，有人问他："生命的意义是什么？"瓦茨毫无压力！他的回答不负众望：

你必须试着找出你想要的是什么，所以我深入思考自己到底想要什么？当然，一旦开始有所幻想时，人类令人惊叹的能力是对渴望的表达，对权力的渴望，对想要实现愿望的渴望。所以，我开始思考我们能走多远，我很快就发现自己处于一个绝佳圣地，有个按钮，还有奇妙的机制，其中的按钮可以用于我希望的每一件事。我花了相当多的时间乐此不疲地玩这个游戏……只要按下一个按钮，就看到了埃及艳后克里奥佩特拉（Cleopatra）……然后按下这个按钮就可以听到 16 声道的交响乐……所有快乐都可以实现……然后你突然发现有个"惊喜"按钮，你按了下去，就来到了这里。

　　瓦茨巧妙地提炼出了人类行为的一个根本驱动力，即人类对随机性深沉隐秘的热爱。快乐最好是随机获得。

　　对随机性的偏好根植在大脑深处。2001 年，神经学家格雷格·伯恩斯利用功能性磁共振成像研究了可预见性如何影响我们的愉悦体验[7]。实验设置很简单：受试者平躺在扫描仪里，嘴里插着一根管子，在不同的时间会吸到少许果汁。一组设定果汁每隔 10 秒流出。另一组则是在果汁总量相同的情况下，随机流出果汁，时间没法预测。结果发现，果汁以不可预知的方式随机流出时，受试者大脑伏隔核内的活动更频繁。此外还发现，随着喝到的果汁越来越多，受试者的愉悦反应会迅速下降，但是在固定时间间隔流出时才会如此。如果知道奖励什么时候到来，反而会越来越不觉得享受。快乐无法预测时，才有新鲜感。

有意在消费中设计随机的快乐，可以事半功倍。研究发现，如果消费者成为随机选择的幸运儿享受特别折扣，那么购买咖啡杯的可能性至少增长两倍[8]。势头大好的英国三明治快餐店 Pret A Manger 首席执行官曾发起"赠人玫瑰"活动[9]——发放给员工一定资金，其可以为随机选择的客户免单。线上卖鞋网站美捷步在所有行业的客户服务评级中位居前列。众所周知，美捷步擅长为顾客打造措手不及的惊喜[10]，它曾挨家挨户地走遍新罕布什尔州的汉诺威小镇，给每位顾客赠送温暖的手套和围巾等礼物，所有顾客喜出望外[11]。

我们愿意不遗余力地享受随机、意想不到的快乐。一件商品是享受 50% 的绝对折扣，还是从转盘上获得 0% 到 100% 的随机折扣？即使在总体预期值相同的情况下，大多数人也会选择随机折扣，而不是绝对折扣。这还促进了有奖储蓄的发展，这种特殊的储蓄有点像彩票抽奖[12]。把钱存入这样的储蓄账户，不是得到 1% 的稳定利率，而是从 0 美元到 10000 美元之间的随机收益。这本质上是在拿着储蓄收益赌博，不过这种潜在的随机快乐足以诱惑许多消费者放弃传统的储蓄方式[13]。

怪癖 #3：未来的快乐无法预测

如果你可以免费吃 30 天的冰激凌，你会有多快乐？丹尼尔·卡尼曼对此深入探究，进行了一项 30 天（免费）吃冰激凌的实验。起初，受试者热情高涨，每个人都觉得自己会越来越喜欢冰激凌，这 30 天肯定很幸福。想法和事实却大相径庭。大多数受试者在第 10

天前乞求退出实验研究，而坚持到最后的人也感觉很痛苦。每天吃冰激凌的想法很棒，现实却事与愿违。

毫无疑问，出现这种落差的部分原因是吃冰激凌的快乐变得可以预料。冰激凌通常是偶尔的款待消遣。大脑只在追逐中产生快乐，那么我们渴望获得的快乐往往比实际拥有的快乐更多，所以渴望总是远远大于未来的实际享受。人类不会对此进行校准，所以很难预测什么会让我们获得真正的快乐。行为经济学家把预测未来感受的能力称为"情感性预测"，我们对此深感恐惧。

怪癖 #4：更多选择≠更快乐

选择是人类如何努力预测快乐的最好例证。选择之所以好，是因为选择越多，就越有可能得到自己想要的，对吗？

如果后悔自己的第一个选择，可能会想要其他选择，或者有重新选择的自由。然而，太多的选择实际上可能会让你反反复复、犹豫不决，陷入痛苦之中 [14]。

这就是著名的选择悖论——因 2000 年的"果酱研究"[15] 而引人注目。有一天，消费者在一家高档食品商场看到了一张桌上摆着 24 种不同的美味果酱。另一天，消费者看到了一张类似的桌子，上面却只摆着 6 种果酱。与 6 种相比，看过 24 种果酱的消费者购买欲望会低得多。更多的选择没有带来更多的享受。而且从 24 种果酱中购买的消费者对果酱的满意度也远远低于后者的。

如今，"我需要一条新牛仔裤"或"我想买一辆宝马"等简单的事情变成了堆积如山的选择题。如果你想买一条李维斯（Levi's）牛仔裤，你会有以下选择：8 种剪裁，6 个颜色，3 种弹力，也就是 144 个不同选项。如果你想买一辆宝马，你会再次面临以下选择：10 种车型，手动变挡或自动变挡，后轮驱动或全轮驱动，两种发动机，12 种颜色，6 种车轮，5 种内饰，8 种皮革，以及另外 8 种附加方案，加起来有 180 万个选项！

可以理解，第一次果酱研究结果公布时，人们对选择悖论兴致盎然。然而，更多类似的研究产生了不同结果，更多的选择不一定会导致更大的焦虑，选择减少只会在某些时候带来更愉快的体验。俗话说得好，细节决定成败。

对 50 多项研究进行荟萃分析[16]发现，影响心情的并不是选择数量，而是做出判断。尤其是对于必需品之外想要的产品，选择让人心生疲惫[17]。菜单上有 10 道菜，另一个菜单上有 30 道，哪个翻起来更让人心累？正如前章所述，做出判断会迫使大脑脱离默认的自动模式，进入手动模式。再来回顾一下最省力法则：在所有条件相同的情况下，大脑喜欢少工作。选择迫使懒惰的大脑运转起来。

你可能想到了，大量选择评估会耗费大脑额外的精力，这不知不觉中就会让你做出风险更高的决策。在投资方面，宁愿选择高风险、高收益的垃圾债券，也不会考虑安全但收益较低的蓝筹股。一项研究发现，面对更多的选项，大家会对每个选项的分析变少，最终往往选择高风险选项。选择很容易让我们不知所措，导致做出糟糕的决策[18]。幸福的秘诀并非如此！

人们想要选择，此时会感觉拥有更大的权力，公司乐于提供。

但是，做出判断需要承受精神压力。公司解决这一矛盾的方法是将判断的痛苦转化为更多快乐。

消费时，选择数量成倍增加，公司和消费者都倾向于简单、无缝的购物体验[19]。公司要是能为消费者简化选择，会赚得盆满钵满。研究表明，成功让选择简单化的品牌（比如提供一种简单易用的方式查看所有产品的价格），它被正面评价、推荐的可能性高出115%[20]。

人们很容易忽略，从最初的书店到现在的"万货商店"，亚马逊之所以享誉世界是因为它会整合选项。亚马逊没有把书放在货架上，而是放在仓库里，这就便捷地提供了更多的选择。然而，只有在其中能找到想要的东西时，大量的选择才是优势。亚马逊的解决方案是 A9 算法，不仅支持关键词搜索，还支持"类目搜索"，以及相关推荐。2003 年，搜索引擎还处于初级阶段，而亚马逊推出了 A9 算法，搜索和选择变得前所未有地简单快捷。

不出所料，类似的网飞采取了相同策略。2018 年，网飞提供了13 000 多个流媒体标题[21]。多年来，网飞在很大程度上成功地创建了一种智能算法，不用再动手搜索，推荐视频已经足够准确。你无须再在网飞的深层标题库中搜索，因为你想看的所有内容（根据算法）已经推荐在你的主屏幕上了。

消费时的选择就是日常生活的写照。哈佛大学心理学教授丹·吉尔伯特（Dan Gilbert）对哈佛本科生进行了一场幸福感测试，他向学生们展示了一系列黑白照片，并让学生挑选出最喜欢的两张。这两张照片，一张学生带回家，另一张会捐赠给实验室作为证据留存。一组学生被告知一经决定不能更换，另一组学生则可以随时回来，用自己拿回家的照片更换实验室的照片。一个月后，吉尔伯特的团队询问每位学生对自己所选照片的满意度。没有竞争关系，但不可以更换照片的那组学生的幸福感几乎是另一组的两倍。

诸如此类的结果在其他研究中也得到了印证，其中一个研究用的是巧克力而不是照片[22]。最终，比起有退路的人，那些别无选择只能接受自己决定的人会更满意自己的选择。想想关于退货政策的提示总会有挥之不去的倒计时，所以通过消费者的视角来审视满意度，意义重大。研究表明，如果没有这样的提示，你会对自己的选择更满意。那么，为什么公司会有呢？因为消费者自身的需要，即使从长远来看，这些政策最终会让他们自己不高兴。

同样，以此类推到恋爱关系，结果非常有趣[23]。研究显示，6%的包办婚姻（非强迫性婚姻）以离婚告终，远低于全球44%的离婚率[24]。一个可能的解释是，包办婚姻没有退款政策，但自由婚姻却有。那么包办婚姻的双方幸福吗？帕梅拉·里根（Pamela Regan）博士对美国的自由婚姻和包办婚姻跟踪调查后意外发现，包办婚姻中对爱情、满意度、承诺的评价与自由婚姻中的评价相同[25]。

快乐→痛苦

有各种各样的方法来研究快乐及快乐对行为的影响，但不要忘记公式：快乐 – 痛苦 = 购买，快乐只是等式的 1/2。把消费时的痛苦也考虑在内时，事情变得更加糟糕。

结账的痛苦

消费时最痛苦的部分是什么？不管说唱歌手里尔·韦恩（Lil Wayne）让你怎么着迷，上天还是自有安排。消费时最痛苦的部分就是结账付款。

人们一般不喜欢花钱。神经学家观察消费者在消费过程中的大脑内部活动时，利用功能性磁共振成像发现，付款真的让人很痛苦。消费者在计算产品的价格，尤其是价格很高时，大脑岛叶皮层的活动明显增加。该区域在我们感到身体疼痛或感觉厌恶时，活动也非常强烈[26]。

当然，减轻痛苦的方法之一是降低价格。多付 50 美元比多付 5 美元痛苦得多。但对于公司而言，这一方法不奏效，还赚不到钱，毕竟降价意味着收入减少。另外，再回想下第一章，在高端行业，降价可能也会让消费者感觉质量下降。因此，公司转而专注于缓解痛苦的第二种方法——利用人类在痛苦感知方面的怪癖，减少结账时的痛苦。

第五章也提到了，营销人员试图让消费者的决定尽可能地迅速容易。付款也是如此，结账越快越好，长痛不如短痛。如果"不要犹豫"是销售产品的策略，那么"不知不觉"就是付款时的目的。公司希望收入囊中的最多，同时让结账过程尽可能不痛不痒。实际上，最痛苦的付款方式就是亲手拿到账单，前一秒还拿着钱享受着拥有它的快乐，下一秒它就不再属于你。这和分手的痛苦正好相反，当面分手比电话或短信分手痛苦得多。经历的经济损失越具体，就越痛苦。

因此毫不奇怪，支付体验越抽象，痛苦就越少。这就是身处拉斯维加斯赌城如此危险的原因，把现金兑换成筹码，即使是一笔交易，也不会觉得有什么损失。但与实际的账单相比，你对这些筹码的惦记要少得多，失去筹码越来越不痛不痒，然后继续狂赌。

信用卡则更上一层楼。消费者使用信用卡购物比使用现金购物的花费要多得多 [27]，花费的时间也更多，Visa 每年处理 1000 多亿笔交易，约为每秒 3500 笔！[28] 使用信用卡和现金支付感觉不一样，只是刷刷卡，信用卡还在自己手里，现金却是自己亲手递出去。这笔钱的支出并不会让你内心忧虑。

更无关痛痒的是电子交易。因此，电子交易增长得如此之快也就不足为奇了。早在 2000 年，贝宝（PayPal）就省去了掏出钱包，在网上填写信用卡信息的痛苦。输入 PayPal 凭证太痛苦了吗？苹果的 Touch ID（指纹认证）可以让你在笔记本电脑和移动设备上用手指一按就支付完成。燃烧的卡路里太多吗？苹果的 FaceID（刷脸认证）让你只须看一眼手机就可以付款。

下一步会是什么呢？也许亚马逊超级会员（Amazon Super Prime）的算法和支付非常灵活，甚至能在订购前两天收到包裹。让配送穿越时空，贝佐斯，快让它成为现实吧！

既然说到了时间……缓解付款痛苦最有效的就是时间。如果有人出价 10 美元让你在人群中跳瑞克·詹姆斯（Rick James）的 "Super Freak"，你会答应吗？在一系列研究中 [29]，卡内基梅隆大学的乔治·列文斯坦（George Loewenstein）能够说服人们完全同意做这件事（没错，就是这首歌）。然而，他发现，如果要求人们当场做这件事，很少有人会同意。如果舞会几天后举行，会有更多人同意，但会在当天食言，所以不得不把钱还回去！我们会同意在未来做一些不可想象的事情，或者至少是稍微不符现在性格的事情。为什么呢？因为对未来发生事情的想象会麻木当下对我们的情感影响。这与丹尼尔·卡尼曼的冰激凌研究结果类似，我们既不善于预测未来的快乐，也不善于预测未来的痛苦。如果同龄人就在你面前，你很容易会感觉在他们面前做某些事情很尴尬。脑海中的尴尬难以想象。

支付同样如此，无论是实体信用卡还是手机中供 Apple Pay 使用的虚拟信用卡，都是利用时间的错位。信用卡具有赌场筹码的抽象功能，但是比筹码和现金更方便。还有什么比还没付钱就买到东西更方便的呢？在棉花糖实验中，使用信用卡就像预购了两块棉花糖。信用卡不需要现在有足够的资金来支付费用，它不但没有延迟满足，反而把满足感提前，你可以通过将来付款立即获得东西。现在购买，稍后支付，通过混淆交易的时间概念，缓解了付款的痛苦。当你必须还清信用卡（不是刷卡）时，财务压力才会切实感受到。

爱彼迎（Airbnb）采用同样的支付策略。以前，客人在预订时必须预先收取全部费用。然而现在，爱彼迎调整了收费规则，客人可以选择现在支付一半，剩余一半在几周后自动收取。与分期付款不同的是，这种稍后付款不会额外收取利息。所以不同之处是什么呢？当你只须预付一半费用时，支付的痛苦同样减半了。Airbnb 的收费系统，可以选择稍后付款。

在痛苦的背景下考察支付的发展历史是很有趣的。皮毛很难携带，所以人类开始使用银币和金币作为货币。黄金最终成了累赘，所以我们开始使用期票，可以带着去银行兑换黄金。随着时间推移，期票变成了现金，我们完全抛弃了金本位制。当现金不方便携带时，我们开始开支票。（还继续用支票的人快停下，落伍了。）然后，从支票推出了带芯片的信用卡，免去了手写和签名带来的额外痛苦。接下来是虚拟信用卡，减轻将卡放入 POS 机的痛苦，只须轻触即可。滑动，轻推，点一下。现在，可以直接用简单的指纹支付，甚至只须快速扫一眼即可。每一项技术创新都使支付本身变得更容易、更抽象，最终减轻了痛苦。在这个过程中，公司一举两得，大大盈利。

利用痛苦促进购买

虽然支付的痛苦可能会让我们在点击购买按钮之前有所犹豫，但实际上，痛苦反而可以推动购买。通过利用我们对痛苦和损失独有的敏感，营销人员设计出符合最佳利益的购买策略。

失去和获得，哪一个更有冲击力？事实证明，痛苦会比快乐感觉更强烈。虽然预期的快乐是强烈的动机，但失去拥有的痛苦却更为强烈。兰迪故意毁坏了自己的所有家当，而大多数人不惜花重金保护自己的财产。事实上，人们确实如此，因为整个保险行业都是基于对损失的恐惧。

行为经济学家定义了"损失厌恶"，用来描述远离痛苦的本能。最明显的例子就是我们对待金钱的态度。考虑一下：如果你有 50%

的机会获得150美元，50%的机会失去100美元。你愿意赌一把吗？从数学的角度来看，每次都该下注。斯波克（手动模式）绝对会的！结果是净赚25美元：（50%×150）-（50%×100）= 25美元。

然而，大脑不会这样思考。潜在的损失比潜在的收益要重得多，对损失的恐惧会避免我们做出任何存在风险的决定。进化论也是如此，猎手错失一顿饭的痛苦比饱餐一顿的快乐更强烈。

丹尼尔·卡尼曼和亲密搭档阿莫斯·特沃斯基（Amos Tversky）共同研究发现，大多数人不会参加计划好的赌博。赌博不是为了赢，而是为了不输掉。在人生的足球比赛中，我们就像切尔西足球俱乐部，惯用"摆大巴（Parking the bus）"战术。一旦领先，球员们只会密集防守，防止对方得分，自己不再主动进攻得分。相对于这种沉闷战术，球迷一般喜欢血脉偾张、胜负难估的激烈对决。然而，"摆大巴"却是足球战术中的有效策略，切尔西俱乐部过去10年中的成功战绩多是依靠这种打法。

诚然，无论是现实生活还是足球比赛，规避风险策略可能有些保守，但只承担精心计算的风险最利于生存。没有冒险，也就谈不上失去。从进化论的角度来看，保护自己和已经拥有的东西比任何潜在的收获更为重要。

消费时，品牌通过"痛点营销"来强调避免损失，以此说服厌恶损失的消费者。

有些人可能觉得危言耸听，有些人则当作政治把戏。聪明的政客及其营销团队利用我们对损失的恐惧，明目张胆地构建痛苦说服大众，甚至玩弄恐惧，效果显著。政客会利用广告吓唬选民，强调不投选票的损失，从而让我们把投票给他作为"安全"的选择。美国是赢家通吃的两党政治制度，所以这种营销在美国选举这样的零和游戏中尤其见效[30]。

痛点营销历久弥新。1964 年美国总统大选之前，总统候选人林登·贝恩斯·约翰逊（Lyndon B. Johnson）的竞选团队利用恐怖营销，推出了备受争议的《雏菊》电视竞选广告。开头是一个三四岁的孩子数着从雏菊上摘下的每片花瓣：1，2，3……数到了 10 时，一名男士的声音盖过了女孩，开始从 10 倒数到 1。倒数完毕，场景切换成了核弹爆炸，最后在翻涌的蘑菇云下，旁白出现"11 月 3 日投约翰逊总统一票"的字样。

这则广告表面上引发了恐惧，实际上是在制造痛苦，制造在核战争中失去亲人的痛苦。一旦感到痛苦，类似产品的抚慰剂再立刻呈现出来。在这种情况下，产品就是候选人，所以立即呼吁采取行动：11 月 3 日投约翰逊总统一票。在 2016 年美国总统大选和 2016 年英国脱欧公投期间，痛点营销尤为明显。看看胜利者的口号吧！在总统选举中，唐纳德·特朗普使用了罗纳德·里根（Ronald Reagan）1980 年竞选时的口号"让美国再次伟大"。在公投期间，"投脱离票"团队（Leave Team）的口号就是"夺回控制权"。这两个口号的言外之意都是在谈挽回损失，具体而言，特朗普的竞选团队是在声称美国不再主导世界，所以要让美国再次伟大起来；而支持脱欧的团队则内涵英国已经不能掌控自己的命运，所以要收回控制权。这两个口号都是用失去来构建痛苦。

损失策略 vs 增益策略

为了更好地理解痛苦损失的推动作用，让我们再来看看另外一种策略：增益。考虑下面两个问题：

- 你是否能靠目前收入的 80% 生活？
- 你是否愿意放弃目前收入的 20%？

暂且不谈收入多少，这两个问题在根本上就是一个问题，都是在问是否愿意用同样多的钱生活。但是由于问题的出发点不同，这两个问题听起来就不一样。靠 80% 生活是在谈收获，而放弃 20% 意味着损失。后者在某种程度上会引发失落，而第一个问题则不会。因此，我们更有可能对第一个问题回答"是"，对第二个问题回答"否"[31]。

产品营销同样如此，要么带来增益，要么会有损失。下面哪个消息更切中要害？

- 我们的综合维生素能增加耐力，让你更强壮。
- 我们的综合维生素能防止乏力，不让能量损失。

尽管产品的效果相同，但两个口号却会让你对产品看法和购买决定产生巨大差异。

特别是对于那些厌恶损失的人来说，宣传免于损失的策略往往更有吸引力。正如道家所言："有即是无，无即是有。"[32] 消费者对产品的感知会因宣传策略不同而发生显著变化。

害怕错过心理的影响

失去某些东西可能会非常痛苦。所以营销据此大展拳脚，声称让消费者避免经历损失的痛苦，甚至不给消费者损失的机会。

立陶宛 ISM 经济管理学院的道吉达斯·扬库斯（Daugirdas Jankus）的研究为此提供了佐证[33]。该团队通过电子交易平台测试了害怕损失的消费者的反应，主要手段是暂时降低产品定价和利用从众心理（250 人已购买该产品）、增益策略（购买越快，到货越早）等心理策略，设置了对照组／默认组（没有任何提示）。结果表明，最害怕错过的消费者带来了最高的在线销售量，尤其让对照组／默认组的销量黯然失色。

损失避免营销也被称为"FOMO 营销"。营销人员会优化报价等信息触发害怕错过这种心理：

- "限时供应！"
- "马上行动！"
- "不要错过！"

上一章讨论到的闪购网站 Gilt 和亚马逊的特惠秒杀活动，FOMO 营销正是它们火爆全球的一大原因，因为这不仅让大脑处于自动模式，还通过损失营销放大了错失恐惧。

精明利用 FOMO 营销的一个"品牌"就是著名 DJ 天团瑞典浩室黑手党（Swedish House Mafia）——引领了美国第一代流行电子舞曲。该乐队宣布于 2011 年解散。与披头士乐队不同，SHM 设计了解散巡演，巡演横跨全球，包括俄罗斯、印度、南非、瑞典、阿根廷等许多国家。门票在几分钟内就售罄了。解散巡演历经两年，SHM 有条不紊地增加新的"解散日期"，在结束巡演一年后，又推出了一部解散纪录片。然后，在纪录片发行不久后，该团队又宣布了重组巡演。迈克尔·乔丹从 NBA 退役看起来更可信，毕竟他只退了两次！所以，你可能质疑，SHM 到底还解散与否，但你不能质疑粉丝对 SHM 解散的惋惜大大推动了机票出售。

足够有效的 FOMO 策略能否让穷途末路的产品东山再起？对于麦当劳推出的烤汁猪扒堡（McRib）来说，答案是肯定的。你可能把它当成季节性食品供应，事实却不是如此。第一次推出 McRib 时，预计是当年的新品，然而销量很差，所以麦当劳很快就停止供应了。然后，McRib 成为季节性产品再次推出后，销售猛增。虽然每个秋天 McRib 都会供应，但麦当劳并不会打着季节性产品的口号，因为这样的标签没有最大化利用损失的痛苦。取而代之的是，宣传"McRib 限时供应！"，效果大好。所有的营销课程都会侧重四个要素教授学生：价格、产品、地点和促销，而更重要的是新要素：痛苦、快乐和购买。

如上所讲，快乐与痛苦之间的相互作用会潜移默化地影响我们的消费行为。快乐难以捉摸、难以实现，追求快乐之时最快乐，而且最好是随机出现。我们认为，跟着自己的心意买东西会感到快乐，这却常常是错的，购买更多是基于避免痛苦。无论是直接灌输恐惧，还是用产品机不可失来宣传，这些看似避免痛苦的宣传都是营销人员的惯用策略。

以此看待快乐和痛苦的作用，消费真是煞费苦心，令人苦恼。对狩猎者和采集者行之有效的策略可能对当前的刷卡器和搜索引擎没那么有效。现在生活里有一部 iPhone，我们就会期待每年苹果魔术师带来新的快乐。选择好比一座大山，每年都在不断增高，我们则不断攀登。然而与此同时，我们害怕失去任何一件东西。

选择跳出"快乐水车"效应也不过是痛苦和快乐的折中。现在看来，迈克尔·兰迪的行为似乎也不离奇。

上瘾的秘密

BLINDSIGHT
The (Mostly) Hidden Ways
Marketing Reshapes
Our Brains

第七章　上瘾 2.0 时代

数字时代下，上瘾行为货币化

3/4 的人会对咖啡因上瘾[1]，全世界有 1/8 的人会对尼古丁上瘾[2]。让人上瘾是笔大生意。即使诉讼不断，公众意识越来越强，权威外科医生不断警告，2018 年全球烟草行业的年收入仍然超过了 5000 亿美元[3]。不过香烟只是第一代上瘾产品的冰山一角，而且香烟在某种程度上也有好处。消费者可以触摸、感受和品尝含有尼古丁的东西，他们知道自己可能会上瘾，所以可以做出明智的决定。

有一种新的产品上瘾浪潮，这些产品却不再提供诸多细节。多亏技术，公司不再需要像尼古丁这样的物质来让你上瘾。与咖啡、香烟公司不同，这些公司并不想让你支付产品费用，或者说支付费用起码不要用现金，而是耗费你的时间和精力。你的注意力就是金钱。欢迎来到上瘾浪潮 2.0。

从很实际的意义上来讲，时间就是金钱。像 Instagram 和脸谱网这样的流行平台，从理论上讲你没花钱在它们上，但是你却通过消耗注意力间接支付了费用。用三个小时刷剧、右滑（浏览）、冲浪却一无所获。网站或应用程序能够让你保持在线的时间越长，你的参与度越高，它卖出的广告就越多。这种依据"访问网站停留时间

（Time on site）"的业务模式，平台上用户活跃的时间越长，产生的广告收入就越多。

这个领域的公司喜欢所谓的参与度，实际上这只是上瘾的委婉说法。对于一家依靠用户的关注而蓬勃发展的公司，最佳谋利方式就是让用户真正上瘾。用户的注意力正在出售，价值几十亿美元。

平台利用注意力赚钱的实现方式就是数字广告。通过向Snapchat、Instagram 和 Pinterest 等平台支付费用，公司投放广告吸引他们的用户，这与过去公司在报纸和杂志上打广告如出一辙。自21 世纪初以来，数字广告已经迅速发展成为一个庞大的行业。仅拿美国来说，2016 年数字广告的费用是 720 亿美元……其中 100 亿美元支付给了脸谱网，脸谱网上每天的平均用户时长大约是 50 分钟。虽然脸谱网目前居于首位，不过在这种新经济中，竞争者比比皆是。这些竞争平台（有些具有社交元素，有些没有）就是尽可能吸引用户注意力，从而赚取源源不断的广告费用。

美国人每天花三小时以上刷手机，Snapchat 用户平均每天打开这个应用程序多达 18 次。因此，这个领域的公司是人类历史上最赚钱的企业之一，尽管并不出售实体商品。截至 2019 年 10 月，美国最受欢迎的五大网站——谷歌、YouTube、脸谱网、亚马逊和Reddit，其中只有亚马逊出售实体产品或服务[4]。用户俨然成为产品，各大公司正在买卖用户。

近来，社交媒体公司的压力尤其沉重，毕竟他们可以在这种新经济中翻云覆雨。社交媒体公司深谙人性脆弱心理的特点，成功融合相应技术大把盈利。这样的在线平台的独特之处在于，既有最具影响力的创作者，也有最直言不讳的批评者。脸谱网的首任总裁肖恩·帕克（Sean Parker）、Google Gchat 的开发者贾斯汀·罗森斯坦（Justin Rosenstein）以及众多原创技术专家们都敲响了警钟，提醒着我们这些平台如何剥夺我们的注意力，劫持我们的心智。众所周知，甚至是科技之父，史蒂夫·乔布斯也曾限制 iPhone 和 iPad 在自己家里的使用时间。Salesforce 的首席执行官马克·贝尼奥夫（Marc Benioff）也曾坦言："我确实认为，技术具有令人上瘾的特质，我们必须解决这些问题。产品设计师努力让这些产品变得更加令人上瘾，我们需要加以控制。"[5]

如今，所有令人上瘾的技术都有共同之处，那就是成功挖掘了上瘾本质——愉悦体验，然后利用它来驱动用户跟着平台设计的方式行事。要了解上瘾，我们需要深入了解快乐 / 愉悦，不仅是快乐这种感觉，还有快乐如何塑造行为。

快乐与行为

上一章中谈到了愉悦体验是决策中的关键一环。快乐也与行为密不可分，包括最糟糕的失控行为。

本次体验之旅先从基本知识开始！愉悦体验驱动行动最简单的方式就是行为强化。如果我们去了一家新餐厅，享受了一顿美餐，大脑就会了解到餐厅和愉悦之间存在联系，所以我们自然会想要尽快再去那家餐厅。我们对这顿美餐的享受强化了光临餐厅这个行为。

20 世纪 60 年代，行为心理学家伯尔赫斯·弗雷德里克·斯金纳（B. F. Skinner）在哈佛首开强化学习（他称之为操作条件反射）学科。一般机制非常直观，每个养狗的人都知道，一堆美食对于训练幼犬必不可少。要让罗孚（Rover）在外面小便，而不是尿在地板上，得奖励给它一顿美食。训练罗孚听令坐下等，都少不了一顿美食奖励。日复一日，罗孚逐渐会知道自己的举动和美食奖励之间的关系。

像养狗的人一样，苹果、脸谱网和谷歌等科技公司也在努力训练用户，让他们在网站上尽可能长时间地停留。用户的成瘾性会像强化行为一样简单吗？我们是否都在刷新脸谱网的新闻提示，来获得娱乐和社交的满足感？

手机应用程序 Moment 获取的最新数据表明，成瘾可不容易。Moment 追踪智能手机上的应用程序使用情况，包括哪些应用程序消耗了用户最多的时间。每周，Moment 会询问用户最喜欢使用哪些应用程序，然后将反馈结果与实际的使用情况进行比较。如果简单的强化可以驱动行为，那么最能引起愉悦的应用程序应该是最受欢迎和订阅量最高的程序，事实却恰恰相反。2017 年的数据汇总报告显示，一款应用花费的时间越长，会带来持续的不快乐。我们最常使用的应用是自己最不喜欢的应用，是自己希望花费更少时间的应用。坦白说，那些在公交或地铁上无休无止地盯着手机的人肯定深有体会。现在很多人会无限刷新 Instagram，然而他们的表情却并没透露出什么狂喜。

显然，简单的行为强化作用还太微弱，这并不意外。对于花费数十亿美元影响用户行为的公司来说，简单的操作条件反射只是玩弄小孩的把戏。如果脸谱网是一名驯犬师，那只能把《塞萨尔米兰的狗语者》游戏中的小狗训练到学前班水平。一般养狗人和精英驯犬师的区别不在于奖励有多少，而在于奖励的方式。

快乐与多巴胺

回想一下第六章，快乐是有特性的。快乐的体验在本质上转瞬即逝，我们不是为了获得快乐，而是为了追求快乐。尤其是快乐随机出现，难以预测之时，我们感觉更快乐。感受快乐对我们来说至关重要，但我们通常不善于预测未来有多快乐。关于快乐如何影响行为，也有几个特性，这些特性都与大脑处理愉悦体验的方式有关。

科学家们深入研究了解了大脑中的快乐，第一章也提及过大脑中心附近有一个特定的区域——伏隔核。如果用深部电极直接刺激这一区域，人们会反馈"感觉很好"。如果提供给猴子这样的电极按钮刺激伏隔核，它们会不断按下直到筋疲力尽，它们乐于选择这种自我刺激，远超食物、水，甚至是性。有些严重的抑郁症患者（未进行精神药物治疗），患有肌肉萎缩，如果用电极刺激他们的伏隔核，他们的脸上会出现笑容。这意味着，伏隔核几乎位于大脑的快乐中枢，好比一个算命先生。研究人员格雷格·伯恩斯和同事[6]想要看看能否预测流行歌曲的大爆。于是，他们进行了一个实验，观察受试者首次听到一首新的流行歌曲时的大脑活动。结果不言而喻，听歌时大脑的伏隔核区域活动越强烈，这首歌曲发行后就越成功。不过饶有趣味的是，人们对歌曲欣赏的主观反馈和歌曲能否大爆毫无联系。伏隔核区域的活动反映出了大脑对流行歌曲、乐队及歌手的喜爱，比如单曲《慢慢来》"Despacito"、五分钱乐队（Nickelback）、后街男孩和歌手奥布瑞·德雷克·格瑞汉。

实际上，伏隔核区域高度集中着一组神经元，通过上百万个多巴胺传导兴奋。因此，多巴胺又被称为"快乐因子"，不过其功能更细微。正如前几章所述，大脑总会趋向快乐，规避痛苦。多巴胺发挥着重要作用，还会给人带来渴望。如果你曾期待着快乐到来，那是大脑在释放多巴胺。多巴胺不是得到型分子，而是在想要什么的时候才会被释放。具体而言，是在从未拥有而有所期望之时，大脑会释放多巴胺。牛排的嗞嗞声会刺激大脑释放多巴胺，而非牛排。

渴望和快乐从生理学上讲是不同的，原因在于多巴胺的存在。丹尼尔·利伯曼博士（Daniel Z. Lieberman）和迈克尔·隆博士（Michael E. Long）关于多巴胺的共同著作《渴望型分子：多巴胺》（*The Molecule of More*）总结说："多巴胺传导的兴奋（期待的刺激）不会永远持续下去，因为最终未来会变成现在。日复一日，会消磨对未知事物的兴奋，这时多巴胺的工作完成了，失望也就到来了。"[7]

电子音乐风格 dubstep 或 electro house 等流派的特点是有很多起伏。歌曲愈演愈烈之时让人愈加兴奋。《周六夜现场》有一期的歌曲是《歌曲高潮什么时候才结束》"When Will the Bass Drop"。那首激烈的电子歌曲仿佛永远高昂，人们期待已久的低音终于到来，然后紧张的情绪释放了。多巴胺的工作原理就是如此，对未来事情的期待越多，多巴胺释放就越多。从本质上说，对快乐的期待就是对大脑的奖励。把多巴胺称为未来分子恰如其分，但将其称为起伏分子更有趣。

用餐时也是同理。愉快的一餐，舌头品尝到的微不足道，更深层蕴含的是渴望和期待。新的食物配葡萄酒搭配也是如此。大家通常觉得用餐时再来杯葡萄酒不错，但倘若是从未有过的餐饮组合，就不太能确定味道如何。正是这种积极但不确定的感觉让人期待未来的乐趣。如果侍酒师把一瓶法国罗纳河谷葡萄酒（Côtes du Rhône）和羊肉搭配在一起，说道"天下美味"，你会不由自主地产生期待。虽然一口也没尝到，你已经在体验愉悦。

多巴胺因期望而释放，一旦超出期望，我们会获得额外回报，所以说随机的快乐才最为快乐。肉食配着红酒的味道我们都知道，那如果是花生酱千层卷呢？我们从来不知道千层卷抹上花生酱是什么味道，仅仅因为这个新鲜的搭配，我们就从期待中获得了更多的乐趣。大脑会为这道菜设定期望水平，越超出期待，感觉越快乐。预先不知道千层卷抹上花生酱的味道，如果一尝就唇齿留香，那么大脑就会释放多巴胺，从而增加愉悦感。最期待的就是预料不到的快乐，因此会更快乐。

所以，这就是为何快乐会转瞬即逝。一旦经历过，期待便会减少，从中获得的快乐就会消退。在热带度过假的人最了然于心，一开始躺在海滩上喝着迈泰鸡尾酒仿佛置身天堂，但用不了几天，即使是最漂亮的白沙滩也会觉得了无生趣。迟早，你需要些其他的新鲜事物，才能再次感受到海滩的美好。这是心理学上的衰减模型，指的是心理体验的趋势，例如情绪或注意力会随着时间流逝而自然消退。快乐情绪同样受此模型的影响。幸福根本不可持续。培根吃太多也会变得索然无味。

快乐、期望、惊喜

我们会不断预测接下来会发生什么，比如去餐厅，我们会预测食物的味道。如果本以为食物会马马虎虎，结果出人意料，那么这就是科学家所说的"正向预测误差"：虽然预测错了，但却是好结果。正如前文所述，这种令人高兴的错误会导致多巴胺释放。每个人都热爱惊喜。

创造积极惊喜的常见策略是打破期望。美捷步员工出现在家门口，送来一副免费的手套，大家自然会喜出望外，因为没有人会想到。实际上，如果消费体验没有超出期望，我们可能会继续前进，寻找新的乐趣，所以俗话说得好，"少承诺，多践诺"。

美捷步的成功正是利用了这种战略，尤其是早期的配送策略。在被亚马逊收购之前，美捷步是一家草根创业公司，也是全球首批卖鞋网站。电子贸易初期的配送通常都很慢，一般交付日期是"四到五个工作日"。美捷步虽然没有告知顾客，但却刻意在两天内送达。原因何在？顾客一般的期望是一周内收到耐克鞋，两天送达则打破了这一预期，所以收到新耐克鞋更会喜出望外。

当然，并非只有美捷步会利用期望创造积极体验。设想一下，假如你的航班定于下午 2 点 30 到达圣地亚哥，但是机长在对讲机上轻声宣布将于下午 2 点就到达！飞机上的每个人自然都会很高兴。

有没有想过飞机提前到达有点太过频繁呢？凯洛格商学院（Kellogg School of Business）的研究人员[8]发现，在过去的 20 年中，公示的飞行总时长增加了 8% 以上。但是，这并不是因为从 A 点到 B 点花费的实际时长改变了，这些额外的时间反而是"战略性弥补"。航空公司有意把飞行时间报告得比预期要长，这样宣布提前到达（其实是实际估计的到达时间）时，乘客就会大感惊喜。航班准时或提前到达会提高乘客的满意度。是否按时或提前完成计划与所设定的期望息息相关。

然而，这个策略也有不足之处。如果航空公司每次都用提前 10 分钟让乘客感到"惊喜"，那么大家会慢慢觉得理所当然。下次乘坐飞机时，顾客的期望就会改变。由于期望值变高，正向预测误差带来的惊喜就会变少。多巴胺会让我们重新调整期望值，预期快乐与实际快乐越接近，正向预测误差就会缩小。多巴胺不仅影响快乐的预期，还对了解快乐、何时期待快乐都至关重要。

奥普拉大派送

如何看待极高地位之人的"少践诺，多承诺"？假如你是奥巴马或奥普拉派对上的主持人，你要怎么做到这一点？你能直接对奥普拉说"这个派对会非常有趣，但别抱太大希望"，同时还能让她激动万分吗？这正是黛比·莉莉（Debi Lilly）多次面临的状况。她为奥普拉举办了许多备受瞩目的活动，包括电视直播庆祝其 50 岁生日，当时约翰·特拉沃尔塔（John Travolta）和蒂娜·特纳（Tina

Turner）等嘉宾都有出席。莉莉表示："在这些赌注中，这话就抛诸脑后了。"但是，惊喜的价值不可预计："令人惊讶的是，有人出现在宴会上带来的小小惊喜也会让人喜出望外，哪怕只是一个当地的礼品袋。"[9]

令莉莉和幕后团队最负盛誉的可能是那场史无前例的电视节目——2004年《奥普拉脱口秀》（*Oprah Winfrey Show*）的汽车大派送。[10]你抽中了一辆汽车，你也抽中了一辆汽车，每个人都有一辆汽车！[11]即使你已经看过无数次，也会难掩激动，这是因为内心的喜悦、期待和惊喜在每次宣布时都会再次放大。

首先，奥普拉从观众中随机选择11人走上舞台。这批人都是老师，因为教师这个身份而获得了特别认可。如果这就结束了，那么这11个人会很高兴地受到赞赏。然而，这才刚刚拉开序幕。她说："我说谎了……现在我要说实话了！你们所有人都可以实现最疯狂的梦想。你们都迫切需要……（多巴胺释放）……一辆新车！"11个人欣喜若狂。掌声此起彼伏，欢笑爆发，大家分享着喜悦。不过，这只是热身。

然后，观众渐渐平静下来，奥普拉再次透露自己说谎了，告诉观众还要送出一辆新车。观众期待着，心脏怦怦跳。现在，黛比的团队开始行动了。团队人员穿过过道一边发着一个系着蝴蝶结的小银盒，奥普拉一边说："现在不要打开！其中一个盒子里放着最后一把庞蒂亚克G6的钥匙！"每个人都渴望知道，"我是那个幸运儿吗"？！

奥普拉的话已经开始诱导释放更多的多巴胺！然后告诉观众

"打开吧"！当然，最大的惊喜莫过于每一个盒子都有把钥匙。每个人都以为自己是那个幸运儿。每个人不仅因获得 G6 而兴奋，而且还感到惊喜，认为自己是所有人中最特别的幸运儿。

每个人都感受着属于自己的随机快乐，所有观众都享受着纯粹的喜悦。人们开始慢慢环顾四周，看到每个人手里都有一把钥匙。然后，奥普拉又开口了："你有车，你也有车。每个人都有车！"也许比成为幸运儿还要快乐的事情就是，自己参与了电视历史上千载难逢的一刻。

值得思考的是，这种层层推进的意外快乐多么重要。如果奥普拉进入演播厅就立即宣布："你有车，你也有车。每个人都有车！"毫无疑问，大家确实会喜出望外。但是，通过层层推进、高潮迭起，发挥了多巴胺的最佳作用，该节目实现了难以复刻的快乐。

即使在期望值很高的情况下（《奥普拉脱口秀》汽车大派送），也可以精心设计出惊喜。大型活动的策划人深知出人意料的礼物是不错，但更重要的是礼物送出的方式。出其不意不仅会让我们更快乐，而且反复打破期望（也就是随机性），这会极大地影响我们的行为。

随机性和行为

20 世纪 60 年代，行为心理学家迈克尔·泽勒（Michael Zeiler）进行了一项开创性研究，首次发现随机性对行为习惯发挥着重要作用。他测试了鸽子对时间奖励变化的不同反应[12]。鸽子和狗一样，其学习速度也很快。如果啄杠杆会出食物，它们很快就可以抓住这一点，然后一次又一次地啄杠杆。鸽子的胃口几乎永不满足，因此简单的玉米粒就可以带来丰厚的回报。

在泽勒的实验中，设定了两个带有按钮的杠杆，鸽子可以自由选择，其中一个杠杆始终会出食物，另一个则会随机出食物，每次概率为50%～70%。结果似乎很容易预测，鸽子应该选择每次都能供给食物的杠杆。但是鸽子的选择却很果断，当奖励无法预测时，它们反而会用两倍的时间啄那个杠杆。

这个现象已经在各种物种上验证了上百次，人类亦是如此，而且结果出奇地一致。我们匪夷所思地会被随机性的事物吸引[13]。在强化行为时，变化的奖励时间表（知道奖励快到了，但不知道具体时刻）比规定的奖励时间表更有效。

如果我们发现令人愉悦的事物，为什么更想让它随机出现呢？正如前一章提到的格雷格·伯恩斯榨汁实验，对于大脑来说，随机性更愉悦。渴望本身就是奖励。前后不一导致预期没有实现而感到失落时，意外的快乐就是奖励。"果汁现在要有了吗？现在呢？现在吧？哈哈，终于有了！"

这种高度的随机性让我们一次又一次充满期待。一旦无法预测下一步会发生什么时，我们很可能在不知不觉中重复期待，试图了解难以捉摸的未来。这就导致了行为强化，有些人（就本章而言，包括本书作者）会称之为上瘾。

正是因为多巴胺，所以拉斯维加斯赌城到处都是满怀期待的老虎机迷。尽管时间慢慢过去，收益还是微乎其微，但是赌徒们就像泽勒实验中的鸽子，在多巴胺的作用下一次又一次地啄杠杆（或按钮），以期这一次能获得丰厚的回报。

在上瘾方面，相比尼古丁而言，社交媒体平台更像赌博。每次访问脸谱网的 News Feed 时，我们就是在拉动社交媒体这个"老虎机"的控制杆。我们预计这样做会有所回报，比如会看到一个新视频，确定朋友结婚日期等。但是，从中获得的快乐是无法预测且随机的。不是所有帖子都会让我们大吃一惊，有些帖子很无聊，有些很恼人，有些甚至令人反感。尽管如此，我们仍在不停刷新动态，期待着下条帖子会让我们有快乐的回报。

肖恩·帕克是脸谱网的首任总裁兼投资人之一［改编电影《社交网络》中由贾斯汀·汀布莱克（Justin Timberlake）饰演］，他对此更是了如指掌。脸谱网的设计就是为了刺激用户释放多巴胺。帕克表示："有人点赞或评论照片、帖子或其他内容，我们需要不时刺激用户的多巴胺，给用户带来一些惊喜。"[14] 因为体验是动态的，我们永远不知道快乐何时会出现，也不知道为何会感到快乐，于是我们不断刷新动态。就像泽勒的鸽子一样，随机性让我们不断猜测，使我们的多巴胺水平保持恒定。

邪恶天使——News Feed

如今，强大的 New Feeds 随处可见，不可或缺。脸谱网狗血的创业发展史广为流传——2004 年创立之初，脸谱网仅限哈佛学生使用，后来逐渐扩展到其他学院和大学，最终走向全世界。早期的脸谱网顺势而为，发展迅速。个人主页逐步发生变化，变得更加完善。然后，脸谱网推出一系列新功能：发表博客、添加照片及标记朋友等。脸谱网用户平稳增长，在脸谱网向哈佛学生推出不到一年的时间里，也就是2004年底之前，用户量已达到100万。只用了两年，脸谱网的市值就高达10亿美元以上。

虽然发展迅猛，但当时网站的结构比现在简单得多，只有个人主页（留言板）。这带来了截然不同的用户体验，社交开始发挥旷日持久的影响。你可以随意"添加好友"（或"取消关注"），但是如果你想查看朋友的动态，必须访问他们的个人主页并滚动浏览他们的订阅。脸谱网拥有1000万用户，还没有News Feed时，生活很简单：这里戳一下，那里戳一下，如果你幸运的话，还会有人给你留言。

老版脸谱网虚拟的个人主页界面：2004年（左）和2005年（右）

2006年9月6日，一切翻天覆地。脸谱网做出了迄今为止最重大的改变——推出了News Feed功能。这反映了马克·扎克伯格的愿景，那就是脸谱网用公开透明的社交邮件形式进行榨汁实验。扎克伯格曾预测互联网的未来将是一系列精心策划的信息流。第一个真正的社交流 News Feed 正是体现了这一理念。

脸谱网用户肯定会喜欢吗？答案是否定的。人们对此表现出愤怒，普遍是负面反馈。News Feed 的产品经理鲁兹·桑哈维（Ruchi Sanghvi）成了数字赌注这个热锅上的蚂蚁。在 News Feed 推出之后，出现最多的内容是"魔鬼鲁兹（Ruchi Is the Devil）"。第二天早上，脸谱网总部门罗公园外面聚集了大量愤怒抗议的记者和用户。

虽然大家纷纷表示不满，但分析用户使用时间后却发现，人们刷脸谱网的时间比以往任何时候都要多。桑哈维在自己的脸谱网状态中着重记录了此事 [15]：

> 许多用户希望我们关停 News Feed。如果有超过 10% 的用户威胁要抵制产品，大多数公司就会考虑做出取消举措，但我们不会……实际上，News Feed 正在发挥作用。在愤怒混乱的抵制中，我们注意到了一些不同寻常的事情。即便每个人都说自己讨厌 News Feed，但用户参与度却翻了一番。

确实如此，用户参与度翻倍了。就像泽勒的鸽子，提供给用户的随机奖励正式出现在社交媒体上。用户对 News Feed 日渐习惯，歇斯底里的负面抵制慢慢减少了，用户越来越活跃，参与度越来越高。脸谱网不断更新，News Feed 逐渐有了现在的雏形，成为攫取注意力的大师。2009 年，News Feed 进行了一次更新，动态不再按时间排序。取而代之的是，出现了一种新的神奇算法，来决定用户看到哪些帖子、何时看到。这次更新，随机性大获全胜，因为不再按时间排序，完全消除了用户对查看帖子的最后掌控。

　　如今，News Feed 模型（提供令人愉悦的体验，但传递的愉悦感具有随机性）在社交媒体世界中已司空见惯。Instagram 和 Snapchat 的做法别无二致。甚至被长期认为是过时乏味、处处受限的社交平台领英也推出了类似的 News Feed，来增加用户的在线时间。2012 年，《广告周刊》（*Adweek*）的一项报告[16]显示，领英用户平均每月使用时长只有 12 分钟。推出 News Feed 之后，第二年的用户参与度猛增 45% 以上，几乎一半的用户每周使用时长超过两小时。

未完成的感觉

　　探究快乐对行为影响有多大作用的另外一种方法就是从心理的完整性出发。人类天生就喜欢追求完整圆满。假如你的好朋友给你讲一个悬疑故事，但没说结局就走掉了。你会感到不满可以理解，在知道最终结局之前你会很难专注于其他任何事情。

　　对于未完成的事情念念不忘这种现象叫作蔡格尼克记忆效应（Zeigarnik effect），由立陶宛的心理学家布鲁玛·蔡格尼克（Bluma Zeigarnik）发现。其含义是，一旦我们全神贯注地完成某件事，会讨厌被打扰。在某些情况下，如果我们无法完成自己的工作或无法获得所需的解决方案，我们的行为就会受到影响。未完成任务的不适感会干扰我们的注意力，直到我们找到解决方法。这种专注力会让自己倍感压力，记忆会在半途而废的地方更加深刻。

蔡格尼克记忆效应的一些早期实验与测试学生的记忆有关[17]。要求学生记忆单词表时，如果中途被另一项任务打断，那么比起本来能够"完成"的任务记忆，他们对单词的印象更加深刻。此外，无论一开始任务有多无聊，被打断的学生都表达出强烈的愿望，希望尽快完成这项任务。

人类天生喜欢有始有终，如果中途被打断会感到不舒服，这导致了对未完成事物想尽快满足的需求。注意力经济下的平台热衷于创造未满足的需求，从而为我们提供动力，继续寻找不会到来的终点。于是，你在永无止境的搜索上耗费的时间越久，为平台创造的收入就越多 。

标题党的蔡格尼克记忆效应

在上瘾 2.0 时代，利用蔡格尼克记忆效应吸引消费者的注意力已经变得无所不用其极。不过，这并不稀奇。几十年来，本地电视台上的新闻节目惯用手段就是插播广告前提醒"马上回来，精彩继续"，比如"一个居民如何和无人机成为好朋友……休息片刻，稍后为您揭晓"。SportsCenter 等体育新闻也是在插播商业广告之前，抛出一个小问题。没有答案的问题就是经典的蔡格尼克记忆效应应用案例，通过留足悬念，让你保持关注。

网飞的 Post-play 功能更是如此。如果在观看《怪奇物语》（Stranger Things）第一集后离开，感觉就像观看一部八小时的电影被打断了。根据乔治·R. R. 马丁（George R. R. Martin）的系列小说改编而成的热门 HBO 电视剧《权力的游戏》，即使没有 Post-play 功能，也能应用蔡格尼克记忆效应。这是为何？因为《权力的游戏》的情节曲折，角色众多，如此庞大离奇的规模会让观众、读者想一直看下去。

故事讲述应用蔡格尼克记忆效应的大师当属漫威（Marvel Studios）的"漫威电影宇宙"（Marvel Cinematic Universe，MCU）。截至 2019 年末，该系列电影的票房收入创历史新高，销售额达 228 亿美元，并且还在不断增长[18]！蔡格尼克记忆效应不仅是因为电影的片头片尾，还是因为（到目前为止）由 32 个超级英雄角色组成的 23 部独立电影，贯穿着一条故事主线。人物、情节及次要情节不断交织的庞大体系留下了大量未完待续的故事，只能用一部新的漫威电影才能揭晓。

因此，尽管现代技术出现以前已经大幅利用蔡格尼克记忆效应，但如今的数字营销将其转变成了一种艺术形式。当今的标题党文章先出预告（整体文章摘要）作为诱饵，从而鼓动用户继续点击文章。

大多数网民可能没听说过 Outbrain 或 Taboola，不过网页底部的"赞助内容"确实出自他们的创造。她现在的样子会让你赞叹不已！看着熟悉吗？但将其置于有关叙利亚内战的文章中则格格不入。Outbrain 和 Taboola 正是赞助推送广告的巨头，公然滥用蔡格尼克记忆效应："3 个阿姆斯特丹人卷入 J. Crew 枪击案……""男人喜欢的内衣大揭秘。"

2014 年，时代公司与 Outbrain 签署了价值一亿美元的协议[19]。CNN、Bleacher Report、Slate 和 ESPN 都是 Outbrain 的客户。撰写

本书时，Taboola 和 Outbrain 正在寻求合并，预计市值将超 10 亿美元。那些广告大家随便讨厌吧！毕竟，叙利亚内战的文章中尴尬的"火辣棒球妻子"广告只会令人汗颜。

美版"今日头条"BuzzFeed 大肆利用蔡格尼克记忆效应，因此被很多记者批为专业制造假新闻。事实确实百口莫辩。每月内容观看 90 亿次、访问量 2.5 亿次，估值约为 17 亿美元[20]，他们如何做到这一点？其钓鱼式文章标题就是浓缩版的蔡格尼克记忆效应，引起人们的未完成感，不得不点开文章一探究竟。"汤姆·哈迪（Tom Hardy）24 次为你毁了别的男人。""震惊！这可能是世界上最可怕的小道，但你永远猜不到在哪里。"这样的标题党太可恶，必须大力抵制。

如何停止刷抖音

诱饵广告的原理就是制造一种未完成的感觉，然后迫使我们点击文章解决问题。通常点击之后会有解决方案，但是如今的在线平台，尤其是社交媒体，却不会如此。这些平台令人上瘾的技术就是拒绝提供答案，创造一种持续不断的需求，需要我们反复操作寻找难以捉摸的解决方案。所以，要想停止刷新 Instagram 或脸谱网真是难上加难。因为无法提供任何明确的"终点目标"，这些应用程序可以有效地使用户（你自己）处于未完成状态。欢迎来到数字牢笼。更准确地说，欢迎来到蔡格尼克记忆炼狱——不断让你上瘾。

日常生活中，我们通常会把生活划分成令人满意的"节点"，以此获得满足感。比如看书时，我们会设定在离开咖啡馆之前读完本章内容；工作时，我们会设定在出门吃午饭之前写完电子邮件。但是，无论是在 Tinder 上不断滑动，还是刷新无穷无尽的动态信息，用户在心理上都没有完成的"节点"，没有里程碑，也没有终点，用户不可能放心地认为"我已经完成了"。对于无限的动态信息，我们永远无法获得满足，因为永远感觉不到自己已经完成了任务。

业界熟知的"持续刷新"滚动模式不仅限于社交媒体平台。2015 年，美国《时代》周刊对网站进行改版，增添持续滚动刷新界面，用户参与度几乎立即提高，网站跳出率（仅浏览一页后离开访问站点的用户百分比）下降了 15%[21]。体育新闻网（Bleacher Report）取消传统首页，替换为无限滚动刷新后，网站跳出率同样出现了下降。数字媒体巨头 Mashable 涵盖娱乐、科技新闻等报道，2012 年重新设计了移动端和电脑端的访问网站，开始使用持续更新显示新闻。跳转到 Mashable.com，然后不断向页面底部滑动。不用屏住呼吸，如果你对滚动刷新的设计感到熟悉，那么你可能是 Pinterest 深度用户。Pinterest 正是通过随机性和蔡格尼克记忆效应的有效组合呈现图像，大小合适且间隔一定的正方形图像无穷无尽地呈现，为你带来无限观赏乐趣。难怪 Pinterest 是历史上最快拥有 1000 万用户的网站，上市速度如此之快。目前其市值近 130 亿美元。下次打开自己喜欢的网站或应用程序时，注意一下网站是传统的主页设计，还是旨在最大化蔡格尼克记忆效应的无限更新。

数字健康

基于以上对随机强化和蔡格尼克记忆效应的阐释，我们可以了解在线平台如何影响用户行为，以此成长为世界上最强大的赚钱公司。那么我们该何去何从？难道只能深陷 Instagram 和 Snapchat 无法自拔吗？特里斯坦·哈里斯（Tristan Harris）对此思考诸多。33岁的哈里斯直率地批评在线平台不断劫持我们的注意力，被誉为"硅谷最接近有良心的存在"[22]。哈里斯非常了解注意力经济的运作方式，他于 2012 年推出了一款应用，可以在多个知名网络平台安装弹出式广告。不久之后，他的公司被谷歌收购，哈里斯也被聘到谷歌帮助整合广告产品。

硅谷对大多数人来说，是梦想成真的天堂。然后哈里斯却不同凡响，他坚信自己所处行业仍有很大不足。火人节一周后，他像电影《甜心先生》的主角杰里·马奎尔（Jerry Maguire）一样离职了。2013 年，他制作了 141 张幻灯片讲述大型科技公司必须树立"道德观"，不是一味获取用户，还要考虑用户的长远利益[23]。该文件迅速在 5000 多名谷歌员工中流传开来，包括公司的最高层。令哈里斯吃惊的是，他没有被解雇。相反，他与当时的首席执行官拉里·佩奇进行了会面，被授予"首席技术道德专家"名号。

哈里斯敦促科技公司采用合乎道德的设计原则，同时敦促用户警惕公司故意设计的诱惑和冲动。他与发布 Moment 应用程序的公司创始人乔·埃德尔曼（Joe Edelman）联手成立了非营利性组织Time Well Spent（欢乐时光）。成立初衷是让人们对注意力引起重视。

具体地说，该组织旨在让用户免受盲目和冲动行为的干扰，提出了许多看似简单，但行之有效的建议，比如关闭应用程序通知、自定义手机主屏幕、监控手机使用时间，还鼓励使用各种各样的桌面、移动应用程序监控在常用软件上的使用时间，以期提醒用户减少软件的使用。

许多人对 Time Well Spent 大为赞扬，许多技术公司创始人开始效仿特里斯坦·哈里斯和肖恩·帕克，站出来反对自己帮助开发的产品。移动设备上的"下拉刷新"机制就像老虎机，其设计者洛伦·布里切尔（Loren Brichter）曾谈道："下拉刷新会让人上瘾。推特让人上瘾。这些不是好东西。在我设计之初，还不够成熟进行全面思考。现在也还不够成熟，但起码强过当时，反思这个设计时我深感遗憾。"

在脸谱网推出 News Feed 将近 10 年之后，公众开始意识到技术平台变得太过强大。2018 年，科技大坝终于决堤，也许是受斯坦福大学研究（使用智能手机拍照实际上削弱了摄影师对景象的记忆）[24] 影响，或是受宾夕法尼亚州立大学研究（社交媒体成瘾与青少年抑郁关系密切）[25] 影响，再或是越来越多的科技创始人和先驱纷纷表达担忧，这些振聋发聩的声音最终让人无法忽视。不管出于何种原因，2018 年都是公众意识到技术成瘾的转折点。人们终于不再低头看手机，开始意识到技术会让自己上瘾，深陷痛苦之中 [26]。

市场迅速闻风而动，顺势而为。除了 Moment 数字设备这个戒瘾先锋之外，现在还有其他几种商业设备来帮助用户增强自主性。位于洛杉矶的初创公司 Boundless Mind 旨在根据成瘾技术引导人们培养更健康的习惯。联合创始人拉姆齐·布朗（Ramsay Brown）在《时代》周刊采访时表示："我们是在探讨精神控制，对吗？ 如果我们提供防精神控制工具，帮助人们戒掉鸦片呢？或是更有意义地相互交流？为什么不能让你的大脑成为想要的样子？"

除了数字应用设备之外，最能体现技术令人上瘾的例子是网戒中心的激增。形式多种多样，有鼓励旅行者"断开手机，拥抱自然"的度假胜地[27]，还有合法的网瘾康复中心，只要用户在规定时间内不使用手机，就可以获得一定福利等。确实如此，康复中心往往在人迹罕至的农村地区，严禁使用手机、笔记本电脑、平板电脑和其他数字设备，并且在办理入住时必须上交手机。华盛顿的 reStart 网瘾康复中心就提供为期 6 到 10 周的课程，并设有几名全职成瘾顾问[28]。

撰写本书时，脸谱网尚未主动采取行动推动平台使用道德规范。苹果和谷歌等科技巨头则分别在 iPhone 和 Pixel 中提供了数字健康应用程序，以此回应 2018 年提出的帮助人们负责任地使用互联网。这些应用程序功能类似，iPhone 主要在使用数据量方面具有优势，会向用户显示应用程序使用时长、用户平均每天收到的通知数，以及通知来自哪些应用程序。

悲观主义者皮特（Pete）可能会说，这些手机应用程序贴上了创可贴的标签。这话不无道理。开车时，你肯定看到过让你减速的速度限制标牌（时速不超过 180 千米）。这些标牌之所以起作用，是因为在我们的社会中：

- 我们认为超速行驶是不好的行为，并且有安全隐患等。

- 如果超速，会被罚款，受到法律制裁。

但在社交媒体世界中，超速不是坏事，也没有法律禁止超速，现在数字健康应用程序的作用类似于速度限制标牌。当然，可能只有一小撮人会慢下来，大多数人还是飞驰而过。说到科技产品的使用，普通公众在很大程度上仍然没有意识到其设计元素的成瘾性。

最终，时间会证明数字健康应用程序是否有效。就目前而言，在当前的数字环境中赚钱意味着吸引眼球。成功做到这一点的公司，其收入蒸蒸日上。降低产品的吸引力等同于降低利润，平台的用户使用时长越短，产生的收入就越少。起码现在，用户不要求或不希望为无瘾版本的应用付费。

除非用户足够珍惜自己的时间和幸福，自觉抵制这些"免费"成瘾平台的诱惑，否则这种商业模式很难真正转变。尽管谷歌和苹果等公司可以（从字面上）牺牲"网站停留时间"这样的眼前目标，努力表现得比竞争对手更有良心，但在注意力经济中运营的其他规模较小的公司要么做不到，要么不愿意。如果随着时间推移，谷歌（或其控股公司 Alphabet）、苹果等公司市场空间被竞争对手抢占，股东们可能会说服公司重新考虑运营模式。

消费者可以用钱支付，或用注意力支付。到现在为止，我们还在讨论注意力，下面让我们回顾一下在线平台的利益。

成瘾科技的未来

成瘾不仅仅是指对物理产品的依赖，在数字化方面指的是"参与度"，也就是注意力的集中应用。赌博对年龄有所限制，因为我们知道赌博会导致失控行为。然而社交媒体却没有什么限制，甚至也没有像音乐或电影提示需要家长陪同。全世界越来越多的人使用社交媒体平台，注意力的价格只会日益抬高，平台也会变得更加善于劫持我们的注意力。正如哈里斯所说，"互联网系统比人类更强大，也只会越来越强大"。[29]

二维的电子屏幕就足以让人上瘾。现在，虚拟现实（VR）和增强现实（AR）技术开始增强 3D 和更高维度的"参与度"。上瘾 3.0 时代会使用 VR 和 AR 带来更深刻、更引人入胜的体验。毫不意外，脸谱网斥资 20 亿美元收购了虚拟现实游戏设备 Oculus Rift。仅在 2016 年，脸谱网就对 VR 和 AR 初创公司进行了高达 19 亿美元的风险投资。[30] 2016 年夏，AR 类精灵宝可梦（PokémonGO）下载量达一亿次，如果这代表着任何预兆的话，那么我们只是触及了 AR 改变注意力经济潜力的冰山一角。

很难想象，明天人们醒来会对科技和在线平台不为所动，同样很难想象，大型科技公司会愿意降低平台的吸引力放弃数十亿美元的广告收入。

科技产品因缺乏透明度而独树一帜。你无法拿起它们来评估它们的部件、运作情况，但穿上一双鞋却可以切实感受到舒服与否。这一领域产品的商业模式同样模糊不清。如果你是在买特价鞋，那么"买一送一"就是再白送给你一双鞋。但是，如果你买的是高科技产品，"免费"可从来不意味着免费，毕竟这是在做生意。科技公司的产品，尤其是"免费"产品，只有在能影响注意力和行为以符合其利益时才算成功。

随着技术日益进步，围绕注意力的抢占只会在未来几年愈演愈烈，赌注更会高到离谱。时间和有意识的关注是我们最宝贵的资源，如何投资它们决定了我们如何生活。世界上最古老的哲学家们，不管是佛陀还是苏格拉底，都在告诫我们谨慎对待时间和注意力，保持警惕，不要屈服于生活的干扰。亚里士多德也曾担心，写作会让我们误入歧途，夺走我们的思想，耗尽宝贵的注意力。[31] 对 Tinder 的威力作何反应只能依靠想象。归根结底，明智的做法可能是听从哲学家或斯多葛学派爱比克泰德的名言："你关注什么，就会成为什么。"

上瘾的秘密

BLINDSIGHT
The (Mostly) Hidden Ways
Marketing Reshapes
Our Brains

第八章　偏　好

偏好的奇怪科学

"教科文组织总部的大楼镌刻着：战争起源于人之思想，故务必于人之思想中筑起保卫和平之屏障，我在亲身经历战争之后，这句格言给了我足够的动力，让我参与到科学倡议中，以期对预防未来战争有所贡献。"[1] 此话出自罗伯特·扎荣茨（Robert Zajonc）之口。作为 20 世纪最有影响力的心理学家之一，他为如何理解偏好心理奠定了基础。

扎荣茨的个人经历和自己的研究同样精彩。1939 年，纳粹入侵波兰后，他和父母被迫逃离家园。不久之后，他们安身的建筑物遭到炸弹袭击，扎荣茨险些丧命，父母双亡。几年后，扎荣茨设法进入了华沙的一所地下大学，然后被运往德国劳改营。他幸运地逃脱了，又被抓获，送入法国监狱，后再次成功逃脱[2]。二战后，他想方设法在德国图宾根大学（University of Tübingen）继续完成学业，后来在美国密歇根大学（University of Michigan）获得心理学博士学位。

扎荣茨的早期经历让他对心理学非常感兴趣，一开始主要研究种族主义及刻板印象。后来，他下半生致力于寻求一个看似简单的问题的答案：我们为何会有所偏好？

他发现"喜欢"并没有想象中的那么简单，我们基本上意识不到影响我们偏好的因素。这一发现极大改变了现代心理学进程，即使你不了解他的作品，也几乎可以肯定，他的研究对于塑造消费偏好意义重大。

曝光效应

事实证明，人类完全不了解产生偏好的根本原因。有时候，我们喜欢的东西看似毫不相干。但是，扎荣茨却发现人类对熟悉的事物表现出惊人的偏好。这种偏好在塑造我们享乐、有所追求以及消费时影响深远，而且常常被低估。如果一家公司设法提高你对其产品或服务的熟悉度，则可能会对你的喜爱程度产生巨大的积极影响。

有趣的是，这种对熟悉感的偏爱我们似乎完全意识不到。扎荣茨进行了一项经典实验，他向不懂中文的英语母语者展示了许多不同的汉字。没有任务要求，受试者只需要专注地看着就好。然后，他向受试者展示了另外一组汉字，其中有些字是重复的。这一次，扎荣茨让受试者猜测每个汉字的意思。受试者对中文一窍不通，只是盲猜了几个词："狗""杯子""帅气""足球"。

从受试者的角度来说，他们像是盲人摸象。但扎荣茨发现，受试者并不是随意猜测，如果有人之前见过这个字，即使是一瞥而过，他们也更有可能认为这个词和一些积极的事物有关，会认为这些熟悉的词语是"幸福"和"爱"等含义。而且，他们自认为看到熟悉的汉字更快乐[3]。在后续的实验中，尽管没有一个受试者说明以前见过这些汉字，但结果依然差不多。

培养熟悉度最简单的方法就是让人们接触事物的时间越长越好。扎荣茨将这种现象称为曝光效应：在所有其他条件相同的情况下，对事物越熟悉，就会越喜欢它。

值得注意的是，这对消费行为影响深远。虽然看到百事可乐的广告越多，确实会买得更多，但扎荣茨发现曝光效应的影响远不止于此。即使你生活在深山老林，从未听说过百事可乐、苏打水或英语，但只要一直接触百事可乐的标志也会让你更喜欢百事可乐。事实证明，熟悉无论深浅，影响都会很深远。

涉及不同领域的 200 多项研究验证了曝光效应——我们接触越多，就越喜欢[4,5]。动物也有类似的表现，甚至包括仍在孵化的雏鸡。向两组孵化中的蛋播放两种不同频率的音调，小鸡出生后会更喜欢以前听到的音调[6]。

适用于整个动物界的事实意味着该效应可能是基于进化论。多次接触某事物，尤其没有产生明显的影响时，意味着该事物显然没有坏处。从生存的角度来说，没有坏处无疑是件好事。

市场营销最古老的原则是"7 合法"，意味着消费者在购买产品之前起码得看过七遍广告。该理论起源于 20 世纪 30 年代左右的电影行业，当时营销团队认为吸引人们观看一部新电影至少需要播放七遍广告。实际上，没有对数字 7 进行任何研究。现在，根据用户跟踪和数据分析，我们可以彻底揭穿 7 的面纱。一个人是否决定去看电影或购买产品取决于个人、产品、所看广告类型，还有可能经朋友推荐等。不过，7的神话确实触及了广告的基本原理：多多益善。因此，我们不断看到可口可乐、苹果及耐克等知名品牌的广告。你喝了一瓶可口可乐，知道了它的味道，其他人也是如此。但是，可口可乐仍要不断支付广告费。也许在哪里还有没听说过可口可乐、没有建立联系的潜在消费者？所以可口可乐不断投入广告，即使品牌知名度已经打到外太空！为什么要继续不惜重金支付广告费？因为每多看到一次广告，消费者的印象都会有所改善。

回顾一下第一章，各大公司正在建立品牌的积极联系。可口可乐当数第一，它已投入数百亿美元把品牌与幸福捆绑。不管这种捆绑效果如何，仅仅多看到几次可口可乐的名字就会增加我们的喜爱。可口可乐每年的广告费近40亿美元[7]。对于全球75亿人口来说，每年向每个人做广告的费用超过50美分。十年来，这笔钱的回报就是每人起码支付5美元。在过去的十年中，你是否买过5美元的可乐？答案是肯定的。电影《校园风云》（Election）中翠茜·弗利克（Tracy Flick）很好地总结说："到目前为止，可口可乐是世界排名第一的软饮料，因为可口可乐在广告上的花费无人可敌。"

如果你曾路过洛杉矶的第三步行街（3rd Street Promenade），我们建议你可以数一数"有多少个星巴克"。撰写本书时，答案是5个。在旧金山则是最繁华的市场街（Market Street）上"有多少个沃尔格林超市（Walgreens）"。纽约市的杜安·里德（Duane Reade）连锁药店也属于沃尔格林旗下，截至2019年，全球共有400多家门店。而且仅仅是曝光效应就意味着，每个新的门店都会让我们更喜欢这家连锁店。

对于在市场上占主导地位的品牌来说，十足的曝光非常有效。那些品牌可以亏本经营一两个门店，遏制区域竞争。但是，对于资本规模较小、实力较弱的公司来说，也值得冒险一试。强势进取的新贵斯德哥尔摩咖啡馆 Joe & the Juice 采用相同策略，瞄准了旧金山、悉尼、阿姆斯特丹及伦敦等人口稠密的城市。虽然这些世界都市的零售租金成本让许多地区蒙受财务损失，但是门店在高曝光地区的存在增加了人们的喜爱，创造了传统损益表之外的价值。

这不仅适用于门店。公司每年花费数百万美元在出租车的外部做广告，不过汽车公司的广告则完全免费。每当你开着本田雅阁（Honda Accord）在镇上转悠时，实际上是在驾驶一块带轮子的广告牌，即使本田没支付给你任何广告费，你还付钱买了车！

谷歌属于一个特例。作为科技界最大的广告公司，谷歌的广告花费并不多。谷歌成立于 1998 年，第一个广告却是在 2010 年的超级碗（Super Bowl）比赛期间。谷歌在 2009 年的市值已近 2000 亿美元，显然谷歌负担更多的广告费用也毫无压力。所有人都在谈论重复和曝光的重要性，但谷歌不为所动说明了什么呢？答案很简单：谷歌已经开发出了一款引人注目的实用产品，无须再做广告。谷歌在日常生活中的角色，已经获得了想要的一切曝光度。每天，谷歌搜索引擎每分钟的使用率为 380 万次[8]，它还需要支付什么曝光费用？突然之间，可口可乐公司的 40 亿美元变得合情合理了。不像谷歌，可口可乐的产品没有任何真正的实用价值。

特斯拉紧跟谷歌，推出了一款如此引人注目的产品，曝光率大增。特斯拉没有在超级碗上做广告，而是专门为儿童打造迷你版电动汽车。媒体对此大为赞赏，特斯拉通过媒体报道增加了曝光度。你可能会说特斯拉最有效的曝光活动的预算是 0 美元？警告！需要一枚 SpaceX 猎鹰重型火箭。特斯拉在直播 Roadster 跑车搭载 SpaceX 火箭飞向太空时，无须任何广告就获得了曝光度。

不用广告的曝光比传统广告更为有效。看到谷歌广告和使用谷歌结果相同，都是大大增加了谷歌的曝光度。但是，由于你不会把谷歌网站当作广告，因此谷歌只是纯粹地提高曝光度。如果你知道汽车广告是故意设计的广告，那么宣传信息就会失效。你知道自己被广告玩弄，感觉广告不是真实的，所以效果就没有那么强大。我们将在下一章讨论同情心时重新回顾这个问题。现在可以说，如果想要一个间接接触到的产品时，你认为这是自己的主意，然而几十年前的研究[9]就足以证明，这只是大脑偷偷摸摸提供给品牌的商机！

曝光效应确实也有限制，只适用于一开始就认为是令人愉快的事物[10, 11]。如果你一开始就不喜欢可口可乐，那么仅仅在过去的 30 秒钟内读了九次也并不意味着你会喜欢上它。如果第一次听就不喜欢"Call Me Maybe"这首歌，那么第 101 次也不会有什么改变。只有你一开始听起来觉得不错，那么在接下来十几个广播节目里不断播放，你才会越来越喜欢它。

流畅度效应

不只是因为曝光效应提高了喜好度，我们多次看到的事物也更容易让人觉得我们喜欢它。回顾一下，大脑的最省力法则，即大脑会对思考和心算普遍反感。处理全新事物要比重新处理熟悉的事物耗费更多的心力，所以我们更喜欢容易想到的事物，而非那些难以理解的东西，这是曝光效应的孪生姐妹：流畅度效应。

流畅度效应同样在消费时发挥重要作用。纽约大学亚当·奥尔特的研究表明，大脑对流畅度的偏好会影响消费者在股票市场的投资。事实证明，在短期内，名称流畅的股票（如 GOOG）表现强于名字不佳的股票（如 NFLX）[12]。

流畅度效应也会影响可靠程度。阅读以下两个句子，哪一句感觉更可信?

句 1: **Baltimore is the capital of Maryland.**

句 2: Baltimore is the capital of Maryland.

（巴尔的摩是马里兰州的首府）

你很可能选择了句 1。句 1 是 11 号的 Verdana 字体，句 2 是 11 号的 Times New Roman 字体。软件可用性 & 研究实验室（Software Usability and Studies Lab）进行了一项关于字体易读性的研究，结果显示，Verdana 字体最清楚易懂，Times New Roman 排名倒数[13]。而且，大家不仅更喜欢易读的表述，而且很可能将其判断为准确可信[14]。越容易理解，就越有可能相信其真实性。有趣的是，实际上马里兰州的首府是安纳波利斯，而非巴尔的摩。

可得性偏差

轻松想到的事情也会影响我们对其真实性的判断，会让我们认为这件事多么普遍。我们倾向于相信那些更容易联想的信息更重要，这种倾向被称为可得性法则。

如果谈到美国的犯罪率，你会认为是呈上升还是下降趋势？你很可能认为美国的犯罪率呈上升趋势，而且很多人会持一致看法。多次民调显示，大多数美国人认为犯罪率依然攀升。然而事实却是每一万人的犯罪率呈下降趋势，十多年来一直如此。为何有这样的错觉？答案就是可得性法则。

假设有天晚上你正在看本地电视新闻，节目里全是耸人听闻的故事报道，汽车追尾和家庭盗窃屡见不鲜。可能这些故事会让你更专注于看新闻，而不是去看 C-SPAN，但这些频繁的报道会让大脑误以为这些事情是普遍现象。然后，你一边想着当地入室盗窃案件的报道，一边上脸谱网看看朋友度假的动态，却看到了另一位住在不同州的朋友发布了类似的家庭盗窃案。虽然附近的入室盗窃案件数量并没有增加，甚至可能低于上周，但你的大脑现在对入室盗窃的发生频率，以及你遭遇盗窃的可能性有了非常不准确的判断。

研究发现，在一起重大儿童绑架案发生后的几周内，人们往往高估了绑架率。媒体报道越严重，人们认为犯罪率就会越高[15]。脑海中最容易浮现的事情极大地影响了我们对世界的看法。

2009 年，达美乐比萨（Domino's Pizza）深陷丑闻泥潭[16]。达美乐北卡罗来纳州一家分店的两名员工在准备三明治时想出了一个

"绝妙"主意：把奶酪塞进鼻子里，连带鼻涕放到三明治上，还有其他一系列违反卫生健康标准的行为。两人自以为很有趣，记录了这场"恶作剧"，并把视频上传到了 YouTube。一时间舆论哗然，这远远不是一场恶作剧而已了。顾客必须把几百美元的比萨立即丢弃，达美乐的公关团队陷入了水深火热之中。

视频引起了轩然大波，达美乐销量在全美遭受巨大打击，持续数月都在大幅下跌。由于可得性偏差，这简直是公关噩梦！发布视频后的短短几天内，观看次数达 70 万。达美乐这一丑闻在谷歌搜索结果中一直高居首位。根据舆观调查网 YouGov 的研究显示，达美乐比萨的形象几乎在一夜之间轰然倒塌。丑闻势不可当，当时的首席执行官帕特里克·博伊尔（Patrick Boyle）不得不铤而走险，直接在全美投放广告解决这一问题 [17]。毫无疑问，两名员工被迅速解雇，他们工作过的这家分店后来由于生意不好也关闭了。

在任何快餐店，有人把鼻涕直接抹在三明治上的可能性都极低。但一想到达美乐比萨时，这件丑闻就成了人们首先想到的事情，而且会对自己当地分店发生的可能性也出现认知偏差。正如第六章所述，痛苦印象远大于快乐。由于大脑天生厌恶损失，你对三明治的丑闻会尤其敏感。你可能会看到客观数据，了解到三明治再发生类似丑闻的概率微乎其微，但这并不能阻止丑闻印象随时浮现在脑海中，影响你的就餐选择。

考虑到对损失的敏感性，我们会在心理上权衡犯罪和受污染食物等负面事情。不过可得性偏差同样适用于积极事情，想想《奥普拉脱口秀》。首先浮现在脑海的画面很可能是一群狂热的中年美国人坐在演播厅里。尤其在读完上一章后，画面很可能是这群人在欢呼雀跃，人人免费得了一辆车。大多数时候，奥普拉不会在节目中搞汽车大派送。但是，由于那一幕太过难以置信，所以很容易让人联想到，也会极大地影响你对节目和粉丝的印象。基于可得性偏差，我们可以知道曝光效应和喜爱度之间的关系并不简单。对于消费者而言，一桩负面丑闻抵得上十年的正面曝光。因此，品牌必须推动新的积极形象曝光，从而塑造大家对其正面的印象认知。

最熟悉的陌生人

现在让我们暂停，好好反思一下。你有没有注意到本章与第三章阐释的记忆编码存在矛盾？

第三章中提到，不流畅具有巨大优势。比如阅读 Sans Forgetica 这样难以阅读的字体会迫使注意力集中，反而有助于记住信息。有所付出，才能有所收获。本章介绍了流畅的字体增加了喜好度和真实性。增加冲突确实可以提高记忆力，但并不能改善喜好度。那么哪个更好呢？这取决于你想要提高记忆力还是喜好度。

但是，除了这种表面上的矛盾之外，还有一个更大的矛盾。本章介绍了大脑为何会对事物有所偏爱。所总结的熟悉感、流畅度和可得性偏差都没错，因为大脑喜欢熟悉的安全感。然而，前几章的概述基本完全相反：大脑喜欢新奇事物。

第二章阐述了打破现有联想会吸引注意力，比如吉百利设计的大猩猩弹奏菲尔·柯林斯的《今晚夜空中》。第六章探讨了快乐这门科学，无疑是对新奇事物的颂歌，人们想要新的东西，一旦新事物变得熟悉，就会开始想要其他东西。上一章则谈到了正向预测误差，表明人们会从意外中获得真正的快乐。

一方面，事物如果新鲜且意外，那么体验会变得好上加好。另一方面，熟悉和重复增加了我们对事物的偏爱。那两者该如何调和？

20 世纪 70 年代初期，一位雄心勃勃的年轻导演带来了他的处女作。那部电影是他多年的心血，既磨炼了他的能力，又培养了他承担如此具有挑战性项目的勇气。这位导演对好莱坞主流的态度颇为谨慎，在那部电影中表现了完全不同的东西。电影名字是《五百年后》（*THX 1138*），主题是反乌托邦的科幻时代，结果票房惨淡，以失败告终。

这位年轻导演感到大为震惊，但他坚持不懈。经过一番研究，他立即投入了另外一个创意项目。制片人表示怀疑，但剧本最终还是被批准了。这部电影成为有史以来票房最高的电影系列的开篇之作——《星球大战》（*Star Wars*），导演就是年轻的乔治·卢卡斯（George Lucas）。

卢卡斯在剧本研究过程中阅读的相关书籍可作为参照，尤其是约瑟夫·坎贝尔（Joseph Campbell）关于神话的开创性著作《千面英雄》（*The Hero With a Thousand Faces*）。坎贝尔详细讲述了英雄神话中惊人的相似之处，他认为这些神话在不同的文化中也是互通的，都是人类与生俱来的天赋之一。坎贝尔提炼出了"英雄之旅"的共同之处，卢卡斯发现这无异于《星球大战》中主角卢克·天行者

（Luke Skywalker）的旅程，从而帮助自己把熟悉的英雄神话和新颖的太空科幻小说结合起来。

那么俗话说得好，"物以类聚，人以群分"。这到底是因为熟悉感还是因为新奇而吸引？答案似乎是两者兼有之。有时大脑想要熟悉的事物，有时又想要新奇的事物，不过大脑更喜欢的是两者完美结合。

这种见解并不是起源于现代神经科学，而是出自 20 世纪中叶的美国设计师雷蒙德·洛伊（Raymond Loewy）。洛伊是工业设计之父，却鲜有人记得。他的设计理念塑造了 20 世纪五六十年代的整体美学，从家具、时尚到品牌标志等统统包括在内。从本质上讲，他的设计哲学做到了喜欢新奇和新知恐惧之间的平衡。洛伊的哲学精髓深入浅出：开先河，被接受。新奇设计中带有熟悉感，熟悉中带有创新。换句话说，就是把握新奇和熟悉之间刚刚好（Goldilocks zone）的尺度，保障其陌生且熟悉（New and Safe）（简称为 NaS）。首部《星球大战》的成功是 NaS 的最佳例证，而《五百年后》之所以失败，部分原因是太过新颖。这个概念太过新鲜，观众缺乏需要的熟悉度，缺乏安全感。首部《星球大战》在通用的故事中注入了适量的新鲜元素，观众又可以联想到无数的冒险故事或神话。换句话说，《星球大战：新希望》是当时最新颖又最具熟悉感的科幻电影。

虽然打造品牌保持一致确实十分重要，但有证据表明，重复太多可能适得其反 [18]。通过仔细研究曝光效应的文献会发现，虽然看得越多，就会越喜欢，但大约看过 15 次后，回报会急剧减少 [19]。的确，在最初用来验证曝光效应的汉字实验中，如果受试者意识到自己以前见过这些汉字，效果就会消失[20]。接触越多越喜欢的前提是，你不讨厌它们。俗话说，"物极必反"，最终收音机上那首动听的流行歌曲也会让人听得厌烦，建议此处播放五分钱乐队的歌曲！

一点新鲜感就能帮大忙。研究人员斯图尔特·夏皮罗（Stewart Shapiro）和同事在平面广告中验证了这个想法[21]。在这些广告中，他们把熟悉的品牌标志放到了广告中新的位置，例如本来标志在左下角，现在移到了右上角。结果呢？广告设计中的这些细微变化导致受试者对品牌的偏好度提高了20%。此外，所有受试者都声称根本没有察觉到任何差别。更多的研究在不同类型的广告中都证实了这一效果[22]。

就像第一章中的多感官体验一样，熟悉和陌生之间没有神奇的比例。诀窍就是两边都不要做过头，寻找完美的平衡。

通过食物趋势可以直接看出 NaS 的巧妙运用。为何每逢大型展会，油炸黄油、油炸速溶饮料粉和炸啤酒等油炸食物必不可少？就是因为 Nas！所以不难理解，蜂蜜比萨、蛋黄酱奶油和花生酱芝士汉堡之类的创意食物也会大受欢迎。

再来想想食物搭配。这里有现成的食物配对和实验性的食物搭配，现成的搭配指的是奶酪和葡萄酒，寿司和清酒等。大脑中已具有一定的背景储备，所以这些食物熟悉且安全。但一开始也并非如此，如今的经典搭配也都是昨天的 Nas，比如锐滋（Reese's）的花生酱纸杯蛋糕、花生酱果冻三明治，甚至是红牛（Red Bull）伏特加。尽管威士忌加黑巧克力或拉面汉堡等实验性食物搭配的评价可能褒贬不一，但食物搭配这一概念仍然存在。使用熟悉的食物组合不熟悉的搭配，正是大脑喜欢的"陌生且熟悉"。

流行文化、电影行业、音乐行业中的 NaS

《星球大战》已经表明 NaS 对流行文化具有特别强大的推动力。电影、小说和音乐创作都是艺术结晶，但出售则是一门生意，是一门从 NaS 中获利颇丰的大生意。

流媒体音乐服务声田成就非凡，撰写本书时，其用户数量同比增长近 50%。根据用户过去个性化的收听数据，声田首次推出了专门针对新音乐的推荐列表，结果令人满意。用户通过喜欢、播放、分类和保存音乐提供的数据越多，他们对推荐的反馈就越好。然后，声田偶然发现了 NaS。

2015 年，某次程序更新出现了一个漏洞，发现列表导入了新歌，意外地与用户的常听歌曲混在了一起，意想不到的事情反而发生了。用户有"混乱"的播放列表（新歌和熟悉歌曲兼有）反而收听时间更长！首席执行官马特·奥格尔（Matt Ogle）告诉《大西洋月刊》[23]："用户上报错误，然后我们修复了漏洞，保证每首歌曲都是全新的。"但是修复了之后，收听时长却下降了。因此，声田还原了以前的版本。奥格尔表示："事实证明，只要一点熟悉感就可以建立信任。"

NaS 一个令人印象深刻的应用就是《五十度灰》（*Fifty Shades of Grey*）——不仅改变了买家行为，还让卖家大赚特赚。

在《五十度灰》出现之前，BDSM（次群体名称缩写，包括绑缚与调教、支配与屈服、施虐与受虐。——译者注）是一种地下亚文化。游戏派对和地下城之夜的邀请只能偷偷摸摸，而不是能搬上台面的公开活动。只有最具探索性，或者是有着特殊嗜好的性从业者才会冒险成为BDSM。《五十度灰》横空出世，原作小说原名《宇宙之王》，是一部受《暮光之城》启发创作的SM小说，发布在全球最大的同人小说论坛FanFiction.net上。对于外行来说，粉丝小说是由粉丝创作的小说，以电视节目、漫画、电影或书籍中的人物或故事情节为基础。在《宇宙之王》中，作者E. L. 詹姆斯（E. L. James）把"新的"BDSM主题套用在人们熟悉的贝拉和爱德华这两个角色上，结果就是，这个新故事让BDSM变得既新鲜又安全。首先《暮光之城》的粉丝们都很熟悉，然后主角的名字改为安娜（原型为贝拉）和克里斯蒂安（原型为爱德华），出版的书名为《五十度灰》，对于普通读者来说也毫不奇怪。以《宇宙之王》开始的这部作品在英国亚马逊上的总销量远超《哈利·波特》书籍系列。

《五十度灰》及其续集也大大提振了成人性爱用品公司的业绩，销量主要归功于首次购买的消费者。英国成人用品制造商LoveHoney的利润增长了两倍，电影上映前一年的收入为110万美元，2014年1月攀升到339万美元，产品纯粹是基于《五十度灰》书中出现的物品，包括手铐、马鞭、羽毛挠痒器、抽打屁股的球拍和眼罩。曼哈顿情趣商店Babeland的发言人帕梅拉·多恩（Pamela Doan）也表示："电影上映后，性爱商店的收入翻了一番。顾客真的很兴奋，进来后会直接找《五十度灰》用品……其中一些人之前从来没进来过。"[24]

NaS 还可以应用于嘻哈音乐制作中的采样。众所周知，坎耶·韦斯特（Kanye West）音乐的采样流派向来不会交叉，但他却是效仿了吹牛老爹（P. Diddy 或 Puff Daddy）肖恩·康姆斯（Sean Combs）。坎耶在 21 世纪头 10 年的创作，肖恩·康姆斯在 20 世纪 90 年代就做过了。1997 年，康姆斯采样了大卫·鲍伊（David Bowie）的节拍，做了一首缅怀克里斯托弗·华莱士（The Notorious B.I.G.）的说唱歌曲。他还采样放克乐队的 "Juicy Fruit"，为克里斯托弗制作了最受欢迎的歌曲 "Juicy"（真是恍然如梦）。康姆斯和坎耶都在熟悉中增添新颖性领域大获成功。

再来看看电子舞曲（EDM）在美国的发展史。21 世纪初期，EDM 是新鲜事物，但对大多数美国听众来说过于新颖。不管如何，大卫·库塔（David Guetta）堪称 EDM 的代言人。他巧妙地把这个新事物融合给了流行歌手，包括亚瑟小子（Usher）、威廉姆·亚当斯（will.i.am）、妮琪·米娜（Nicki Minaj）、史努比·狗狗（Snoop Dogg）和卢达·克里斯（Ludacris）等。

一旦 EDM 在美国电台上普及，一些电子音乐 DJ 就会利用 NaS 来进一步发展这种音乐类型。艾维奇（Avicii）在迈阿密音乐周上首次献唱 "Wake Me Up" 时，让现场的乡村音乐家登台进行即兴合奏，当时观众大为不解。但歌曲发行后不久，大家反而觉得远远不够，多多益善。

碧昂丝（Beyoncé）同样利用了 NaS，把新颖的雷鬼音乐与流行音乐完美结合，推出了 "Mi Gente"，还有雷鬼巨星 J. Balvin 和 Bad

Bunny 加盟。说唱歌手利尔·纳斯·X（Lil Nas X）与乡村音乐传奇人物比利·雷·赛勒斯（Billy Ray Cyrus）合作，创作《老城路》（*Old Town Road*）——在利用 NaS 上也是独树一帜，勇夺 2019 年夏季榜单榜首。正是由于 NaS，音乐和其他领域的艺术家将熟悉与新颖结合才可以脱颖而出，而且会有越来越多的艺术家这样做。所以，大脑的偏好可以塑造。一方面，曝光效应、流畅度效应和可得性偏差推动了广告发展。广告行业实际上就是曝光行业。谷歌、脸谱网和 MTV 赚得盆满钵满，因为全世界的公司都需要付广告费。整个行业，包括网页搜索、社交媒体、电视、广播和印刷，都建立在曝光效应的有效性之上。

下次你必须从能量饮料（不考虑成本）海洋中进行选择时，你带走的饮料会是你最常接触、最近看到的公司的产品。实际上，罐装能量饮料已经做好了选择，你以为是你的决定，其实是熟悉度在作祟。

新颖性也是如此。大脑会注意到打破预期的事物，大脑会因追求新事物奖励多巴胺，而一旦新事物让你倍感惊喜时，又会释放更多的多巴胺奖励。新颖性让你有所偏好，渴望更多。

大脑很难满足，既想要新鲜感又需要熟悉带来的安全感。NaS 无处不在，甚至在最初的扎荣茨实验中也可见端倪。没有受试者认识中文，所以中文颇有新鲜感。如果他们过去看到过，尽管整体上充满了新鲜感，但大脑却认出了熟悉的一部分。结果就是，他们看到那些新的但熟悉的汉字感觉更快乐，印象更积极。

NaS 调和了大脑的矛盾偏好，但也有不足之处，特别是在电影和音乐行业。批评者认为 NaS 就是在向大众"推销"。雷蒙德·洛伊反而根本不会认为这是一种批评，他的看法是引以为豪的民粹主义。如果目标是最大化促进消费，NaS 就是最好的方法。最佳反驳来自说唱歌手兼商业大亨 Jay-Z，他本人是将新事物与熟悉事物融合在一起的大师：

> 我为观众降低维度，将我的财产翻倍
>
> 他们却批评我，全都大喊大叫

上瘾的秘密

BLINDSIGHT
The (Mostly) Hidden Ways
Marketing Reshapes
Our Brains

第九章 世界上最有说服力的莫过于
一个好故事

品牌的秘密语言

假设你是一个学舞蹈的中学女孩，申请了美国芭蕾舞剧院，经过了几个星期的苦苦煎熬，终于收到了回复：

亲爱的候选人：

　　非常感谢您能申请美国芭蕾舞剧院，但是很遗憾您未被录取。您的右脚条件不足、脚趾外翻、跟腱长度不够，腿和身体的比例也不够协调。经考查，您并不适合学习芭蕾。我们认为，您可以成为一个专业的拉斯维加斯（赌场）舞者。而且，您已有13岁，年龄太大，故不纳入录取考虑范围。

一名13岁女孩被告知身材不适合学习芭蕾，反而更适合拉斯维加斯舞台。这封回绝申请会让你感觉如何？（顺便说一句，这是真实事件。）也许是生气，也许是难过，许许多多的复杂情绪交织，最终女孩还是自己消化掉了。请注意你的情绪在顷刻之间发生的转变：一小段文字就可以改变你的心理状态，使情绪大受波动。这就是人类交流的魔力。

交流不只是读、写和说，其方式远远不止语言。沟通能分享内心深处的状态、思想、情绪及立场。它为同理心奠定了基础，让大家可以感受周围他人的心理和情绪状态。简而言之，同理心是人类社交的基础。

从根本上讲，沟通会影响人类的社交能力。在最基本的形式中，我们通过交流信息进行联系。例如，如果一个陌生人向你问路，你根据脑海中存储的知识给他指了路，同时也建立了情感交流。如果你看到别人向你微笑，通常你会情不自禁地与他们的情绪保持一致，而在微笑时，你自己也会感到更开心。甚至不那么直接，更为深刻的方式是，我们通过故事与他人建立联系，通过叙事传达复杂的想法和观点，引发他人共鸣。

对于品牌来说，沟通是最为重要的能力，因为品牌就是在做联系生意。打造品牌是通过公司介绍产品，建立信息、情感、文化和个人之间的联系。

当然，这并不容易。人与人之间的沟通存在一系列挑战。人类擅长的是一对一交流，而你试图转换成大规模的一对多品牌竞争联系时，挑战更加复杂棘手。但是，如果品牌成功，就可以在产品和消费者之间建立联系，就像人与人之间的任何纽带一样牢固而富有变革性。

沟通就是一场网球赛

要了解品牌公司与消费者之间的沟通方式，我们首先需要了解人类如何交流。让我们从打地基开始：一个人如何将一个简单的想法传达给另一个人。

学习人类心理学的时间越长，难免越会得出相同的结论：人类让人昏昏欲睡。

在大多数情况下都表现糟糕。本书已经一次又一次地提到，我们的感官能力和注意力非常有限，以至于看待现实时，我们或多或少地粉饰了很多。我们的决策中心仍有缺陷，以至于整个行为经济学领域都是围绕人类的非理性进行研究。

交流就像呼吸新鲜空气一样。如果你反思人与人之间的交流，你会感叹人类的惊人能力。首先，我们必须存储一个难以置信的丰富而复杂的语言知识库。我们必须弄清楚准备说些什么，然后调动所有正确的词汇，建立有意义的句子。接下来，是沟通的物理层面。我们必须协调喉咙中的肌肉组织，以便在会议中可以用共通的语言发声，让我们的对话伙伴完全明白。这还只是传达一个句子，更不用说想法、故事或复杂的情感了。

这一切怎么可能发生呢？社会神经科学不断发展，逐渐揭示了这个问题的答案。神经学家通过观察交流时大脑的活动发现，就最基本的层面来说，沟通是说话者将图像和想法植入听者大脑的能力。如果你的头脑中有一个想要交流的想法，你就是发送者，对方就是接收者。那么你的任务就是，在接收者的脑海中重建自己大脑的内部状态。普林斯顿大学的神经科学教授尤里·哈森（Uri Hasson）利用功能性磁共振成像技术进行了一项研究，观察受试者大脑的内部联结情况，比较受试者听到同一个故事时的大脑反应。显然在听到故事时，所有受试者负责处理声音信息的听觉皮质区域反应没什么不同。然而，在更高级的区域，比如说负责理解和阐释的额叶皮质，每个受试者该区域的反应差异较大。大脑听到信息的方式是相同的，但是理解信息的方式差异较大。所以，尽管大家都听五分钱乐队的同一首歌，有些人会觉得幸福快乐，而有些人则会觉得残忍、痛苦。有趣的是，说话者和听话者的大脑中有一种特殊的相似性，哈森称之为"神经耦合"。讲故事时，讲话人的大脑中形成特定的神经元群[1]，而听者大脑中也会形成相似的神经元群。此外，关键之处就在于双方大脑的内部状态越相似，沟通就越好。哈森实验室中的受试者在进行故事理解实验时，说话者和听话者的神经耦合程度高度相关[2]。大脑状态越相似，理解力越强。

从大脑层面来说，沟通就是指说话人和听话人之间的神经耦合。通过将自己的大脑状态转移到另一个人的大脑中，以此传达想法。有效的沟通就像打一场友好的网球拉力赛，目标是尽可能维持拉力赛的时长。如果你希望自己的对手能够回球，你需要很好地喂球，要注意步伐大小、惯用手及左右侧等。同样，有效的沟通可以让对方最好地接收信息。做得越好，沟通效果越好。

作为讲话人，我们还会下意识地调整自己，以期成为最好的交流伙伴。可以注意到，比起出租车司机或服务员，你对祖母说话的速度更慢，语气更柔和。毫无疑问，你对公司首席执行官的说话方式也会和对亲密家人的说话方式截然不同。你会使用不同的词汇，强调或淡化发音，或者用不同的节奏说话。日复一日，网球运动员会取对方所长，补其所短，了解对方的喜好。我们也同样如此，在语言交流的过程中，我们也会不断调整自己，以适应对手的打球风格。苏格兰语言学家马丁·皮克林（Martin Pickering）和西蒙·加洛德将此现象概括为"互动协同理论"[3]。研究表明，即使与别人交谈的几分钟里，我们的音色、振幅、语速，甚至是姿势都会微妙地、不知不觉地转变，正在聊天的双方状态都会相互匹配。慢慢地，无意识汇聚到一个交叉点，自然会促进沟通。双方聊得越久，说话风格就越相似；说话风格越相似，对彼此也就越了解。下次和别人交谈时注意一下，如果你慢慢靠在椅背上，很可能对方也会这样做。同样，如果你在另一个国家生活了很长一段时间，你会发现你不仅仅学习了一门新语言，你的语速、口音甚至是说话风格都会与当地的文化相融合。所有这些言语和非言语的转变都是在暗中尝试更好地匹配我们的对话伙伴，以建立神经耦合，提高沟通效率。

总而言之，你越能模仿对方的沟通风格，沟通就越好，说话也更有说服力。不过，适应一位新的网球搭档需要时间。一开始的几次尝试可能会让人沮丧，追逐打偏的球的时间可能比打球的时间还长。每个人都有自己复杂的经历、特点和联系，这些都会影响听到的别人的说话方式。有效的沟通意味着建立对共享语义的共同理解。只有一个听众，已经够难了。而你需要交流的人数成倍增加，困难只会越来越大。

消费时的神经耦合（解耦）

公司要想销售产品或服务，就必须与现有的潜在客户进行沟通。但与人际交往不同，营销沟通必须集中生成并在大众中传播。要让我们的大脑与坐在对面的人的大脑同步已经难上加难，各大品牌却正在试图同时与几百万人同步！

2017年，多芬（Dove）在脸谱网上发布了一则身体乳广告，广告中女性脱掉T恤，抹上身体乳会变身为另一个女人，广告初衷是想传达多芬种族多样化的消费群体。但是在这个过程中，有个黑人女性变身成了白人女性，和语义误用出奇一致，结果弄巧成拙，受到了各界的尖锐批评。

2017年，还有一个堪称奥斯卡级的"最佳神经错误耦合广告"，那就是百事可乐饱受批评的一个广告。广告中的超模肯达尔·詹娜（Kendall Jenner）扮演一位积极的抗议人士，她穿过人群递给了防暴警察一罐冰镇的百事可乐，随即缓解了抗议的紧张局势。百事可乐无耻地篡改了抗议画面，而且边缘化了带有种族歧视色彩的警察暴行问题。骂声如潮，百事可乐迅速撤下广告，发表了正式的道歉声明[4]。

以上例子表明了群体越广泛、越多样，建立神经耦合越困难。好比试图同时和数百个人打网球，但每个人都有自己的独特风格。

了解目标受众的沟通方式

在其他条件相同的情况下，越能迎合目标受众的沟通方式，传达的信息就越有效，品牌也是如此。"了解你的客户"是做生意的口头禅，但还可以补充一点细微区别，不仅要了解客户的喜好和需求，还要了解他们的沟通方式。夏普（Sharp）品牌就非常注重客户使用的词汇。在目标消费者中，他们语速是快还是慢？他们的用词简单还是复杂？他们爱说"见鬼（hell and heck）、天哪（Oh my goodness）、上帝啊（oh my God），还是老天爷（OMG）"？

沟通方式极其重要。有些父母想让孩子吃得更加健康，但对抗氧化剂和膳食纤维的长期好处却说不出所以然，不如下载 Snapchat 给他们发送"顺便说一句，蔬菜真是家庭不可缺少的酷玩意儿"之类的消息可能更有用。也许他们还是不吃。但实际上，人们早就注意到，青少年对彼此的影响比来自父母的影响更大[5]，很可能是同龄人之间交流时喜欢用那些独一无二的微妙俚语[6]。青少年向来想独立，渴望摆脱父母的束缚。所以他们会从语言上排斥父母老套的用语，成功遏制父母的霸权。因此，广告会为不同的受众定制不同的沟通方式，老年产品广告的话语语调通常较为缓慢，针对青少年的广告会多用俚语。如果沟通方式不相匹配，结果可能一塌糊涂。

一个显著的例子就是成人纸尿裤品牌得伴（Depends）。在迎合千禧一代和 90 后 Z 时代的产品上，标签已是司空见惯，但通常不会在面向老年人的产品上看到。得伴偏偏反其道而行之。2014 年，其启动了一项社交媒体营销活动，鼓励消费者上传自己穿着纸尿裤的照片，并用＃脱下裤子（Drop your pants）这个标签提高人们对成年人尿失禁的认识。

是的，你没看错！这就是得伴在社交媒体上发起的真实营销活动。向爷爷解释如何在电子邮件中添加附件已经够难了，而现在还必须教他在 Instagram 上分享他的屎尿（字面意义）？面对这样的失败营销，人们可从来不会心怀感恩！

2017 年，千禧一代的消费额突破 1 万亿美元大关，这一年千禧一代也成为美国劳动力市场占比最高的一代人[7]。公司不仅想向千禧一代和 Z 世代销售产品，还想雇佣他们干活。每一代人在沟通方式和用词方面都存在差别。下面是一封来自微软的电子邮件，其中使用了大量"时髦"用词，努力模仿这代人的沟通方式／交流风格：

亲爱的求职生们 <3

你们好！我是金姆，是本次微软的校园招聘工作者。团队将于 7 月 11 日从西雅图总部赶来，与你和所有本地实习生在 Internapalooza 见面！

请注意！我们会在活动当晚在旧金山办公室举办一场专属的招聘派对，欢迎来参加这场地狱之夜！

届时会有各种各样的美食、美酒，还有狂欢的 DJ。就像去年一样，我们正在打破 Yammer 啤酒乒乓球桌！

期待周一晚上与你相见！

得伴和微软错误的神经耦合导致的笑料难免让人大跌眼镜。但是如果一个品牌现有的消费群体已经变化，品牌却坚持己见，不能（或不愿）调整其沟通方式，业务就会受到威胁。哈雷戴维森（Harley-Davidson）这个传奇的摩托车品牌正是提供了一个完美例证，证明神经耦合如何导致了负面影响。哈雷戴维森和婴儿潮一代共同成长，业务品牌不断扩大领域。随着上一代消费群体衰老，该公司过去十年的当务之急是接触千禧一代，这听起来很容易，不算什么挑战。哈雷摩托应该对千禧一代极具吸引力，毕竟既节能又复古，还非常符合新一代人的自由精神。哈雷的首席执行官马修·莱瓦蒂奇（Matthew Levatich）在 2017 年表示："千禧一代中喜欢骑摩托车的人很多，关键在于如何让他们骑上哈雷摩托车。"然而，哈雷的营销策略却失败了，因为广告中根本就没提到"千禧一代"：哈雷对于一些特定的人群来说，有着深刻共鸣。有些人会把品牌文在小腿、手臂和臀部，这样的品牌寥寥无几，而哈雷正是其中之一。但是，这个传奇的美国品牌销量已经连续十年出现下滑。2014 年夏到 2019 年夏，哈雷股价已经从 72 美元稳步下跌至 31 美元。显然，哈雷没有抓住千禧一代的心，对社会福利、失业，甚至是智能手机时代担忧的自嘲反而让老年车手更加喜爱，对那些至关重要的潜在年轻车手几乎不起任何作用。

莱瓦蒂奇完全知道吸引新一代车手的战略必要性，但他却坚持批评千禧一代普遍使用智能手机："我们寻找的骑手必须自由，热爱探险，寻求真实的生活，不被智能手机困住，要喜欢探索开阔的道路。"也就是说，他们所希望吸引的千禧一代并不是现实里的千禧一代。

截至 2019 年，哈雷正考虑发布一款电动摩托车，这一次彻底违背品牌初心，是为吸引年轻车主做出的最后尝试[8]。时间会证明，这次努力会不会太过谨小慎微，是不是已经为时过晚，没有学会千禧一代的沟通方式会不会成为灭顶之灾。

想一想你喜爱和捍卫的产品、服务和品牌。这些品牌的沟通风格与自己有多相似？

网飞出类拔萃，不仅与消费者对话，还模仿消费者的说话方式。更重要的是，它使用的语言就是现代消费者的"网络"语言。网络语言充斥着表情包、GIF 动图，还有对流行文化和科技文化的各种引用。

互联网就是通过 NaS 过滤器运行 Reddit 时发生的亚文化集合。只要看一眼网飞的推特和 Instagram 账户，就会发现该品牌多么擅长与消费者进行神经耦合。官方账户会用 GIF 回复粉丝，就像两个朋友在发短信，从来都不会发惹人厌的表情包，而且还会做出犀利的、有文化的自动回复（AF）。下面是网飞澳大利亚和网飞新西兰两个官方账号如何巧妙地应对推特的字数限制：

← **Tweet**

Netflix ANZ ✓
@NetflixANZ

Did we do it right? #280characters

8 November 2017 at 1:07 pm

Piper Chapman, Alex Vause, Healy, Miss Claudette, Red, Crazy Eyes, Poussey , Doggett, Morello, Pornstache, Nicky, Taystee, Daya, Burset, Caputo, Mendoza, Norma, Matt Murdock, Karen Page, Foggy Nelson, Wilson Fisk, Elektra Natchios, Claire Temple, Madam Gao, Luke Cage, Misty Knight, Cornell "Cottonmouth" Stokes, Diamondback, Mariah Dillard, Jessica Jones, Trish Walker, Malcolm Ducasse, Jeri Hogarth, Killgrave, Danny Rand, Colleen Wing, Ward Meachum, Joy Meachum, Harold Meachum, Bakuto, Davos, Mickey Dobbs, Gus Cruikshank, Joyce Byers, Hopper, Mike Wheeler, Eleven, Dustin, Lucas, Nancy, Jonathan, Will Byers, Steve Harrington, Bob Newby, Billy Hargrove , Sun Bak, Nomi Marks, Kala Dandekar, Riley Blue, Wolfgang Bogdanow, Lito Rodriguez, Will Gorski, Capheus, Amanita Caplan, Whispers, Jonas Maliki, Pablo Escobar, Javier Peña, Steve Murphy, Pacho, Gilberto Rodríguez Orejuela, Miguel Rodríguez Orejuela, José "Chepe" Santacruz-Londoño, Queen Elizabeth II, Philip, Duke of Edinburgh, Princess Margaret, Winston Churchill, Peter Townsend, Clay Jensen, Hannah Baker, Jessica Davis, Tony

网飞总结电影情节的语言运用天赋：

Netflix US ✓
@netflix

Kevin McCallister

Marv

♡ 8,462 1:09 PM - Apr 25, 2018

♡ 1,513 people are talking about this

Netflix US ✓
@netflix

8 Mile, the heartwarming tale of a nauseous young man who cures his sweaty palms through the power of mom's spaghetti, is now streaming.

12/2/17, 2:22 AM

回应时髦粉丝时，使用碧昂丝的表情包：

消费者会把像网飞这样进行神经耦合的品牌视为朋友，不仅满足了彼此的沟通需求，还培养了信任和归属感。

镜像神经元

因为神经耦合，大脑才能够保证和他人共享信息。然而，我们还会在彼此互动时保持一致，不仅仅是交流思想时。我们周遭环境中的人会影响我们，我们也会影响他们。别人打哈欠时，你是不是也想打哈欠？或者对面的人在玩手机时，你会不会也会摸摸口袋里的手机？我们会不由自主地这样做，这是因为模仿他人是人类社会的核心特征。

周围的人会不断影响你的精神状态，你同样也会影响他们。如果你走在办公室走廊上，看到电梯门突然关上，夹到了一个人的肩膀，你会自然地同情那个人。如果你在看一场足球比赛，后卫百米冲刺，你会感觉自己很兴奋，心脏怦怦地跳动。再比如，你看到一位女士拿着一杯热气腾腾的咖啡，你同样会觉得这杯饮料舒服温暖。你会自然而然地模仿周围人的精神状态。人类这种与生俱来的倾向，很大程度上是因为大脑额叶存在一组"镜像神经元"。大约十年前，帕尔马大学的神经学家贾科莫·里佐拉蒂取得了对镜像神经元的重大研究突破。里佐拉蒂和团队的这一发现实属意外收获，实验本来是要研究猴子如何产生简单的动作。他们使用单细胞记录仪，监测猴子完成动作时额叶皮质中单个神经元的活动。猴子伸手拿起食物时，额叶皮质中的特定细胞就会被激活。目前为止，都还可以理解。我们很早就知道，大脑的额叶区域会参与运动的发生。然而有趣的是，一只猴子看到另一只猴子伸手拿食物时，该区域同样的神经元也变得活跃起来！

经过进一步研究，里佐拉蒂团队发现这些神经元不仅对行为本身做出反应，还会对行为意图做出反应。镜像神经元可以在行为产生之前就察觉到一个动作意图中极其细微的差别[9]。也就是说，如果你看到一个人拿起一个苹果，镜像神经元可以判断出那个人是想吃掉苹果，还是只是放到别的地方。这也就意味着，我们额叶皮质中有一组神经元，不管是我们打算有所行动或看到别人做出同样动作时，这组神经元都会变得活跃。

针对人类的诸多研究已经验证并完善了这一发现。加利福尼亚大学洛杉矶分校的神经学家马可·亚科博尼和同事们研究得出的结论[10]是，这些镜像神经元根据外部行为状态会进行自动、即时的内部心理模拟，所以我们可以和他人感同身受。如果我们看到别人咬的食物很恶心，我们会不自觉皱起鼻子；如果看到演讲者紧张、说话打结时，我们也会不自觉地尴尬。镜像神经元还为我们提供一个关键洞察：我们不只是像机器人一样模仿他人的动作，还会不由自主地模拟他们的精神状态和动作背后的意图。

有样学样

镜像神经元的作用并没有被夸大其词。在谷歌上快速搜索一下，你就会发现，从自闭症到语言的进化，再到人类文明本身的诞生，镜像神经元都发挥着重要作用[11]。镜像神经元在人类社会中的作用要比流行文化所提到的更微妙[12]。当然，有一点很明确：对于表达他人的意图和行为，以及模仿这些意图和行为，镜像神经元至关重要。在消费时，让消费者纷纷效仿是一种非常强大的工具。

说到这里，可口可乐再次证明了为何它可以屹立于世界品牌之巅。可口可乐的广告闻名世界，通常是一伙消遣娱乐的人展示着喝可口可乐的惬意，享受着这种闪闪发光的棕色饮料。可口可乐的新广告是"品味感受"（Taste the Feeling）[13]，通常在电影正式开始前播放。广告开头就是几个人买了一杯可乐和爆米花，坐在电影院里，一边吃着爆米花，喝着可乐，一边唱着欢快的歌曲。电影院里坐着21个人，这些人要么拿着可口可乐，要么喝着可口可乐。

这则广告不仅是可口可乐希望消费者模仿的行为（购买可口可乐），它还模拟了喝可口可乐时的精神状态。人们开怀畅饮，尽管有点过头。但是这种情绪状态会放大行为，会让消费者去购买可口可乐，同时喝的时候感觉快乐。可口可乐的广告很大程度上依赖人类的模仿倾向，早在"畅爽开怀"（Open Happiness）营销活动之前，可口可乐就已经成了快乐的代名词。

看到与你相似的人享受某一产品，这有助于大脑模拟拥有该产品的体验，反过来更会导致大脑对产品更大的渴望。涉及服装方面，这一点尤其行之有效。2017年秋季，女性时装租赁网站 Rent the Runway 想出了一种全新又务实的方式，让"每个女人"展示自己的衣服。网站要求真正租了衣服的用户把自己的穿着效果图分享到网站上。根据 Rent the Runway 的数据显示，相比单纯看到模特的穿着效果，女性在看到与自己身形相像的女性穿着效果后，租衣意愿高出200%。[14] 其他公司迅速效仿。露露乐蒙（Lululemon）号召顾客在 Instagram 上使用 # 休闲装（#thesweatlife）分享自己穿着露露乐蒙服饰的照片，这一活动总共获得200多万的浏览量和100多万个点赞。Coach（蔻驰）让顾客分享日常使用的 Coach 钱包照片，一夜之间就有2.6万条回帖。经常参与这些活动的凯瑟琳·林（Katherine Lin）告诉《华尔街日报》，"这表明品牌想和消费者建立联系，真人参与活动会让我们更加信赖品牌"。[15] 下次浏览阿迪达斯或锐步的网站，你会看到"分享你的穿着"栏目，里面有大量 Instagram 用户或电子商务平台用户分享的真实照片。

镜像神经元不只会通过视觉激活，也会受到听觉影响。所以，笑声可以传染，情景剧中的罐头笑声可以流行颇久。现在罐头笑声可以说已经属于远古时代。但从查尔斯·道格拉斯（Charles Douglas）20世纪50年代发明到20世纪末，罐头笑声是美国情景剧的天才设计。罐头笑声是在笑话中插播笑声，是情景喜剧的语言感叹号。但是，罐头笑声绝不是打断笑话，而是让笑话变得更有趣。从镜像神经元来分析，听到别人的笑声会让你也想笑。即使是听笑话不为所动的人，听到添加的罐头笑声，也会格格笑。

罐头笑声在 21 世纪头十年濒临灭绝，部分原因是现代观众认为笑声不真实，那么这种想法会让背景笑声成为幽默的障碍，事倍功半。以前的情景喜剧布景固定，而如今电视日趋复杂，变得电影化，会突显出笑声的虚假。在《权力的游戏》中，如果提利昂·兰尼斯特（Tyrion Lannister）说着"我虽然喝了不少，古今却也通晓"时，添加一段罐头笑声，简直不可想象！我们现在已经知道，镜像神经元不仅关系精神状态，还关系着情绪状态，这也就是同理心的用武之地。

多项研究已经证实，人类生来就具有同理心。如果你曾在托儿所待过，你肯定深有体会。一个孩子笑的时候，所有孩子都会笑，一个孩子要是哭了，所有的孩子都会哭。利用功能性磁共振成像技术发现，自己痛苦时神经元会被激活，看到别人痛苦时同一区域的神经元也会被激活[16]。人类与生俱来会感同身受，这种情感反应是人类的一大特征。因为同理心，我们看了《权力的游戏》中的"血色婚礼"后，会感到不寒而栗、悲伤不已，而看到邪恶的乔佛里国王最终被杀时，我们欣喜若狂！（剧透预警）

然而，我们的同理心机制存在一个很大的不足：关注个人，而非群体。也就是说，我们会更关心某个人，而不是很多人。我们会对一个孩子的困境深表同情，但是一群孩子的苦难太过抽象，我们无法感同身受。从进化论的角度出发，这不难解释。数万年来，人类生活的社会群体小而紧密。我们的关爱圈不外乎几个重要的人，比如我们依赖的人，会依赖我们的人。

现在，记住这个怪癖，让我们再来看一下那封回绝信。不过，这一次是中学的整支芭蕾舞团申请美国芭蕾舞剧院，而不是一个十几岁的小女孩。以下是回复：

> 亲爱的候选人们：
>
> 非常感谢你们申请美国芭蕾舞剧院！很遗憾，你们没有被录取。你们右脚条件不足、脚趾外翻、跟腱长度不够、腿和身体的比例不够协调，整体舞者身材资质较差。我们认为，你们团队可能更适合成为专业的拉斯维加斯（赌场）舞者。此外，团队成员年龄已达 13 岁，年龄太大，故不纳入录取考虑范围。

这一次，这封拒绝信就不会让人那么同情。但是唯一的区别只是单数人称换成了复数。大脑会更容易对一个人（单数）产生同情，而不是一群人（复数）。同理心不会量产。

俄勒冈大学教授保罗·斯洛维奇（Paul Slovic）主持了一项研究，系统地探索了"精神麻木"偏见如何影响我们的判断和行为[17, 18]。在实验中，他向一组本科生展示了一张贫困儿童的照片，询问大家愿意捐款多少来帮助这个不幸的儿童。然后向另一组同学提出了同样的问题，但这次是两个需要帮助的贫困儿童。结果显示，前者比后者的实际捐款多得多。后续多项实验都不出所料地证明了，需要帮助的人群规模越大，我们的同理心和助人意愿就越低。

因此，这会导致我们的道德直觉出现重大问题。如果我们关心孩子1，也关心孩子2，那么两个孩子一起时，我们至少应该都关心，而不是更关心其中某个孩子。然而我们却没有。用算术来说，1+1不仅小于2，甚至小于1。比起一个孩子，我们竟然不在乎一群孩子，即使这群孩子也是由一个一个孩子组成的。这就好像，一个人一旦成了一群人，我们的同理心就消失了！现代历史上最富有同情心的人——特蕾莎修女（Saint Mother Teresa）也曾说过，"假如看到一群人需要帮助，我不会有所行动；假如看到一个人需要帮助，我必定向前"。

影响个人安危的事件始终会牵动我们的心弦，媒体报道的数量和类型同样有所映照。1987年是有记录以来发生暴力最多的一年，全美发生了两万多起谋杀案。然而，让每个人都胆战心惊的是一个生死搏斗的故事：拯救"宝贝杰西卡"。10月14日，18个月大的杰西卡·麦克卡尔（Jessica McClure）掉进了一个小井里。救援人员在努力拯救杰西卡的两天里，全美有近百人（包括几名儿童）遇难，然而却无人问津，全世界都是屏息等待杰西卡能否获救。这个事件引起了全球关注，每晚都有数小时的新闻转播。两天后，杰西卡终于获救了，瞬时成了一个名人。她受到了多家媒体采访，美国广播公司（ABC）把整个故事改编成电影，甚至她还曾到访白宫。老布什总统（George H. W. Bush）称："这段时间，每个人都是杰西卡的亲人，心系着她的安危。"2010年，《今日美国》（USA Today）发布的"最具影响力人物"名单，杰西卡位列第22位[19]。虽然杰西卡这样的报道非常极端，但个人安危万众瞩目的情况屡见不鲜。不管是

1966 年琼贝妮特·拉姆齐（JonBenet Ramsey）被杀的未解之谜，还是 2004 年阿鲁巴失踪女孩娜塔莉·霍洛威（Natalee Holloway）的悲惨遭遇，不计其数的个人案件成为我们同情的焦点，举国关注。我们的同理心针对个人。一个人的故事说得越动人，我们对他的同理心越泛滥。

姑娘也可以

还原主义者认为，从故事中可以获得乐趣背后自有其机制。人们享受故事的原因多种多样，然而如果我们必须只假设一个因素，那必然是同理心。实际上，对于放大故事的感受和传递，同理心的作用强大到不可思议。与你面前的人产生共鸣是很自然的，但是故事可以把你和那些从未谋面的人联系起来，感觉亲和。已故的伟大作家詹姆斯·鲍德温（James Baldwin）就曾说过："你自以为你的痛苦和心碎无人能及，可是后来你却一次次感同身受。"

然而，并非所有故事都能获得同等程度的共鸣。故事常见的特征是围绕一个主角展开，比如《星球大战》的卢克·天行者，《远大前程》（*Great Expectations*）的孤儿皮普（Pip），《黑道家族》（*The Sopranos*）的老板托尼·斯普拉诺（Tony Soprano）等。

考虑到要避免精神麻木，这种策略很有效果，因为专注于一人可以最大限度地增强同理心。本书作者亲自探究了故事和同理心之间的关系，以及同理心如何影响我们的消费体验[20]。我们（作者）写了两个故事，情节很真实，主要内容是赶飞机。

不过，一个故事是一个人着急地赶飞机，另一个是一群人在赶飞机。第一组参与者读到的故事是一个叫艾伦（Ellen）的女人差点要赶不上飞机了。她恳求美国联邦运输安全管理局（TSA）安检人员插队安检，然后迅速通过安检机，在关门的前一秒冲向了登机口。第二组参与者读到的故事情节一模一样，只不过不是艾伦，而是一家人赶飞机。主语单数（她跑向登机口）变成了复数（他们跑向登机口）。

我们发现，不管是什么样的故事和情境，围绕一个人的故事始终比围绕一家人产生的情感共鸣和同理心要高得多。通过单个人物的叙述，同理心会最大化。

这些个人叙事不仅会激发同理心，还会影响消费行为。在实验中，受试者们都读完故事后，他们会收到任务卡，写着下一步应该去做什么（立即下单、了解更多、添加到购物车）。在实际情况下，两个类似故事的结尾呼吁购买 Acme 品牌鞋子。在被问及购买故事中所提及产品的可能性为多大时，那些读完个人故事的受试者购买意愿会更为强烈！人人喜欢故事，所以品牌据此进行策略优化，利用单个人物故事让消费者产生共鸣，尽最大可能掏空消费者的钱包。大脑会对个人更易产生同理心，同时加上对个人故事的自然共鸣，这时产生的效果不可预计。

想想最近那些扣人心弦的广告，很有可能主题就是讲述了一个动人的个人故事。耐克的"你的动力是什么？"（What's Your Motivation）系列广告就是讲述了年轻运动员的日常锻炼活动。其中一个故事就是，一个十几岁的男孩凌晨起床，然后就到球场练习跳投，一直到日落时分投出了自己最满意的一个球之后才回家。这则广告让人印象深刻，谁能不为男孩的勤奋而感动？如果广告的焦点是整个篮球队在黎明开始练习跳投，与之产生的共鸣会少之又少。

与此类似，近来最受欢迎的活动之一就是英格兰体育理事会（the English Sports Council）发起的"姑娘也可以"（This Girl Can），旨在让更多的女性参加运动。每则广告都聚焦一位女性，或许她的身材远没达到运动员的标准，但她依然参加跑步、跆拳道或举重运动，音乐放着梅西·埃丽奥特（Missy Elliott）的"Get Ur Freak On"。《福布斯》将其评为 2015 年最受欢迎的体育广告。仅在那一年，这则广告观看次数达 800 多万次，社交媒体上＃姑娘也可以被使用了 100 多万次 [21]。

＃姑娘也可以 广告中的一个画面

品牌人格化

对个人更易产生同理心的影响深远，我们会很自然地认为物品、复杂实体，甚至是公司这样的大集团都会表现出人的特质。换句话说，我们会把物品人格化。

要是手机出故障了，我们会问他"你为什么这样对我？"或"你是不是不喜欢我？"，我们还会给自己的车起名字。测试对象会对使用的电脑礼貌呵护[22]，甚至对网站也很礼貌。这就意味着，对待物品就像对待人类自己，人家会考虑周到，有所回应。这种人格化倾向会自然延伸到看待公司的方式，我们会把品牌人格化，就像把汽车、笔记本电脑及宠物都当作人来相处。在大脑中，品牌也是人，我们与其建立联系，就像与一个真正的人建立联系一样。

有时，品牌会通过塑造虚拟人物来拉近和消费者的联系[23]，比如家乐氏麦片的东尼虎，面团宝宝，GEICO 保险的 Gecko 壁虎。有些时候，要么真实"角色"亲自上阵，比如埃隆·马斯克和特斯拉，杰夫·贝佐斯和亚马逊，阿里安娜·赫芬顿（Arianna Huffington）和《赫芬顿邮报》。

不管是塑造虚拟人物还是大肆宣传真实人物，品牌的目的一致，都是推销一个单一人物作为联系点引发共鸣。然后，品牌利用这种同理心与消费者建立持久联系。大脑喜欢人物故事，热爱把品牌人格化，因此品牌不惜耗费数百万美元邀请代言人。其实质其实就是品牌在为同理心和联系付费。消费者对品牌人格化，再加之合适的明星代言，这不仅会引发共鸣，还会把明星的特质转移到品牌上。难怪威凤凰（Wild Turkey）威士忌和林肯汽车（Lincoln Motors）纷纷向马修·麦康纳（Matthew McConaughey）抛出橄榄枝，邀请他代言；优衣库赞助世界级网球运动员罗杰·费德勒（Roger Federer）；迪奥则邀请查理兹·塞隆（Charlize Teron）女王代言。

这些广告需要大量重复，而且众多明星参与，效果立竿见影。道琼斯旗下公司 MarketWatch 预计，平均每份代言可以直接带来 4% 的销售额增长[24]。《解码新时代消费心态》（*Decoding the New Consumer Mind*）的作者吉特·亚罗（Kit Yallow）就曾指出，"无论消费者有没有意识到，他们都会把代言人的个性赋予品牌，通过情感共鸣理解品牌价值，代言人实际已成为品牌的一部分"。[25] 作为消费者，我们对代言人的认知和共鸣延伸到了品牌本身。

运动装备行业竞争非常激烈，耐克、彪马、阿迪达斯等巨头并驱争先。20世纪90年代末，安德玛以斗志昂扬的新人姿态进入市场。当时的耐克代言人是体育巨星勒布朗·詹姆斯（LeBron James），阿迪达斯则是足球明星保罗·博格巴（Paul Pogba），安德玛另辟蹊径，选择了一位非常符合品牌精神、个性的代言人，那么是谁呢？

一位芭蕾舞演员。

没错，芭蕾舞演员——米斯蒂·克普兰德（Misty Copeland），完美契合安德玛。

"胜利的失败者"开场(米斯蒂·克普兰德为安德玛拍摄的
第一支广告的开场画面)

克普兰德不是普通的芭蕾舞演员,她就是开篇那个 13 岁被拒绝的小女孩。安德玛的广告开场,克普兰德笔直地站立,只用脚趾保持平衡,画面勾勒出她的健美身材和雕塑般的体格,旁白朗读着那封拒绝信。最后她以另一个完美优雅的姿势结尾,广告中显出 Under Armour 的标志和 I Will What I Want(做我想做)的字样。

克普兰德的童年过得非常坎坷。母亲再婚三次,家里还有五个兄弟姐妹,继父经常虐待她,歧视她的肤色。历经重重艰难,米斯蒂·克普兰德最终成为美国芭蕾舞剧院的第一位非裔首席舞者。克普兰德在广告里成了安德玛的化身,品牌将她"胜利的失败者"的故事与自己的故事融为一体。虽然广告只有六句台词,在短短不到两分钟的时间里就赢得了无数共鸣,迅速推动该品牌进入了美国运动装备市场。沟通看似简单,但正如我们所见,这项"自然"的任务绝非易事。有效的沟通就像是一种俄罗斯方块式的社交游戏，技巧在于重新整合自己的信息，选择最适合听众的方式。

品牌的目的之一就是巧妙地与消费者进行沟通。品牌通过神经耦合成功地与消费者建立联系，可以促进更深层次的沟通和联系。因为人类天生喜欢模仿，我们会不由自主地模仿周围人的动作、语言、行为，甚至是精神和情感状态，即使是广告中的人。俗话说"近朱者赤"一点也不为过！

众所周知，沟通这个心理齿轮的润滑剂就是同理心。如今，广告也不过是触及了品牌与消费者建立深层联系的皮毛，人工智能和虚拟现实为更深层次的神经耦合提供了创新契机。镜像和模仿会变得更加微妙而强大，同理心的偏见会受到更大影响。

不过就目前而言，品牌想要通过引发共鸣建立联系并驱动消费，最有效的方式仍然是讲述故事。正因如此，《权力的游戏》中提利昂·兰尼斯特选择下一任维斯特洛之王时，说道："是什么让人们团结在一起？军队？金子？旗帜？显然是故事。世界上最有说服力的莫过于一个好故事。好故事千载流芳。没有任何敌人能打败。"所以，每一个消费者都无法抗拒。

上瘾的秘密
BLINDSIGHT
The (Mostly) Hidden Ways
Marketing Reshapes
Our Brains

第十章　万物的本质

本质主义及其影响（销售）

艺术复刻并不是什么难事。只要绘制或打印轮廓，然后做好剪切，将其做成模具，再喷上点油漆就是艺术品了。2006 年，一幅类似的复制画作诞生了。仅仅 12 年后，也就是 2018 年 10 月，这幅画在伦敦苏富比拍卖行以 140 万美元的价格成交。

花 140 万美元买一辆跑车可以理解，毕竟自己也造不出来。但是一张复制画作竟然可以要价 140 万美元？人类肯定有一种奇怪的方式来评估事物。但是，这张价值 140 万美元的复制画作更为离奇。拍卖槌落下，意味着这幅画已经卖给了一位匿名买家，但就在同一时刻这幅画"自毁"了。画框原来是碎纸机，会把画往下拉到刀片里。现场绞碎时，每一位在场的拍卖者都看到了，纷纷惊恐地倒吸了一口冷气。这幅价值 140 万美元的画作大约被撕碎了一半，然后停了下来。已经被毁了一半的画肯定不值 140 万美元了，是吧？

但是，买家却依然决定购买下来。她解释说[1]："锤子一落下，作品就被粉碎时，我一开始非常震惊，但渐渐地我开始意识到，我最终会拥有艺术史的一部分。"班克西（Banksy）是这幅画的创作者，也是破坏者。除了他之外，任何人都不知道画框里有碎纸机。

一旦拍卖成交，他就要销毁这幅画。这幅画最初名为《女孩与气球》（*Girl with Balloon*），现在改名为《爱在箱子里》（*Love is in the Bin*）。班克西并没有在那次拍卖会上毁掉一件价值 140 万美元的艺术品，他反而创造了一件新艺术品。

近年来艺术界讨论最多的事件之一就是班克西的惊人行为，其甚至被赞为有史以来最伟大的"行为艺术"。这一行为最具讽刺意味的是（也许正是班克西试图表达的观点），损毁这幅画竟然会让它变得更有价值。买家选择自己保留，如果选择转售，那么这幅新的半碎画作可能会卖到更高的价格[2]！

正如第一章所述，我们体验的世界并不是真实的世界。我们还有一步之遥。我们不是直接体验某件事，而是体验大脑对其构建的心智模型。其他感官体验到的简单事情就会影响我们的心智模型，比如，更大的"嘎吱声"就会让我们认为薯片更美味。我们对某种产品或品牌的信念也是如此，比如葡萄酒越贵味道越好，可口可乐只有我们知道自己在喝时味道才更好。客观世界和主观体验之间存在一道鸿沟，在这个空间里，我们的其他感官和信念会影响（有时甚至改变）我们的观念。

但这并不是唯一的因素，影响心智模型中不同类别的信念，都与客观世界的形而上学本质有关。就像班克西的《女孩与气球》，我们对任何给定物品的感知远远不止物品本身的质量。

客观世界之外，我们还对物品隐匿的"灵魂"存在信仰。正如心理学家保罗·布鲁姆（Paul Bloom）所说，那是一个物品的本质，其本质超越了它的物理品质。即使物品从物理意义上说是被摧毁了，但是它的本质却依然长存，也就是我们对该物品的基本信念或是自己构筑的故事。物品的本质，甚至超过物品本身，是我们评判价值和获得快乐的来源。班克西的《女孩与气球》最初的价值是班克西本人所赋予的。画作的来源已经成为其故事的一部分，也就是它本质的一部分。损毁作品并没有消除艺术本身的本质。相反，破坏行为反而增强了其本质，也就是在这一过程中，损坏增加了原作的价值。

班克西画作的例子为我们提供了一个有趣的窗口，让我们了解本质心理学，以及我们欣赏艺术的方式。但是，本质主义观念并不只是在艺术领域起作用。公司热衷于将本质注入到产品和品牌中，因为它与艺术一样，本质会从根本上改变我们对产品和品牌的看法。

本质主义：意义是什么

在探索本质在消费中的作用前，让我们深入了解一下本质主义科学。

本质主义可能深深植根于人类发展之中。人类从小就必须学会概括世界，概括事物和人的持续状态，不管随着时间如何改变。你的爸爸不会因为剃了胡子就不再是你的爸爸，冰箱里的冰也不会因为融化就不再存在。只有通过这种本质主义的理解，你才能放心假设世界运转的稳定性。

这与我们对所有权的特殊重视有很大关系，或者用行为经济学的话来说，这与禀赋效应有很大关系。一旦我们拥有了某样物品，我们就会比未拥有之前更加重视。造成这一现象的绝大部分原因是我们天生厌恶损失，一旦我们拥有了，损失就要自己承担，所以我们更有动力避免潜在损失而不是获得潜在收益。但是有时候，还有一些其他因素也会有所影响，我们认为自己拥有的东西更宝贵是因为自己和它发生的独特故事。

心理学家保罗·布鲁姆做了一个欺骗性实验直接证明了这一点。实验中，孩子们有两个选择，一个是自己最喜欢的毛绒玩具，一个是保罗团队准备好的复制品[3]。孩子们可以自由选择其中一个玩具带回家，尽管两个玩具的外表一模一样，但孩子们压倒性地选择了自己喜欢的玩具。也就是说，原来的泰迪熊有着自己不可复制的本质。就像一件磨损的迈克尔·乔丹的球衣，这件球衣带有的情感价值（本质）远远超过了球衣本身。

我们日渐长大，对世界的理解也变得更加复杂，但大脑却从来没有完全摆脱这些本质主义倾向。大脑依附的事物本质影响着最终的愉悦感，对事物价值的感知，还有消费行为。

为什么一个球队会受人喜欢？为什么会有洛杉矶湖人队球迷？肯定不单是因为球员，因为球员经常变化。20 世纪 80 年代，湖人队的明星球员是"魔术师"约翰逊（Magic Johnson），21 世纪把沙奎尔·奥尼尔（Shaq）和科比·布莱恩特（Kobe Bryant）纳入麾下，更不用说 2020 年变成了勒布朗·詹姆斯。也不会是因为教练或管理团队，这些人也会频繁更换。大概也不可能是因为所在地，湖人队最初来自明尼苏达州的明尼阿波利斯市。还有一支来自洛杉矶的 NBA 球队——洛杉矶快船队。如果粉丝对球队的偏好受到城市所在地影响，那么粉丝应该同时喜欢两支球队。即使湖人队转到了拉斯维加斯，球迷还是球迷，并不会因为地理位置的变化而脱粉……事实上，美国职业橄榄球大联盟（NFL）的奥克兰突袭者队（Raiders）就确实换过城市，最初是在洛杉矶，后来搬到了奥克兰。截至2020至2021赛季，又更名成拉斯维加斯突袭者队。许多（并非所有）球迷依然紧紧追随，这是因为球迷们追随的队伍不断上演的故事，也就是其本质。

味觉的本质

回想一下第一章，在所有的感官中，味觉最容易受到影响。我们味觉的心智模型就像橡皮泥。味觉的本质更易受到影响，所以餐厅努力使食物保有其本质。

假设你在一家不错的餐厅，想让侍酒师推荐搭配开胃菜的葡萄酒，他为你做了不少推荐，然后你询问侍酒师基安蒂酒（Chianti）尝起来如何。侍酒师回答："基安蒂酒很温和，一开始是水果味，中间像深黑色的巧克力味，最后是烟熏味。尝起来就像秋天的日落。"尽管你可能还没有完全唤起与描述有关的所有感觉、联想和记忆（有意识或无意识），侍酒师开始继续说着葡萄酒酿造者的历史，酒名的由来，甚至是他讨厌红酒的大女儿喝过之后也赞不绝口。这些有关葡萄酒的更多细节正在建立大脑中葡萄酒的本质，并且改变其心智模型，这反过来会深深影响你品尝时的口感。

Catchon美食公司进行了一项测试，比较顾客对两种菜肴的反应，证明了故事和本质对口味的强烈影响。[4] 一道菜的原料介绍写在一张不起眼的卡片上，放在每个顾客旁边。而另一道菜由厨师亲自介绍，还分享了一个与菜肴有关的珍贵童年故事。亲耳听到故事的顾客反馈说整体的用餐体验更好，尽管两组的菜肴确实一模一样。

在另一项研究中[5]，康奈尔大学的科学家发现，顾客对菜肴的喜爱度还会受到葡萄酒产地的影响。除了吃了相同的食物之外，所有顾客都被提供了便宜的查尔斯·肖牌（Charles Shaw）葡萄酒（Trade Joe's 超市里俗称"两元恰克"）。然而，一半人被告知葡萄酒产自加州北部的挪业酒庄，一半被告知产自北达科他州的挪亚酒庄。结果发现，顾客喝北达科他州的酒就比较随便，不会细细品味，而那些相信葡萄酒来自加州的顾客则非常享受。有趣的是，这些人也认为食物更美味，而且表示会再来用餐。

在每次用餐中，你的大脑都在消化食物以外的感官信息：气味、质地、听觉和视觉呈现。即便你还在等着食物上桌，大脑也已经构建了食物的本质：餐厅背景、发展史，厨师的来头，菜肴的灵感启发，葡萄酒产地等。还没有咬到第一口，大脑已经尝过了味道。

电视剧《波特兰迪亚》（Portlandia）有一集是"鸡是本地鸡吗？"（Is the Chicken Local?），当时的情景就与上述情况类似。一对夫妇考虑点菜，首先得问问鸡的故事——名字、品种，是不是产自本地，饲养区域的英亩数、饲养主人等一系列啼笑皆非的问题。虽然幽默夸张化了，但其根本原因在于：用餐的乐趣多过食物味道，食物所带来的故事更津津有味。

艾美奖主持人兼 *Taste-Makers* 制作人凯瑟琳·内维尔（Catherine

Neville）接受《福布斯》采访时表示："食品行业不再仅仅专注于上桌的食物，厨师们的食材都是由当地生产商直接提供。现在人们想与食物建立联系。人们还想知道咖啡师、面包烘焙师，以及腌制咸菜等所有工作人员。他们想要钱花得物超所值，希望与整个社区建立联系。"[6]

诸如此类的例子不仅在餐厅里普遍存在，食品和饮料行业同样如此。你想知道便宜 3.5% 的啤酒真有什么不同吗？如果问问摩森康胜啤酒酿造公司（Molson Coors Brewing Company），他们会回答得头头是道。几乎每一次营销活动都要强调水取自落基山脉。同样，波士顿啤酒厂 Sam Adams 最近发起一场营销活动，详细介绍了他们的"手工酿酒"酿造过程，强调每一瓶都来自传统手工酿造，关注人文。品牌以创意为本质，进行包装销售。找对了路，大脑自然会无法抗拒。

饮品的本质

谈到缺乏本质的消费品时，商品当算最没有诚意的。商品是各家公司销售的实物，比如汽油或水。当然，瓶装水可能在 pH 值或钠含量上有轻微差别，但消费者几乎察觉不到这些差异，产品也是如此。那么，这些差异为何导致不同结果呢？撇开价格不谈，人们为什么会更青睐一个品牌？

从品牌角度来看，产品要是吸引人，被感知的方式必须存在显著特征。当然，品牌口碑越好，需求就越大，价格也可以抬得越高。如何区分基本的好坏？品牌被赋予了本质。随便走进一家杂货店，你可能会看到货架上摆着各种各样的瓶装水，而且根据商店自己的主张，有些瓶装水会贴着相当高的价格标签。然而如果你要是穿越到 20 世纪 60 年代，告诉人们存在这样的事情，大家会认为你是个疯子。事实上，正是卓越的麦肯锡咨询顾问等专家建议古斯忒伍·莱文（Gustave Leven），让人们支付水的溢价。为什么要为那些本来免费的东西买单呢？当时，就像邮件一样，饮用水会被送到家里或办公室。

1947 年，莱文收购了这家法国公司。当时他认为，如果维吉斯山村（Vergeze）出产的天然矿泉水能卖到葡萄酒价格的三倍，那么未来这家公司必有无限的发展潜力。[7] 巴黎水在法国小有成就，然后将目光投向了美国。然而，巴黎水却折戟而归。在过去几年里，销量确实验证了批评者的看法。一个法国名字骗不了任何人，没有人会愿意为本来可免费获得的东西付钱。然而，1977 年，一切都改变了。当时莱文聘请营销大师布鲁斯·内文斯（Bruce Nevins）为巴黎水出谋划策，布鲁斯也离开了就职的李维·斯特劳斯（Levi Strauss）。随后，内文斯开始了一场营销活动，永远改变了瓶装水行业。

巴黎水在内文斯策划的营销活动中投入大约 250 万至 500 万美元，四分之三用于宣传巴黎水的水质来源，命中本质要点。和当时其他在售的瓶装水相比，巴黎水还有一个显著特点——它带有气泡。这并不是消费者特别感兴趣的特征，但是通过市场营销，巴黎水给予了这个特征深度大胆的吸引力。新的广告语？"地脉中心天然发泡。"[8]内文斯甚至带着一飞机的记者走访了巴黎水的"源头"——法国的维吉斯山村。[9]最具标志性的巴黎水广告邀请了奥逊·威尔斯（Orson Welles）配音。相机拍着闪亮的瓶子，灯光闪烁之下，听到了威尔斯磁性的声音："在法国南部平原深处，横跨数百万年，大自然赋予了一汪泉水以生命，那就是巴黎水。"[10]

结果，销量突飞猛进[11]。1975年，营销尚未启动之时，在美销量只有250万瓶。到了1978年，已卖出7500多万瓶！自1988年以来，巴黎水每年在美销量近三亿瓶，几乎占进口矿泉水的90%。十年下来，巴黎水已经成长为世界领先的矿泉水品牌。[12]

巴黎水不仅自己大获成功，还为其他公司打开了瓶装水市场，不管会不会起泡。在短短几年之内，许多竞争者涌入市场。1983年4月，《纽约时报》称，纽约市似乎正"淹没在气泡水的海洋中"。施格兰（Seagram's）、怡泉（Schweppes）等品牌借此契机，鼓动那些预算丰富的消费者购买名牌、高价产品。

自巴黎水以后，瓶装水市场不断向好。瓶装水产业蓬勃发展，其中美国市场占比最大，每年用于瓶装水的总消费是1500亿美元。2017年，瓶装水销量创历史新高，达到137亿加仑，远超牛奶、果汁、果汁和啤酒销量。尽管如此，大多数美国人可以从水龙头里直接喝到免费清洁的饮用水。更不用说一半的瓶装水名字是异国情调，暗示源自海外进口……其实，波兰泉（Poland Spring）、百事可乐的纯水乐（Aquafina）、可口可乐的达沙尼（Dasani）及雀巢的Pure Leaf茶饮等品牌都是来自公共用水。虽然都是自来水，但它们打上了瓶装和品牌本质的烙印。

再来回顾一下巴黎水不可思议的开创之举，关键在于公司 20 世纪 70 年代后的成功营销，长期向消费者灌输自己的品牌信念。可口可乐有"百事大挑战"做铺垫，但巴黎水却没有，所以它很难直接衡量其品牌权益。然而，好戏不会迟到。在 1979 年的一场电台直播中，布鲁斯·内文斯勉为其难地参加了一次味觉盲测，结果他根本分辨不出巴黎水和其他气泡水的区别。电台主持人迈克尔·杰克逊（Michael Jackson）一直对巴黎水的营销指责不断，他在桌子上放了七个纸杯，有六杯是苏打水，一杯是巴黎水。内文斯品尝过后做出猜测，结果足足五次才猜对。[13]

水毕竟还是商品。营销天才对它的本质大力宣传，结果也骗了自己。

本质并不只会影响我们对单个产品的看法，甚至能改变我们对整个产品种类的认识。水无处不在，还是大受影响。再去杂货店，看到货架上摆着满满十种不同牌子的瓶装水，这多亏了巴黎水的创举。但是，即使是水这样的商品，本质都可以创造价值。那么在五花八门的真实消费世界中，产品价值何尝不会深受影响呢？

钱包被俘获？

本质会对我们感知产品和判断产品价值产生影响，不管是米其林星级餐厅，还是瓶装水，归根到底都是一回事。两者都是在影响我们最容易受到影响、最容易轻信的感官——味觉。那么本质能提高日常用品的价值吗？

"Significant Objects Project"活动给予的答案无疑是肯定的。人类学家罗伯·沃克（Rob Walker）和约书亚·格伦（Joshua Glenn）在 eBay 上购买了许多普通的日用品，比如橡胶鸭子玩具、皮礼士糖果盒（Pez dispenser）和一个花园小矮人。这些物品的平均价格是 1.25 美元。然后，他们招募了一些专业作家，为每个物品写个小故事。最后，他们重新在 eBay 上拍卖了这些物品，物品描述就是那些小故事。物品还是一样，只不过现在被赋予了本质，那么它们价格如何呢？平均价格超过了 100 美元！拍卖总计收入为 8000 美元，分发给作家们作为酬劳。[14] 以上列举了许多消费产品灌输本质的例子，不同之处在于那些（赋予物品的故事）都是真实发生的。

听说过麦卡伦 1926 Macallan Valerio Adami 的拍卖成交价格吗？2018 年 10 月，一瓶威士忌以 110 万美元价格成交，刷新全球瓶装酒价格纪录 [15]，正是本质大大提升了它的价值。首先，麦卡伦威士忌这个品牌本来就享誉全球。前身是亚历山大·里德（Alexander Reid）建立的蒸馏酒厂，其家族世代种植大麦，因为美国以前是典型的农场经济。拍卖的麦卡伦是一款 60 年的单麦芽苏格兰威士忌，只出产了一批；总共只有 40 瓶，每瓶标签都是手工制作。著名波普艺术家瓦莱里奥·艾达米（Valerio Adami）正好与之同名，所以 12 瓶的标签由他创作而成。披头士乐队专辑《Sgt. Pepper's Lonely Hearts Club Band》封面的合伙创作人彼得·布莱克（Peter Blake）手写了另外 12 瓶的标签。[16] 仅仅是瓶子故事的分量就已经重于威士忌本身。大脑对主观故事的重视程度高于客观属性。有趣的是，只有另外一瓶 Valerio Adami 的拍卖记录在案。2007 年，拍卖价格是

75 000 美元。真便宜啊!

而在手工交易网站 Etsy 上，本质主义直接被纳入了平台本身。"商业人性化"向来是这家电商的口号。亚马逊独占鳌头之时，为何这家电商可以蓬勃发展，其他电商却步履维艰? 答案就是本质。如果你想买纯粹实用的东西，你可以上亚马逊。看看产品规格、买家评论，而且比起在其他地方购买，你会发现亚马逊上的产品价格普遍更低。Etsy 提供的东西截然相反。Etsy 上的一个咖啡杯远远超过其物理、实用考虑，它有自己的本质。

你从 Etsy 购买的东西，可以看到卖家的故事，卖家的 Etsy 创业史。你会知道你的物品由谁制作、制作过程，有时还有创作的背后灵感。物品可以量身定制。物品由某个人为某个人特意创造。亚马逊的买家和卖家无法沟通，但是 Etsy 却可以。

Etsy 上购买物品的乐趣，不仅来自物品本身的物理功能，还来自每个物品的本质。与亚马逊相比，Etsy 消费者通常愿意花更多的钱，等待更长的时间。这就是本质的力量。本质并不只存在于个人产品，也不仅仅存在于产品的制造方式上。创造产品的公司也具有本质。想象一下走进一家古色古香的意大利杂货店，这家杂货店已经在附近有 150 年历史了。一切都是手工制作。店铺、生意和菜单都是祖祖辈辈相传。墙上挂满了老旧、蒙着灰尘的黑白照片，每张照片的家族成员都微微笑着。现在想象一下从店里出来买了一些家庭装的意大利面，祖辈的标签和包装已经用了一个半世纪之久。你买到的不只是意大利面，还买到了这家店的故事，也就是本质。

迪恩·斯莫 (Dean Small) 是餐饮咨询专家公司 Synergy Consultants

的创始人兼首席执行官。该咨询公司已经向布法罗辣鸡翅（Buffalo Wild Wings）、罗曼诺意式餐厅 Macaroni Grill 和橄榄园（Olive Garden）等大型餐厅提供咨询服务超过 25 年。他深知本质的重要性。他说："每个餐厅的故事至关重要，包括餐厅的起源，必来这里的吸引人之处等，但是把故事规模扩展到一个全国性连锁或品牌，说起来容易做起来难。纽约的卡茨熟食店（Katz Delicatessen）就做得很出色。"斯莫表示，"概念伟大，难以复刻。"[17]

实际上，一个真实、令人信服的故事和一个大品牌很难结合。但这并没有阻止某些品牌，尤其是老品牌或成熟的品牌，他们正试图让灌输本质的故事规模化。

梅赛德斯-奔驰（Mercedes-Benz）就做得非常成功。大家都知道，它向来喜欢营销自己的发展史。2019 年，奔驰投放了一支时长四分钟、高度浓缩的商业广告。[18] 广告讲述了奔驰真实又充满戏剧性的历史，1888 年，贝莎·本茨（Bertha Benz）开着动力汽车开始了第一次长途旅行。只有 30 秒[19] 插播了公司饶有趣味的发展史。强调过去的历史——公司历史悠久，超越了时代、国家、模型，甚至是燃料。

梅西百货（Macy's）也反复挖掘本质，避免走入零售业的末日。那些赶超市场的电商巨头提供的便利，梅西远远赶不上，只能寄希望于依靠传奇的历史。所以，梅西百货推出了 150 周年的宣传大片《150 years of Macy's》[20]，包括流行文化中多年来提到梅西百货的小片段，很难不让人印象深刻。不管是《我爱露西》（*I Love*

Lucy）、《34 街奇迹》（*Miracle on 34th Street*）、《迪克·范·戴克秀》（*The Dick Van Dyke Show*）、《宋飞正传》还是《恶搞之家》（*Family Guy*），到处都有梅西的影子。广告中甚至还有一段坎耶·韦斯特在过道上快乐跳舞的片段。广告最后的字幕是："150 年来，我们始终伴你左右。"

富国银行（Wells Fargo）多次被爆出众人哗然的丑闻之后，2018 年试图重塑品牌信誉时也使用了相似策略。最为令人震惊的丑闻莫过于受激进销售目标影响，银行员工在客户不知情或未同意的情况下，擅自代表客户开立了多达 200 万个存款和信用卡账户 [21]。新推出的广告就像一部迷你纪录片，描绘了该银行从加州淘金热时期以来的历史 [22]。"美国淘金热狂飙西进时，是我们将一众财富带回东部。提供了蒸汽机、马车、火车……"广告继续，先是黑白镜头，然后是彩色镜头展示富国银行向来是美国最为可靠的银行。然后突然画面灯光都消失了，"直到我们失去'信任'"。在广告中出现人们面带笑容之前，旁白继续，"但这不是故事的结束"。广告开始展示富国银行所做的改变，比如明确提出终止销售配额，从而赢得消费者的再次信任。最终把过去与现在结合了起来。"富国银行迎来了新的一天，但如初见。"旁白说道。不要被最近的丑闻所愚弄，我们仍然是我们一直以来的样子。换句话说，富国最初的本质保持不变。

几家老牌加倍努力，弘扬自己的历史，把本质实体化。宜家在瑞典本部开设了自己的博物馆，提供旋转展览、纪录片、导游和学校教育活动。不过宜家博物馆可看不到什么瑞典肉丸，看到的是公司的发展历史²³。劳斯莱斯这个传奇品牌的做法大同小异，在英国总部和澳大利亚开设了几个历史展厅。顺便说一下，劳斯莱斯的联合创始人查尔斯·罗尔斯（Charles Rolls）是一名航空爱好者，也是首位在航空事故中丧生的英国人²⁴。劳斯莱斯的典型车标"欢庆女神"（Spirit of Ecstasy）代表着汽车运动先驱蒙塔古男爵（Baron Montagu of Beaulieu）和车徽原型伊莲诺·沃拉斯克·索顿（Eleanor Velasco Thornton）的一段风流韵事。艺术博物馆展示了品牌的作品目录、发展历史以及本质，所有的这些都为品牌产品增添了价值。各个品牌何乐而不为呢？

本质与人类

每一个公司、产品和物体都有一个故事，属于自己的本质。人类亦是如此。回想一下第四章，所有活着的生物，包括人类，物理状态会永远处于变化之中，我们的身体每七年左右就会完全更新一次。人生不仅是一系列的经历，还有自己经历一切时所发生的故事，紧紧粘合的故事。对于我们的快乐和幸福来说，这种故事粘合的个人体验更为重要。故事和本质最终影响生活的方方面面。

"个人故事"有助于理解关于快乐科学中的一个奇怪现象。迄今为止，关于快乐参与人数最多的研究是丹尼尔·卡尼曼给得克萨斯州的1000名女性发放了每日问卷²⁵，让她们详细描述所做的一切以及当时的开心程度。结果发现，受试者最快乐的活动包括性、社交、放松、祈祷和冥想等。这似乎是一份非常合理的令人愉快的事情列表……直到发现遗漏了一件事情：花时间和孩子相处。这个遗漏显而易见，毕竟大家一直认为，生活满意度最大，原因是孩子。

直接快乐和长期满足感的不对等的这种模式，会在生活中反复出现。大家的反馈显示，车越贵越快乐。但是如果你问他们实际在车里——日常通勤的过程中有多快乐时，好像两者没有什么关系。似乎我们从汽车中获得的快乐并不在于实际驾驶，而是抽象的想法，这正是当下快乐不同于长期满意度的另一例证。

卡尼曼无疑是世界上最重要的幸福专家，深刻了解人类如何判断价值。致力于完成这项研究之后，他最终得出了什么结论？"我逐渐相信人们不想要快乐。人们只是想要对生活满意。我认为的快乐是当下、即时的，但人们并不想要这种快乐。在我看来，对人们更为重要的是，生活体验的满意度、满足感，不管是'记忆中'的观念，还是关于自己生活的故事。"[26]

我们自己讲述的生活故事，才是持久幸福的源泉。我们自己讲述的故事，填补了个体瞬间和成为"自己"这个过程中的空隙。关于物品和公司的故事会影响我们对它们的价值判断。同样地，我们自己讲述的故事影响了我们如何珍惜自己的生活。

正如本书开篇所讲，我们对事物的信念会影响我们的看法。如果你相信葡萄酒价格昂贵，或者装酒的杯子看着价值不菲，那么你会觉得葡萄酒口感更好。如果你觉得佩戴的太阳镜价格不低，你会认为遮光功能更好。

我们对物品的信念超越了特性、价格等物理性质，延伸到了更为抽象的价值观念。比如结婚时的婚戒、去世之人生前的赠礼，这些物品携带的情感价值远远超过实物本身。假如你重新打造了一只婚戒，从原子角度来说，物理性质没有改变，但是它的价值会急剧下降，或者想象一下你接到了你最喜欢的棒球明星打出的本垒打。那是你从小就放在玻璃盒子里的纪念品，如果一个小偷半夜闯进你家，用一个赝品换走了它，你不会注意到，然而你一旦知道后，那个假的纪念品会迅速变得毫无价值。人类真的很奇怪，像个多愁善感的野兽。

我们天生会看到事物隐藏的本质，这为品牌提供了巨大机会。因此，品牌可以从根本上改变我们对其产品的价值思考，一件平平无奇的物品也可以变得价值连城。即使最微小的产品也可以注入本质，摇身一变，远超自己的实际价值。我们会被物品的本质吸引，同样会被编织的故事所吸引。诺贝尔奖获得者理查德·费曼（Richard Feynman）曾说过："物理学就像性爱，可能确实会有实际的结晶，但是那并不是我们的本意。"故事讲述是同样的道理，简单地说，我们就是故事的囚徒。

故事，或普通物品注入的本质，让消费世界充满神奇，几乎让每一件物品都变得超凡脱俗。抛开消费主义不谈，一个精心设计的故事可以给普通物品带来的深度和意义，简直不可思议！

什么时候门不再是门？那就是营销人员给你讲述一个关于它的伟大故事之时。

上瘾的秘密

BLINDSIGHT
The (Mostly) Hidden Ways
Marketing Reshapes
Our Brains

第十一章　不知不觉

潜意识营销的科学

也许你以前听说过这个故事。1957 年，在经典电影《野餐》放映时，整个电影院的观众突然都想要吃爆米花、喝可乐。大家不可遏止的冲动不知从何而来。剧院观众成群结队地走向售卖摊，彼此打量着，大为困惑。剧院老板詹姆斯·维卡里（James Vicary）表示，销量简直猛增，可口可乐销量上升 18%，爆米花销量增长 58%。

观众为何会有如此反应？根据维卡里的说法，是因为影片中巧妙嵌入了隐匿信息。就在女演员金·诺瓦克（Kim Novak）正要在公园亲吻福德·罗伯逊（Clifford Robertson）的时候，屏幕上闪现了"喝可乐"和"吃爆米花"的画面。虽然转瞬即逝，大家可能都没有意识到，但是隐性的广告已经注入了潜意识。维卡里称，这些隐性信息把特定的需求嵌入观众的潜意识中，迫使大家都来到售卖摊。

然而，这一事件并没有真实上演。后来，维卡里承认编造了整个故事作为宣传噱头，吸引大家注意，挽救自己境况不佳的影院[1]。毕竟，他是一个营销行家。但他的"实验"却引起了对于一些重要问题的思考：有没有可能完全不动声色地直接与消费者的潜意识对话？如果可以的话，你会做吗？阈下知觉启动范式这一概念由此诞生。这听起来像科幻小说中的概念，其实它的机制相当简单。一项营销必须客观地在不经意中灌输到消费者的意识中，才能叫作真正的潜意识营销。大脑至少需要 50 毫秒（0.05 秒）才能处理一条视觉信息，倘若闪现的信息比这个速度还快，那么我们根本不会意识到。潜意识营销的真实例子就是每次你打开手机时，百事可乐"Pepsi"这个词会以每次 30 毫秒（0.03 秒）的速度闪现。一则营销广告到底是不是隐性的，没有非常清楚的界限。但是如果广告引起了消费者的关注，那么就不是潜意识营销。

自维卡里的宣传噱头出现的几十年来，全球各地的实验室都对支撑潜意识营销的阈下知觉启动进行了深入研究。虽然研究并不意味着维卡里的故事真实可信，但是实际的对照实验表明，阈下知觉启动是一种真实现象，其原理和维卡里的叙述非常类似，可以说是不太夸张的精神控制。

阈下知觉启动，意味着有些东西（科学家称之为刺激）通过某种感官在不知不觉中灌输到你的脑海里。之后，这个东西（刺激）会以某种方式影响你的行为（科学家称之为回应）。换句话说，阈下知觉启动就是某种感官刺激在不知不觉中影响了你的未来行为。

在一项研究中，电脑上展示了一系列日常照片，包括女人洗碗、孩子吃三明治等简单场景。受试者在看完每张照片后，需要判断照片中的人的心情如何。感觉很简单，对吗？然而，看完一张照片后，另一张照片会在屏幕上显示 30 毫秒——低于大脑处理视觉信息的阈值。

这些隐性照片内容直白，要么极端消极（腐烂的身体或燃烧的房子），要么极其积极（冰激凌或小狗）。如果一张积极正面的隐性图像一闪而过，受试者会理所当然地认为洗碗照片中的人很开心，反之亦然[2]。实验结束后，受试者被问及是否注意到有隐性照片，每个人都反映完全没有意识到。

在其他一系列刺激中也发现了类似效果，包括色情图片。研究者发现，在观看普通照片之前，倘若看到一张一闪而过的露骨色情照片，人们心情会出现波澜。受试者再一次反馈说，他们对重要的事情一无所知[3]。在电影《搏击俱乐部》中，布拉德·皮特饰演的角色泰勒·德登（Tyler Durden）把色情片剪辑到家庭影片中以寻求刺激，这一幕也不是那么令人难以置信。

然而，测试隐性技术对于消费的有效性，结果好坏参半。一项研究[4]表明，闪现"立顿（LIPTON）"这个词的确会让人们更加偏爱立顿冰红茶（Lipton Ice Tea）。不过只有受试者口渴的时候这种偏好才会增加，如果不口渴，则毫无成效。即便如此，这样的隐性影响还是让人大为震惊。

潜意识营销不仅会直接影响我们的行为，而且还发生在意识之外，这会进一步放大围绕潜意识营销的不适感。如果发生了我们意识不到的事情，我们不会默然同意。

1957 年，针对维克里的最早批评一针见血：

> 大脑是整个宇宙中最精密的器官，而潜意识是其中最微妙的存在。不能为了促销爆米花或其他东西就玷污、扭曲潜意识。在现代世界中，最困难的就是保护人类灵魂的隐私。

幸好，立法者也认识到了潜意识营销未经人同意的本质。美国联邦通信委员会明确禁止使用这本书所提及的"纯粹"潜意识营销技术[5]。英国、澳大利亚等许多其他国家也明令禁止。然而，潜意识营销和主流营销之间的界限是什么呢？想一想英国广告实践委员会（Committee Of Advertising Practice）描述"阈下知觉启动"使用的措辞："未经消费者同意，任何广告不得使用短时持续的图片或任何其他可能会影响消费者的营销技术[6]。"如果省略了广告禁令中"不得使用短时持续的图片"这一条件，那么整个禁令的描述非常令人满意……禁止营销。

假设快餐公司肯德基制作了两版几乎一模一样的广告，促销一美元"Snacker"鸡肉三明治。两版广告的内容都是大学生们在寻找便宜的地方吃午餐，最后来到了肯德基，点了三明治，广告结束的特写镜头是三明治。但在第一版广告中，切换到特写镜头之前出现了"立即购买（Buy Now）"的字样，整整闪现了30毫秒。第二版广告中，则是一张顶针大小的一美元钞票出现在了生菜旁边，贯穿了广告的最后四秒。

哪一则广告的接受度更高？

你很可能认为第一版广告"立即购买"效果不好，那么这是为什么呢？比方说还有不含任何潜意识营销的第三版广告，前两版广告都帮助提升了20%的销量。那么你还有同样的感觉吗？除了让消费者更有可能购买一种特定三明治，这两则广告都不会对消费者产生长久影响。而且，这两则广告都没有侵犯消费者的意识。那么它们到底有多大不同？

好消息是，因为潜意识营销是非法的，所以版本一纯属虚构。坏消息则是，隐藏着钞票的第二版广告就是肯德基真实存在的广告，而且完全合法。不如亲自看看这则广告吧[7]！

品牌营销在许多方面的运作方式都相当隐蔽。虽然不是纯粹的潜意识营销，但这些感官策略对于成功的品牌营销不可或缺。与对照实验中的阈下知觉启动相比，这些策略更为常见，对消费者心理和行为的影响更为有力。

潜意识的触动因子

回顾一下，阈下知觉启动指的是在大脑意识不到的情况下，影响人们行为的所有刺激。但是触动因子并不需要通过潜意识发挥作用。即使我们已经（或者至少可能）意识到自己已经接触到了触动因子，其依然可以不知不觉地影响我们的行为。通常，最有效的启动开关在眼前闪现的速度不会太快，眼睛起码可以捕捉到。这些触动因子就在我们眼前，恰如其分地隐藏在视线之内。欢迎来了解"潜意识的触动因子"。

触动因子要想发挥作用，就必须得让人看到，还不能被人发觉。在肯德基的第二版广告中，一旦有人指出钞票图像，我们就会意识到，那么中途启动信息不需要超过 50 毫秒去躲避注意力。事实上，触动信息一直就呈现在你眼前，直接与潜意识对话。看看下面联邦快递（FedEx）的标识，你是否曾注意到 E 和 X 之间的箭头？再看看亚马逊的商标，微笑弧度从 A 开始到 Z 结束。

联邦快递标志中的箭头会让你有快速送达的印象，而亚马逊的微笑也会让你产生积极的情绪反应，同时强调亚马逊包罗万象，从 A 到 Z 的物品应有尽有。

感官信息可以发挥作用，是因为大脑倾向被动启动，无论是有意还是无意。还记得第一章吗？具体来说就是通过影响大脑创建的心智模型来发挥作用。无论特定的触动因子是否最终会影响我们的行为，但它的确会在脑海中留下印记。

因此，这些触动因子可能比想象中更为强大。回想一下日常生活中见到的手表广告。在所有不同的品牌和型号中，你有没有注意到任何相似的特别之处？手表的指针通常设置在同一时间：10 点 10分。这并不是巧合，所有广告中的拍摄并不是碰巧安排在同一时间段，而是经过深思熟虑的设计。手表调成 10 点 10 分，指针看起来像在"微笑"。这并不是单纯的行业迷信。在对照实验中 [8]，比起 11点 30 分这样的中立时间，10 点 10 分会对受试者情绪产生显著的积极影响，增加他们的购买意愿。而且受试者根本没有注意到指针在微笑。

从某种意义上来说，所有广告都是隐性营销。记忆、名人代言及电影电视中的植入广告就都是触动因子，触动因子就是接触到的一切事物。你越注意不到，效果就越好。

为什么植入广告如此昂贵

下面是一个通过植入产品意外收获的故事。

在为电影《荒岛余生》创作剧本时，其中一位编剧故意把自己困在岛上一周。在这一周里，他偶然碰到了一个排球，这也就是影片中那个叫作威尔逊（Wilson）的排球的由来。先来回顾一下影片情节：在一次出差的旅程中，汤姆·汉克斯（Tom Hanks）扮演的联邦快递工程师搭乘的飞机失事了，他流浪到了一个无人居住的荒岛上。幸存下来的还有一个排球，汉克斯将它命名为威尔逊（也就是印在中间的品牌名称）。在整部电影中，他和排球交谈了好多次。

植入广告的意义就在于用一种非常微妙的方式向大家呈现一个品牌或产品，大家甚至对产品的出现有所疑问。威尔逊如此成功，就是因为它直接成了电影中的一个角色，还有一个原因是与大家接触到它的本质有关。

回想一下第八章中的曝光效应，我们看到某个东西的次数越多，就会越喜欢它。而每多一次曝光，我们又全然意识不到，那么这个效应就会放大[9]。就像威尔逊这样的触动因子，每次不经意地出现，我们不会意识到这又是威尔逊排球。相反，我们全神贯注于电影，全神贯注于威尔逊这个角色。但是潜意识仍会把威尔逊当作排球，这是一个产品，名字就是品牌。

这就是为何植入广告可以价值数百万美元，"广告"越是发生在潜意识层面，效果越好。你可能没注意到2007年电影《变形金刚》中出现的四辆汽车都是通用品牌（雪佛兰科迈罗、庞蒂亚克

Solstice、GMC TopKick 和悍马 H2）[10]，但大脑却有了印象。虽然威尔逊的植入广告没有付费，但运作方式也是一样。《荒岛余生》观看人次超 1 亿，听到了 34 次威尔逊这个品牌。如果威尔逊需要付费的话，花费将超过 1200 万美元[11]。

另外一个同样有效的意外植入广告的例子是，《权力的游戏》剧组的一名工作人员在第八季的片场意外遗落了一个一次性咖啡杯，在最后一集的画面中清晰可见。刹那间星巴克的销量大涨。这个穿帮的截图迅速在网上疯传。社交媒体监测平台 Talkwalker 统计推特和其他平台，在 48 小时内，提到星巴克、《权力的游戏》或该系列的相关话题超过 19.3 万次[12]。所有这些免费的公关宣传价值多少？超过 20 亿美元！然而更讽刺的是什么呢？那个一次性杯子甚至可能不是星巴克的！因为场景太暗了，根本看不清标志，但是看起来很像星巴克，粉丝们就坚定地认为就是星巴克。

就如上文所述，把品牌无缝融入故事中宣传效果会更有效（在《权力的游戏》中，显示是无意的），因为人们会感觉更真实。这也永远不会引起怀疑，因为看起来根本不像广告。其实你一直在被推销，只是自己意识不到。

如果你看的一部电影中主角穿着一双耐克鞋追赶坏人，那么下次你去 Foot Locker，你可能就会选择耐克，而不是阿迪达斯。你根本就没有意识到看过的电影影响了你的偏好。看着《荒岛余生》，你可能觉得只是在欣赏一部电影，但每次看到那个可爱的排球出现，你也会慢慢地、不自觉地喜欢上威尔逊这个品牌。

为了让免费的植入广告更加有效，威尔逊（体育用品公司，并非角色）制作了一个宣传球，上面正是电影中看到的面部标记。从亚马逊上该品牌的 500 多条评论（充满无数的双关语）来看，该品牌大获成功。唯一的缺点就是亚马逊使用的是 UPS 送达，而不是联邦快递。

当然，植入广告并不总是无心插柳。通常来说，广告植入需要付费，而且价格高昂。2013 年由亨利·卡维尔（Henry Cavill）主演的《超人：钢铁之躯》（*Superman: Man of Steel*）这部电影重映。还没开画，电影总收入就已经达到 1.6 亿美元。如何做到这一点？这刷新了电影植入广告数量的纪录。事实上，2018 年，美国所有公司广告植入的花费近 90 亿美元 [13]。这可真是一项大生意！

感官营销

上面已经谈到了相当复杂的视觉启动，比如手表的指针位置，电影的广告植入。不过，触动可以从更简单的刺激中产生，触动不一定需要视觉，任何感官都可以触动开关。

接下来让我们深入了解感官的神经科学，了解品牌如何利用感官的触动因子来影响你的行为。

视觉

人类主要是视觉生物。回顾一下第一章，视觉是大脑中最重要的感官，大约占据大脑皮层的 1/3，超过 30 条不同路径将视觉信息输入大脑中。大脑还有特定的区域处理特定的视觉信息，比如，有专门观察运动的区域，有梭状回这一特殊区域专门处理看到的面部信息。如果梭状回区域受损，依然可以看到阳光下的一切，唯独看不到人脸。由于视觉功能不仅占据的体积大，而且分门别类细化分工，这决定了视觉比其他感官更为重要。

因为信息会携带联想，即使是最简单的视觉刺激也能激发特定的反应感觉。颜色就是一个触动因子（没有其他意思）。色彩是潜意识营销游戏中的关键角色，可以通过特意使用影响你的行为。

最近的一项实验表明，红色对吸引他人注意非常奏效[14]。研究人员让受试女性留在路上，向路人询问是否可以搭便车。事实证明，同样的女性如果穿着红衫等车，那么异性恋男性司机停车的概率会上升一倍，不过穿红衫的男性对异性恋女性司机没有明显影响。在女服务员身上也发现了类似效果，男性客人给穿着红色套装女服务员的小费比穿着其他颜色的女服务员多 24%。[15]

在西方文化中，红色通常与爱和性有关，品牌利用这种联想影响消费者的看法。众所周知，Christian Louboutin 的红底鞋蜚声国际，并多次尝试申请鞋履专利[16]。维珍航空公司更是对红色无所不用其极，广告、安全提醒视频、乘务员制服，甚至标志本身通通都是浓墨重彩的红色。维珍航空还是首家推出可以在飞机上使用数字聊天应用的航空公司。应用程序安装在头枕的电视屏幕上，乘客可以利用这款应用直接私发消息，也可以建立公共聊天室一起聊天。这个应用程序的名字是什么呢？红色飞行娱乐系统（Red）。

想一想汉堡王、麦当劳、In-N-Out、Wendy's 及肯德基，它们除了都是快餐店之外，还有什么共同之处吗？答案就是它们的商标要么是红色，要么是黄色。第一章就已提到，蓝色会抑制食欲，用蓝色碗会比用其他颜色的碗吃得少得多。红色的效果似乎截然相反。长期以来，营销人员一直认为红色是具有生理刺激性的颜色，会在潜意识里传达紧迫感，而黄色则会传达友好和快乐。对于快餐连锁店来说，紧迫感和友好可以带来积极联想。这里关于颜色的科学研究很混乱，但顶级快餐店还是一味使用红色或黄色标志。你能想到哪家快餐店的商标不是红色或黄色吗？

一般认为，橙色通过身体运动影响行为。理论上，橙色代表能量，因此也代表行动。虽然直接的科学证据比较模糊，但是大大小小的品牌都在遵循橙色理论。一家公司（Orange Theory Fitness）甚至开设健身房专注小班私教。OTF 以高强度课程闻名，致力发掘健身爱好者的身体极限。OTF 还为每位健身者提供心率监测器，并在排行榜上显示实时训练成果，从而把健身提升到了新水平。那些可以留在"疯狂燃脂"区域的人还可以获得额外积分，这个区域的名字叫什么呢？橘色燃脂区。

同样地，DIY（do-it-yourself）运动背后的核心理念也是行动。因此，市值超过 2330 亿美元、以 DIY 起家的家居用材零售巨头家得宝（Home Depot）斥巨资加码橙色元素也就不足为奇了。品牌商标、商店过道标志、结账通道及员工服装等通通都是橙色，促使大家采取行动。

还有一个意想不到的领域——医药行业，颜色可以对其产生怎样的影响呢？Pfizer（辉瑞公司）是全球领先的制药公司巨头，2003

到 2017 年间，伟哥这一产品的收入就高达 265 亿美元。这种"小蓝丸"开辟了一个全新的产品市场。制药巨头们争先恐后采取行动，开始创造更多利润丰厚的替代品，拜耳（Bayer）携手葛兰素史克（GlaxoSmithKline）成功推出了艾力达（Levitra）。

在研发艾力达的过程中，通过市场研究发现，消费者和伟哥之间没有共鸣。具体地说，蓝色的伟哥药品太压抑、太冷静，感觉和生病吃药无异。根据这一洞察，拜尔采取了不同策略。从性的意义上来说，还有什么颜色比橙色更能激发行动呢？所以，艾力达的标志是橙色，药品本身也是橙色。拜耳营销副经理南希·K. 布莱恩（Nancy K. Bryan）解释说，"橙色充满活力，激发精力"。布莱恩还透露了拜耳这场击败伟哥之战的内部叫法——"打败蓝药丸"。

另外一家制药巨头礼来制药（Eli Lilly and Company）不甘示弱，随即推出希爱力（Cialis）。标志颜色？橙色。包装盒？橙色。药丸颜色？橙色。礼来甚至在视觉上更进一步，改变了药丸形状，从而强调这片橙色药丸传递的意义。

听觉

听觉，神经科学家称之为听觉处理，和视觉一样有趣。通过一系列几乎是纯机械的过程，外界声波进入外耳道，根据音调高低、音量大小引起鼓膜振动，振动继续向内传递，最后通过听觉神经将声波信息传输给大脑进行加工。

与视觉刺激相比，声音更加微妙，但影响同样重要。例如，飞机的声音会对住在附近的居民产生深远影响。研究表明，长期接触飞机噪声会损害儿童的阅读理解能力和长期记忆能力，甚至可能导致儿童或成年人的血压升高[17]。

从更基本的层面来说，特定的声音会让人产生特定的印象。事实上，大脑会把声音拟人化，赋予声音不同的感知，品牌正是利用这种倾向来打造自己的个性特征。看看下面两个图像，一个叫布巴（Bouba），一个叫奇奇（Kiki），你认为它们分别对应哪一个？

这是一项经典的实验测试，也就是所谓的布巴 / 奇奇效应（Bouba/Kiki Effect）。如果你和大多数人一样，会自然而然地认为左边尖尖的形状叫"奇奇"，右边形状的名字是"布巴"。奇奇的发音听起来相对尖锐，而布巴听起来比较圆钝。

你可能认为这种效应是纯粹的语言文化，因为它们的名字和形容词在发音上有相似之处（spiky=kiki; bulbous=bouba）。然而，布巴 / 奇奇效应却跨越了不同语言，表现出惊人的一致性[18]。这表明这些声音本身就有意义，即使没有人知道确切原因。

维珍航空不仅利用视觉颜色，同样紧握声音这个武器。不管是登机还是到站，维珍航空都会播放特定的音乐，类型包括性感、戏谑、时尚及流行等各种风格。一旦把音乐和略带红色的灯光、鲜艳的红色座椅和空乘制服联系到一起时，就会发现一种非常真实明显的品牌个性。好好思考一下，到底是什么会让你选择这一家航空公司呢？在价格大致相同的情况下，是品牌主观的个性特征反复吸引了消费者。2007 年，维珍航空举步维艰，但它大胆下注打造了自己的独特品牌个性。十年后，阿拉斯加航空公司以 26 亿美元的天价收购了维珍航空公司。其希望打包收购的清单包括播放列表！

播放音乐同样会对消费行为产生深刻影响。研究发现，超市里播放慢节奏的音乐会放慢消费者的步调，提升总体销售额，单品售价也会更高 [19]。音乐还可以通过其他方式影响消费者的购买偏好。在一系列对照实验中，研究人员发现葡萄酒店里播放的背景音乐会对购买行为产生重大影响。播放德国音乐会增加德国葡萄酒的销量，播放法国音乐则会增加消费者购买法国葡萄酒的意愿 [20]。尽管消费行为受到的影响显著，但在购物结束时填写的调查问卷显示，消费者完全没有意识到背景音乐的存在。餐厅同样如此，播放古典音乐或其他"高级"音乐会让消费者下单更昂贵的葡萄酒 [21]。

绝佳的音效设计不仅在于你能听到什么，有时还在于你听不到的东西。豪华轿车的一大特点就是，置身车里完全听不到引擎声和外界的各种噪声。这与跑车不同，跑车的吸引力很大程度上就是飞驰在路上的轰鸣声。然而，像宝马那样生产豪华跑车，就会出现声音问题。如何解决？宝马选择增强引擎音响，根据不同的马力做出反应，并在跑车内部通过扬声器传送声音。宝马对这种声音增强效果持开放态度。当然，它也并不是孤军奋战。雷克萨斯聘请了雅马哈（Yamaha）的乐器调音师，帮助微调雷克萨斯 LFA 跑车的引擎声音[22]。

触觉

人类的触觉无可比拟。对于婴儿来说，皮肤接触最为重要，可帮助成长，促进亲子关系。触觉塑造的联系至关重要，在美国和许多国家，孩子出生后的第一件事情就是被送到妈妈面前，让妈妈抱在怀里。

触摸不仅帮助巩固情感纽带，还会影响每个人的成长轨迹。如果在某些关键时期，孩子失去经常性的身体接触，很可能会患上罕见的疾病——心理社会性侏儒症，导致孩子发育迟缓。著名作家詹姆斯·马修·巴利（J. M. Barrie）就是因童年创伤患上了这种疾病，这也成为他后来写作的一个中心主题，他写的《彼得·潘》的主角正是一个永远不会长大的小男孩。

当我们逐渐长大成人，触觉的重要性很少被提及，但它却始终影响深远。不管是营销还是中途启动，触摸会对购买产生重大影响。一项研究发现，如果商店员工触摸消费者手臂（当然是恭敬之举），他们购买的可能性将大大提高，并且认为整体体验会更加愉快[23]。

上述影响只是其中之一，再来想想买车。在购买之前，有很多客观标准来评估车辆，比如启动速度、耗油量、车门数量、立体声系统功率和成本等。然而，最后是否购买的决定性因素是开车时的"感觉"。

汽车品牌利用触觉和质感向潜在消费者传达品牌个性，留下积极印象。捷豹（Jaguar）把传统挡杆改造成旋钮式挡杆引发极大关注。平时旋钮隐藏在面板中，在启动车辆后，旋钮会自动升起进行不同挡位更换。大脑会根据这种新颖的触摸体验来评估你对刚刚试驾车辆的满意度。

亚马逊等电商平台导致许多的图书音像实体店接连倒闭，比如连锁书店 Borders 和唱片店 Tower Records。然而，那些幸存下来，甚至是蓬勃发展的公司正在努力向消费者提供亚马逊等平台没有的东西——触摸体验。消费者可以在百思买的三星（Samsung）展厅触摸感受新款 Galaxy 系列手机，或者在全食超市（Whole Foods Market）亲自摸到桃子的成熟情况。难怪亚马逊在 2017 年 8 月斥资137 亿美元收购了全食连锁超市。

嗅觉

一般，气味不太容易被察觉，但一旦受到关注，气味会产生非常特别的影响。与视觉不同，气味会与情景密切相关。不可否认，通过视觉编码的记忆时间更长久，但是有关嗅觉的记忆更为具体，与经历的情景紧密相连。也就是说，嗅觉记忆针对特定的经历，而非特定的信息[24]。比如，你找到了一顶破旧的洋基队棒球帽。如果你看一眼，你可能会记起有关洋基队的一切：赛季进展、主教练是否让人喜欢等。然而，如果你把帽子捡起来闻一闻，你可能会清楚地回忆起纽约之旅中，你和父亲第一次去洋基体育场（Yankee Stadium）的情景。

由于人类嗅觉不如视觉使用频繁，所以气味通常会与另一种气味联系在一起，而非颜色。想一想上一次在地铁站里路过一家三明治店的情景。不管是好是坏，你已经把这家店的味道和地铁联系在一起了。这种联想一一对应。你可能看过很多地铁站里商店售卖的东西，但是地铁站里商店的气味却是独一无二的。当你再次闻到"地铁气味"时，你只会回忆起与地铁有关的记忆。

公司对此甚为了解，同样会利用气味影响消费体验。房地产商普遍都会利用气味影响。在开放参观期间，待售房屋会充满松树、香草或新鲜饼干的味道。早在1991年，艾伦·赫希（Alan Hirsch）等研究人员就开始测试气味对消费行为的影响[25]。在一个实验中，科学家们把两双一模一样的运动鞋分别放在两个房间里。其中一个房间只是纯净的空气，另一个房间则满是花香。分别进入两个房间后，84%的受试者表示，自己会更倾向于购买带有香味房间里的运动鞋。如今，耐克在零售商店进行香氛实验。气味营销研究中心（Scent Marketing Institute）创始人史蒂文·塞莫夫（Steven Semoff）表示，耐克的香氛实验使消费者的购买意向增加了80%[26]。

美国肉桂卷连锁烘焙品牌Cinnabon根据气味散发的范围选择零售地点，因为路人置身满是肉桂卷气味的空间会提高购买意愿。所以，自然可以理解为何伦敦 M&M 豆（M&M World）旗舰店里到处都是巧克力的味道。虽然店里卖的就是巧克力，但是不得不额外使用巧克力味的喷雾，因为 M&M 巧克力豆都是密封包装的。同样，相对于美国维珍航空公司的感官营销，新加坡航空公司有过之而无不及。空乘人员会在用餐前向乘客提供一条热毛巾，热毛巾上混合着花香和柑橘的味道。如果你好奇名字，这是新加坡航空公司特制的 Stefan Floridian Waters 香水。这款香水的味道会影响你对新航的印象。

在一项实验中，研究人员提供给了受试者·块饼干。但是受试者一分为二，一半受试者在有柠檬气味的房间进食，而另一半受试者所在的房间什么气味也没有。结果显示，置身柠檬气味房间的受试者吃得要更干净，尽管他们反馈说自己根本没有察觉到气味[27]。另一项实验发现，在拉斯维加斯赌场，有些老虎机喷洒了令人愉悦的气味，而其他老虎机什么味道也没有。结果呢？有气味的老虎机的收入足足高出 45%[28]。类似的，与柠檬气味的餐厅相比，薰衣草味的餐厅收入会多 20%，顾客用餐时间也会长 15%[29]。

在上述讨论的诸多研究中，贯穿的一个关键主题就是，受试者完全没有意识到这些感官营销。请谨记，感官营销也许会让你意识到促销因素，但往往又是不知不觉地发生。受试者为何选择法国葡萄酒而不是澳大利亚葡萄酒？没有一个受试者反馈说是因为店里播放的音乐。在解释消费行为时，没有人会提到气味和过道颜色，以及任何被证明确实会影响消费的感官因素，因为大家根本意识不到自己已经被潜移默化地影响了。

大多数人甚至都注意不到感官营销因素，更不用说这些因素如何影响了自己消费，不管这些因素是播放歌曲还是挥舞手臂。然而，这些微妙的感官营销策略一而再再而三地对我们的消费行为产生了巨大影响。

自由意志真的自由吗？

这对市场营销意味着什么？目前的市场营销伦理明确规定，消费者对任何广告或宣传可以自由选择接受与否[30]。虽然广告以这样或那样的方式影响消费者，但消费者拥有最终的自由选择权。事实上，这种自由消费的假设反而为铺天盖地的营销广告提供了理论依据。因为从理论上而言，不管什么样的营销行为（线下广告、数字宣传及产品定位等），消费者最终都可以选择购买与否。无论品牌使用什么宣传噱头，都不可以强迫消费者进行购买。所以，选择权最终在消费者手中。然而这样的假设真的合理吗？

简言之，答案是否定的。没有充足证据表明，消费者始终控制着购买按钮。如果消费者根本意识不到感官营销（房间里的气味、播放的音乐），更不用说这些因素如何影响消费决定，那么何谈消费者掌控全局呢？

营销伦理必须重新考虑其规则，把营销本身的心理影响包括在内，尤其要考虑消费者意识不到的那些影响决策、感知和行为的因素。营销人员、消费者和立法者的出发点必须尊重人类的自主权。任何公平的伦理框架都必须包含对这些影响潜意识因素的考虑。

一提到心理学，自然会想到弗洛伊德。一说弗洛伊德，那么一定少不了各种匪夷所思的论断。如果你习惯啃钢笔，你是痴迷阴茎。如果成年后还喜欢喝咖啡、喝酒，那么你是在压抑童年创伤。还有，所有人都有一个秘密，那就是恋父／恋母情结。

如果你在大多数圈子里提起弗洛伊德，即便没有遭到嘲讽，那也肯定会大受怀疑。

然而不可否认，弗洛伊德的贡献巨大。这位伟大的思想家，首次提出了潜藏在一般意识之下的"潜意识"。弗洛伊德对现代心理学的杰出洞见和宝贵遗产莫过于此：我们从来不知道自己的行为出发点。

弗洛伊德去世已有 80 多年，支持这一论断的证据越来越多。如今，我们知道，脑损伤患者会形成新的有意识记忆。正如第三章中提到的米歇尔·菲利普斯，这样的脑损伤患者可以在几个疗程中成功掌握骑自行车等技能，即使他们对先前的训练已经没有任何有意识的记忆 [31]。一定速度闪现的单词图片会导致微妙的情绪和行为变化（阈下知觉）[32]。去到新的地方或认识新的人会触发"怪异的"潜意识记忆，尽管自己意识不到已经做出了相应联想。失明也是如此。在一般意识之下，有很多意识不到的事情。

研究大脑越仔细，会发现情况越神秘。随着功能性磁共振成像等现代技术的发展，我们可以监测大脑在执行一系列不同功能时的活动状况。窥测做判断或决策时的大脑尤其令人着迷，因为通过研究发现，我们做决定，往往是在意识之外。

约翰-迪伦·海恩斯（John-Dylan Haynes）在《自然神经科学》

（*Nature Neuroscience*）曾发表过一项研究结果，现已成为经典实验。在实验中，海恩斯让受试者做出一个简单的决定：用右手或左手按下按钮。受试者可以随时自由地做出选择，而实验研究的是受试者在何时做出决定。令人惊讶的是，研究人员发现，大脑深处的活动可以百分之百地预测出受试者做出反应之前的决策情况。研究者们不仅可以在受试者做出选择前一两秒就已经知晓，甚至可以提前整整七秒[33]！

消费时，大脑的活动同样如此[34]。

即使你没有注意到某种产品，大脑也会在潜意识中记录它的重要信息。而根据大脑中这些刺激的偏好，研究人员能以惊人的准确度预测出你稍后是否选择该产品。

海恩斯的研究凸显了人类对大脑活动的了解程度之低，而且诸如此类的研究提供了可信的证据，来佐证当下关于"自由意识只是一种错觉"的这场神经学辩论。然而就本书目前的讨论而言，大家需要知道：有意识的注意力完全意识不到驱动我们想法及行为的一连串神经活动。所谓做出的"决定"是一个潜意识过程的展开，而且整个过程发生的时间比我们意识到的要早得多。

我们不仅意识不到潜在过程，而且随机因素很容易不知不觉地就改变我们的行为。假设女大学生吉尔看到征集广告后，报名参加了一项面相评估的实验，报酬是 20 美元。那天，由于在走廊上撞倒了人，吉尔到得有点晚，不过她很快松了一口气，因为研究人员和善可亲。研究人员让吉尔坐在一张白色空桌旁，向她解释实验流程。

首先，吉尔需要阅读一份简短陈述，并且附带个人照片。看完后，她需要回答一系列问题，比如她认为这个人的友善度、慷慨程度等。答案没有对错，研究人员只是对个人如何进行判断感兴趣。然后，吉尔需要填写一份简短问卷，包括年龄、性别等其他人口统计信息。最后还有一个问题：你为何做出如此评判？

"什么意思？"吉尔回答说，"这就是我看那份陈述的感觉，就是给了我这样的印象。"

事实证明，那个笨手笨脚在走廊上撞到吉尔的人是杰克，这也是实验设计的一部分。科罗拉多大学博尔德分校（UC Boulder）的研究人员精心设计了一套方案[35]，杰克撞倒吉尔时掉落了文件，然后他递给吉尔一杯咖啡让她帮忙拿着，等他收拾好文件。研究人员让杰克递给一半受试者一杯冷咖啡，另外一半则是热咖啡。每位受试者拿咖啡的时间不足一分钟，却受到了影响。结果发现，拿过热咖啡的人会认为照片里的人更友好、更慷慨。最为一致的发现是什么？没有一个受试者认为对面相的评价和手中拿过的咖啡温度有关。那么他们为何仍会受到影响呢？

套用弗洛伊德的观点：我们从来不知道自己的选择逻辑。

感官营销和潜意识营销效果一样出众。在潜意识营销和感官营销之间划出一条伦理界限至关重要，而同样重要的是，无论是潜意识营销还是感官营销，都是从整体上考虑影响因素的伦理问题。大脑不断获取信息，但大脑与"你"共享的信息是带有选择性的意识体验。那些你注意不到的体验，同样会影响你的想法、情绪和行为。

品牌可以绕过你，直接与大脑不共享的部分对话，影响你的消费行为。品牌可以利用触觉驱动购买，利用声音传达个性，利用嗅觉来打败竞争对手，利用视觉实现上述所有目的。

用大脑无法感知的方式与感官进行交流，这种潜意识营销是非法的，但以我们可以感知的方式（即使常常察觉不到）却是合法的。许多证据表明，即使是最微小的因素也会对消费行为产生隐蔽的巨大影响，那么所谓的分界线也就很不分明了。虽然我们自认为掌控消费，然而事实表明并非如此。

禁止潜意识营销是第一步，也是最简单的举措。第二步是禁止感官营销。两者相互交错，尤其是因为所有品牌都会涉及感官营销。解决方案是通过神经科学的视角考虑营销伦理问题，这也正是最后一章的主题。继续看看解决之道吧！

上瘾的秘密

BLINDSIGHT
The (Mostly) Hidden Ways
Marketing Reshapes
Our Brains

第十二章　未来营销

未来，自己成了营销工具

大自然中，万物的关系有趣奇妙，有从鳄鱼嘴里夺食的鸟类，有寄生在鲸鱼身上遨游的藤壶，还有单次定向授粉的蜜蜂。

不过，大自然中最好的朋友当属树懒和其背上的海藻。树懒通过食用海藻不断汲取养分，同时可以凭借海藻的颜色躲避潜在的捕食者。海藻所需的能量来源于掉在或死在树懒身上的飞蛾。树懒的懒惰众所周知，但它们却每周都要从树上下来排便一次，目的只是为了海藻能吸引更多飞蛾。多要好的朋友啊！

树懒与海藻的关系独一无二，不断进化，彼此的关系已经亲密无间，紧密相连：彼此相互需要，生活交织在一起，共生共长。如果没有海藻，树懒可能变得截然不同，反之亦然。两者联系紧密，几乎已经不分你我。

作为消费者，我们与消费的关系也是同理。并且我们以此生存，深受影响，甚至模糊了两者的界限。很难判断消费何时结束，也很难知道我们何时成了消费者。看了一部精彩的电影，你兴高采烈与好友分享，此时便已置身于消费世界之中。在不知不觉中，你让最有力的营销手段如虎添翼——口碑。如今，由于网红文化的影响越来越大，讨论一部看过的电影就能成为一门生意，而生意大小只不过取决于网络平台的规模和个人的信服力。正如说唱歌手 Jay-Z 的那句名言："我不是个生意人，我就是单生意。"

在这种紧密相连的关系中，消费者并不是被动的接受者。消费世界的主题就是消费者，目的就是满足消费者的需求，同时消费者遵循其规律。每天，我们都使用产品和技术，而这些产品和技术之所以存在的前提是，我们会购买和使用它们。每天，我们都置身于服务中，体验到很多为满足我们心理需求而设计的产品。消费者的存在方式决定了消费世界的存在方式，其发展变化以消费者的价值观变化为基础。公司转变营销策略，很大程度上是因为消费者自身观念发生了变化。饮品公司推出了更健康的低糖饮料，正是因为消费者转变了健康态度。美国轿车的体积越来越小，耗油量越来越低，是因为人们现在倡导环保出行。如今，时装零售商回避销售快时尚品牌服装，也是可持续发展观念在影响着消费者的偏好。不过这并不意味着广告方式也发生了转变。消费者的观念变化导致了众多变革，这些只是冰山一角。

不管我们喜欢与否，我们与消费的关系深刻复杂，不断变化。要想保持两者关系健康发展，需要理解营销的本质、消费者的心理本质，以及消费者的主导作用。

算法无所不用其极

2011 年，一位父亲怒骂当地的塔吉特商店经理，指责商店此前向其十几岁的女儿派发了特定优惠券，那些优惠券只适用于特定产品：婴儿奶瓶、尿布和孕妇服。"她还在读高中，你们就发给她婴幼儿用品优惠券居心何在？是想鼓励她未成年早孕吗？"然而不久这位父亲却向经理道歉了。事实证明，塔吉特派发优惠券时就已知道他的女儿确实已经怀孕了，然而他却一无所知[1]。在塔吉特这一事件中，有趣的是那个女孩没有浏览过任何与妊娠有关的商品。而塔吉特运用的算法高明之处在于，只须抓取消费者其他购物习惯的转变，比如选择无味洗液而非普通洗液，或是选择稍有不同的补充（非孕期）维生素等保养品。2011 年，塔吉特就可以根据三大数据分析（信用卡数据、公司优惠券使用情况、电子邮件数据）和 25 项产品数据准确预测用户是否怀孕。数据来源主要是实体商店的消费情况，而非用户网上浏览数据。那时脸谱网还没有上市——一年后才收购 Instagram，三年后才收购 WhatsApp；苹果也是三年后才推出如今风靡的第一代智能手表 Apple Watch。想想现在塔吉特是不是的确对你了如指掌！

神经营销的未来

未来营销与心理学有着千丝万缕的联系，因为营销人员获得的数据越多，也就越了解消费者的心理，从而营销也就越成功。毕竟，科技早已推动了对人格的洞察。

在心理学基础人格理论中，可以模拟、预测未来行为的一大理论就是大五人格理论（OCEAN）分析法。OCEAN 是五大人格特质的首字母缩写：开放性（openness）、尽责性（conscientiousness）、外向性（extraversion）、宜人性（agreeableness）和神经质（neuroticism）。每个特质的得分情况可以反映出你的人格特征。

O	C	E	A	N
开放性	**尽责性**	**外向性**	**宜人性**	**神经质**
你喜欢新鲜感吗？	你喜欢按部就班吗？	你喜欢花费时间与他人共处吗？	你喜欢先别人之忧而忧吗？	你总有太多担心吗？

对照研究表明，OCEAN 分析结果可以准确预测人格特征，比如良好的人际关系一般是宜人性得分高，种族主义者一般开放性得分很低。虽然这种推测理论远非完美，但却是最行之有效的人格测试法。任何有助于了解客户、可以纳入数据算法中的东西，对公司而言都大有裨益。

由于算法日益精密，有用数据的分析越来越多，数据模型变得日益详细、有效。通过将消费数据、在线数据与人格特质相结合，公司可以在心理策略上先发制人。

在 2016 年美国大选中，特朗普竞选团队聘用了英国公司剑桥分析（Cambridge Analytica），淋漓尽致地发挥了这种人格化方法的效用。剑桥分析进行了一项简单的调查，参与人数达 27 万。实际的调查问题和结果并不重要，重要的是剑桥分析获取了所有参与者的脸谱网用户数据，包括点赞、评论及贴图等一切数据。其实不止 27 万人被窃取用户数据，由于脸谱网存在的安全漏洞，所有用户的数据全部泄露。剑桥分析获得了 8700 万用户的数据 [2]，而且属于合法获取。

通过预测分析，剑桥分析利用数据刻画出每个人独一无二的 OCEAN 人格特征，然后利用不同的人格特征向潜在选民投放定制广告。例如，对于那些敏感细心的人（可能有点疑神疑鬼），投放支持特朗普的广告内容是入室盗窃，字幕则是："第二修正案不只是一项权利，还是一项保障制度，捍卫私人携带武器的权利。"也就是说，每位选民看到的广告都是根据自己的 OCEAN 人格特征量身定制的。

很难去量化剑桥分析公司在 2016 年大选中的影响程度，但是他们的所作所为可以预见广告行业令人震惊的未来。广告将更细微化、个性化，精确度更高，更加了解用户的一举一动。2015 年，剑桥分析公司首席执行官亚历山大·尼克斯（Alexander Nix）表示："如今，沟通正变得越来越有针对性。在座的每个人都有量身定制的沟通方式。"把人格心理与数字数据结合分析，剑桥分析公司展示了未来营销的发展前景。

未来，自己成了营销工具

Shudu Gram 和 Miquela Sousa 有什么共同点呢？两位都是超级名模，在网上有大量粉丝，分别为 20 万和 160 万。事实上，两位都是 AI 虚拟人物，由古驰（Gucci）、芬迪（Fendi）等品牌赞助，消费者甚至已经信以为真。

如今，如果这种以假乱真的技术大量存在，怎样才能制止别人创造一个虚拟的你呢？只是假设的话，也没什么大不了。但是，如果雷朋（Ray-Ban）公司在广告中创造了一个和你长得一模一样，并戴着最新款太阳镜的虚拟模特，该如何呢？

这种营销策略确实行之有效，因为神经科学家发现了"鸡尾酒会效应"。设想一下：在拥挤的聚会上，你正和一个好朋友叙旧。你们全神贯注地交谈，忽略了背后喋喋不休的声音。突然，你听到了身后 6 米的地方有人说了你的名字。10 秒之前，你根本没有注意到那里有什么人，但现在你会专注地听他们的对话内容。这种效应大约于 20 世纪 50 年代被发现，经过了一系列心理学研究的论证。

如今，这种效应与不可思议的面部精确识别技术相结合，有助于在未来创造出更多的虚拟人物。最近的研究表明，我们不仅格外关注自己的名字，还格外关注自己的面容[3]。换言之，还存在视觉上的"鸡尾酒会效应"。

有时，虽然你没认出自己的脸，大脑却可以识别出来。如果屏幕上有一张张面孔快速闪过，你描述不出其中任何一张面容的特点。但如果连上脑电图仪器，可以发现大脑在照片中的挑选活动。看到自己的脸在屏幕上一闪而过时，大脑活动会显示出注意力有所变化。需要强调的是，这种变化具有针对性，只有看到自己的脸时才会发生。

2019 年，FaceApp 推出了一项新功能，可以预测用户未来四五十年的容貌变化，这一功能吸引了大量用户。虽然这项功能非常有趣，但再度引发了人们对数据安全和个人隐私的担忧。福布斯预计，FaceApp 如今掌握了一亿五千多万脸谱网用户的面容特征。

虽然指责脸谱网再度出现数据安全隐患理所应当，但要注意，脸谱网不是唯一一家以面部数据谋利的公司。苹果的面容识别解锁，还有人脸识别在监管中的应用，都显示出面部数据和应用面部数据的软件无处不在。

最近，卡内基梅隆大学计算机科学教授罗莉·克拉诺（Lorrie Cranor）告诉《彭博商业周刊》："人脸识别技术现在成本低廉，每一家星巴克都可以投入使用，你还在队伍前列排队时，咖啡就已经准备好了。"[4]

广告商是否会利用消费者面容数据推销产品不是什么大问题，问题在于广告商何时利用、如何利用。以下是两种投机方式：

一是社交媒体营销。假如你正在地铁上漫无目的地浏览动态，一则广告跃入眼前。也许你不是会习惯性点开广告的人，但如果正在展示这些新款时髦鞋子的人就是你……你还会不点开吗？

当今的注意力经济中，广告商在社交软件上竞争激烈，力图吸引用户眼球。在社交平台的广告中嵌入用户面容这一策略，将会改变竞争规则，有助于区别品牌个性。你根本不必特意去看是不是自己的脸，即使你的脸偶尔出现在了广告中，你的注意力也会被不知不觉地吸引。

二是量身打造的"换脸"广告。这项技术可以让你完整出现在全景视频广告中。南希·佩洛西（Nancy Pelosi）等政客们的虚假视频已经引发了棘手的道德伦理问题。但是，换别人的脸远不及自己亲身体验更抓人眼球、更具说服力。一家换脸公司的技术不但可以使人在图片中轻松换上自己的脸，在视频中也可以做到。

迄今为止，我们所见的一些换脸技术应用并无害处，而且在网上大受欢迎。例如，2019 年初夏，尼克·奥弗曼（Nick Offerman）的脸被换到了《欢乐满屋》（*Full House*）中 [5]，但他其实是《公园与游憩》（*Parks and Recreation*）中罗恩·斯旺森（Ron Swanson）的扮演者。同年，中国的陌陌（Momo）发布了一款名为 ZAO 的应用程序，人们可以在这款应用程序中把自己的脸换成任何著名电影的主角 [6]。在介绍这款应用程序的广告中，陌陌化用了电影《盗梦空间》（*Inception*）的真实场景，把莱昂纳多·迪卡普里奥饰演的主角换成了另外一个人的脸 [7]。

但是，换脸技术很可能让人们感到不适，因为营销策略的操控性仿佛越来越强。正如第六章所述，人们天生不愿遭受损失，所以害怕成为一种强大的动力。试想一下，如果换脸技术应用于保险之类的广告中，人们将在生动逼真的视频中看到自己的尸体从车祸现场的车里被拖出来，还不够吓人吗？

个性化广告已然成为一种新浪潮，其确切形式还不明确。但显而易见，未来的营销是基于人脸量身打造的营销方案。所以，随之而来的有营销人员的新机遇，监管人员的新难题，还有伦理学家的新困惑。

消费 2.0 时代

数据和心理学将定义下一时代的营销，那么消费者该何去何从？消费者也需要把自己的行为更新到 2.0 版。为了保持警惕，谋求自己的最大利益，消费者需要更了解产品制作过程，然后以更清醒的意识与消费世界打交道。

现代营销之父菲利普·科特勒（Philip Kotler）已经出过一本《营销管理》（该书已成为全球营销学本科生和研究生的课堂用书），他对"营销"的定义是"建立维持有利可图的关系过程"。这是内行人的说法，其实就是把定义人格化了。营销就是价值交易。为了成功地驾驭未来消费，消费者必须了解交易的价值是什么，还有如何进行交易。

在平面设计、社交媒体、产品经历，甚至是品牌商标出现之前，营销很简单。有两方当事人，一方是卖家，一方是买家。卖家有商品，买家用货币（或其他商品）换取商品。这就是买卖。交易的价值也很简单。现在的商标等同于卖方的脸。

时间慢慢推移，竞争逐渐加剧，差异化的需求也不断涌现。在价格相同的情况下，卖家需要提供商品以外的额外价值，才能从买家那里赚取价值（以付款的形式）。卖家的问候方式、商品目录的范围和店铺的整洁程度等都成为卖家提供额外价值的方式。

来到今天，营销仍是一种价值交易，买家现在被称为消费者，卖家则是指公司、非营利性组织和政府组织等任何提供或接受价值的群体。现在已经演变成买家和卖家如何进行价值交易。

如今买家的支付往往超过实际价值。买家会口口相传，发电子邮件向朋友推荐，在脸谱网上发布卖家信息，或者在 Yelp 上为卖家点赞。如果把用户发布内容带来的价值考虑在内，现在的买家几乎就是卖家的免费劳力。实际上，应该叫作买家产生的内容价值。每次你在声田上创建播放列表，在亚马逊上写下评论，或者在 Instagram 上发布照片，你都在为公司带来产品以外的巨大价值。虽然买家是否发布内容对亚马逊和声田公司无关紧要，但如果真的没有买家再发帖创造价值，那么像 Instagram 这样的公司将不复存在。这种新的价值交换赋予了买家潜在的巨大力量。

如今的卖家也提供了新的价值，原因同之前的卖家一样，根据不断变化的商业环境需求，现在卖家必须提供安全干净的环境。现在，我们可以买的东西远比需要的多，这意味着卖家必须提供更多的价值来谋利。卖家与买家每一个可能的接触点都是卖家提供价值的机会。从电话的等待提示音到购物袋设计，从产品包装到抽奖博文，现在卖家必须更加努力地进行营销、打造个性、建立联系。

值得一提的是，尽管本书谈到了公司如何利用人类心理盲点为自己谋利，但营销人员确实可以真正为消费者增加产品价值。营销改变了我们对现实的感知，但这并不意味着我们对营销的反应虚假、浮于表面。用水晶玻璃杯喝葡萄酒确实味道更好，甚至大脑的感知水平亦是如此。因为作为人类，我们从来不是直接体验世界，我们所经历的一切都是大脑对现实建造的心智模型。事实上，我们根据葡萄酒是否稀有、昂贵所获得的愉悦感，可能和我们用舌头品尝到葡萄酒获得的愉悦感一样真实。

苹果专卖店确实比 Fry's 连锁超市的电子产品区体验更好。一双新的耐克 Joyride 系列跑鞋确实与普通品牌的跑鞋感觉不同，体验会更愉快。耐克品牌背后花费的时间、金钱和努力确实对我们产生了真切影响。正如第一章所述，品牌本身具有安慰剂效应，可以直接提升我们的体验。第一章的对照研究还说明，身体素质一样的两个球手，使用耐克高尔夫球杆的球手击球会更准，打得会更远更好[8]。多亏了营销人员，这样的安慰剂效应无处不在。

我们确实没理由一味质疑营销策略。毕竟不可否认，营销确实可以真正提升我们的幸福感和成就感。对于那些喜欢穿着耐克晨跑的人来说，耐克营销团队为他们努力打造了一个超级运动员的身份，那么额外多付 30 美元确实值得。

在买家/消费者和卖家/公司之间的价值交换中，公司的目标是优化从消费者那里提取的价值。消费者的目标也同出一辙：优化从公司中获得的价值。在公平的价值交换中，双方都心满意足。然而，问题是大多数消费者并没有意识到发生的价值交换是否对等。正如前文所提，有些人模糊地意识到买家和卖家的角色正在演变。然而，还有一些新型的不透明的价值交换正在发生，卖家了如指掌，而买家却被蒙在鼓里。这导致了不公平的价值交换，天平大大倾向了公司。所以，一旦不公平的价值交换发生，伦理道德问题将随之而来。

营销≈说服力

在消费者与企业关系中，说服至关重要。营销策略（品牌、广告等）的成功就在于说服力。说服是实现价值交换的关键。

任何一种营销策略的说服力都不是二进制的。相反，说服力有一个效果范围。设想一个 0 到 10 的简单衡量尺度，0 表示对未来行为没有影响，10 则表示绝对会影响未来行为。在尺度范围的最右侧，意味着消费者肯定会受到广告影响而做出行动；在最左侧则是营销策略对所期望发生的行为没有任何影响。

毫无　　　　　　　　　　　　　　　　　　　　　绝对
影响　　　　　　　　　　　　　　　　　　　　　影响

0　　　　　　　　　　　　　　　　　　　　　10

这一尺度范围有助于开展关于不公平价值交换的伦理探讨。作为消费者，处于什么位置会感觉不舒服？要是一想到营销策略会对消费行为产生决定性影响，也就是扼杀个人自主权，那么我们大多数人应该马上就会感到不舒服。那么这个尺度到底应该如何把握划分呢？营销策略的有效性应该低于80%，或者70%？营销人员的工作就是越靠右越好。如果营销人员的策略评分靠左，那么对消费者的影响也就微乎其微，这也就意味着营销人员工作的失职。所以，可接受的范围应该划在哪里？

由于买家和卖家关系的变化速度前所未有地快，那么营销策略会随之迅速更迭。不过本质上，买卖双方的关系仍是以价值交换为基础，只是现在价值交换的方式发生了变化，所以公司提取价值的方式也随之变化。

这些变化又导致了说服话术的巨大变化，不过归根结底还是得益于数千年来营销领域的个人数据发生了翻天覆地的变化。

目前，个人技术、数字习惯和消费者的互联生活提供的数据无可比拟，远远超过人工或人工智能进行有效处理的范围。然而，个人数据的收集才刚刚开始，90% 的数据是于 2016 年到 2017 年收集的[9]。日复一日，品牌只会更好地处理、理解以及利用这些数据说服消费者。

想象一下你认识的最能说会道之人，现在他们掌握了你所有的数字数据、购物记录、人格特征，还知道你的私人会话内容，甚至是就医记录，那么他们的说服是不是不可想象？要想说服你简直易如反掌。虽然营销效果百分之百的广告可能永远都会不尽如人意，但是公司的说服力是一条渐近线，只会越来越接近绝对说服。

在说服话术的不断进攻下，哪里才是"正确"的尺度？如果营销人员试图说服消费者做一些符合自身最大利益的事情，比如敦促多锻炼或者饮食更健康，是否衡量尺度会有所差异呢？营销伦理问题复杂多变，本书作者进行的研究正是在探索这些问题的解决方案[10]。短短的一章论述几乎没有触及新营销伦理模型影响因素的皮毛，但有一点应该明确：营销人员不会失职，他们只会能言善辩，更具说服力。

所以，消费者的前进方向是什么？在这一复杂交织的关系中，消费者可以做什么、应该做什么去维护自己的利益？

解决之道：从监管和消费者本身出发

在商业世界中，存在不公平的价值交换并不是什么新鲜事，保护消费者和市场进行公平价值交换的法律历来就有。反垄断法保护消费者（和整个经济体）不受垄断影响，因为垄断会扼杀竞争，让敲诈勒索客户成为平常之事。几个世纪以来，垄断的危害人所共知。身处这个大数据新时代，一系列新的关切和监管呼声同样频频出现。像剑桥分析公司泄露隐私的丑闻屡见不鲜，用户根本毫无隐私可言。尽管如此，目前尚不清楚该公司会受到什么样的监管处罚。如果有相关监管条例的话，我们的法官似乎对人工智能等新技术的理解也只是一孔之见。

虽然监管无疑将在未来收集、利用用户数据等方面发挥重要作用，但实现公司和消费者之间价值交换平衡的重任还是落在消费者身上。消费者改变评判产品价值等消费观念，会有不可思议的力量重塑买卖双方的关系……因此，也就基本可以实现等价交换。

当然，虽然监管发挥着重要作用，但消费者同样举足轻重。我们很容易指责脸谱网创造令人上瘾的产品，滥用数据。但与此同时，我们也必须考虑：脸谱网这样的数据公司不是非营利性组织；需要赚钱才能生存；拥有近23亿网民的数字王国不可能免费。如果消费者不愿意付费使用脸谱网、Instagram和WhatsApp等平台，那么这些公司必须另谋出路——挖掘用户注意力，再把数据卖给营销人员。

俗话说："天下没有免费的午餐。"同理，数字世界里也没有免费的应用程序。现在是消费者打破"免费"幻想的时候了。如果你没有用现金支付，你就得用营销人员看重的其他东西支付：注意力、个人数据，或两者兼而有之。越早意识到这一点，就可以越早开始有效处理我们与消费世界的关系。

我们并不是被动的接受者，我们有能力改变消费者与消费世界关系的性质，迫使消费世界适应我们。如果我们立即宣誓，把智能手机扔进大海，这会在消费世界掀起巨大波澜。即便苹果公司市值领先全球，但如果想继续生存，苹果也得做出巨大变革，更不用说赚钱盈利了。公司对消费者的依赖程度远远超过后者对前者的依赖程度。

我们可以从食品饮料行业获得启示，关于公司在生意／消费者的价值交换中应该保有怎样的透明度以及消费者应该如何作为。酒精和香烟的包装都会有健康警告，电影和电子游戏也都有年龄限制提示。然而，青少年却可以下载社交媒体应用程序进行浏览、刷屏和点赞，不受任何约束。监督条款不应该隐身，公司提供的价值应该包含公开展示提取的用户价值。

尤其是科技产品，人们往往不清楚消费者到底为公司提供了什么价值。这种不是开诚布公的实际交换显然不符合道德。你永远不会签署一份非母语的婚前协议，然而每次点击应用程序的同意条款时，你就是被蒙在鼓里的一方。

不管我们喜欢与否，我们与消费世界关系深厚。这一认识实际上可以赋予消费者力量。你是交易的合伙人，你所看重的方面对于塑造这段关系非常重要。倘若你改变了价值取向和自我价值的定位，这段关系会随之改变。作为买家，你可以推动卖家适应自己，建立一种更加平衡、互惠互利的关系。假如你是树懒，消费世界甚至可以成为你的海藻！

几百页阅读下来，你已经获得了看到无形东西的能力——盲视；不仅了解了心理上的潜在怪癖，知道了大脑遇到品牌时会发生的活动，还认识了人类心理学的一些重大悖论：痛苦和快乐、逻辑和情感、感知和现实，以及陌生又熟悉的致命吸引。现在你已经通晓了消费主义中的神经科学，包括记忆、决策、同理心、沟通、故事讲述、潜意识传递、注意力和体验等。

希望你可以把本书推荐给其他消费者，甚至是营销人员，这样他们就可以更好地理解营销带来的心理影响。

现在你已是一位掌控全局的飞行员，可以自由自在地在消费世界航行！祝贺你！随心而飞吧！

致　谢

　　如果足够幸运的话，一生之中可能会切身感受几次梦想成真的时刻！对于我们来说，遇见我们的经纪人丽莎·加拉格尔（Lisa Gallagher）就是梦想成真的开始！在墨西哥度假之时，你恰好看到了电子邮件，我们两人也因此相聚合作。我们真心感谢你，丽莎！感谢你对我们两人的信任，感谢你所做的一切筹备，感谢你对我们的帮助！图书出版是团队合作，正是因为你，才有了这本书！

　　我们还要感谢主编莉亚·威尔逊（Leah Wilson）的指导！从初稿到成书的每一步都是严峻挑战。你的专业让我们佩服！我们热切地等待（欢呼）每一次的修改，有了你的润色，我们的写作焕然一新。第一次与你通话，我们就强烈希望你可以提供直接反馈，而你不仅应允，还不厌其烦地每月帮我们修改。感谢你在我们只见树木之时，总能帮助我们拨云见日。感谢你的理性，感谢你的客观评判。莉亚，我们对你深怀敬意！这本书是我们的"宝贝"，如果没有你，本书不可能得以面世！

　　感谢格伦·叶夫特（Glenn Yeffeth）和所有BenBella团队成员，非常感谢你们对我们这两个初出茅庐的"作家"的信任，感谢你们对我们的尊重。格伦，感激你初次见面就对我们给予极大的肯定，感谢你和其他所有工作人员帮助我们梦想成真。我们想提醒阅读本书的作家：很难找到另一家像BenBella这样关心作者的出版商！

　　我们还要感谢林恩·梅尔瓦尼（Lyn Melwani），如果有最佳导师奖，我们会把它改名为林恩奖！你不断帮助我们成长，非常感谢你对整个项目的支持！

感谢艾伦·约翰逊（Alan Johnson）和卡米拉·席尔瓦（Camilla Silva）源源不断的创造力和灵感！我们陷入困境之时，有你们始终陪伴身边。你们的审美无可比拟，我们深感自豪！

最后，感谢第一批实习生：瓦莱里娅·埃斯帕萨（Valeria Esparza）、佩尔·斯塔宾（Per Stubing）、约瑟芬·盖特斯（Josephine Gatus）和卡罗尔·阿伦卡尔（Carol Alencar）。非常高兴有你们相伴，希望你们享受这段旅程！

（作者马特）非常感谢我的妻子玛琳（Marlene）。如果没有你的爱、支持、耐心和幽默鼓励，这本书不会面世。感谢我的儿子圣地亚哥（Santiago），谢谢你的欢呼和好奇，总让大家脸上挂满笑容。感谢我的岳父母（Magnolia and Chencho），感谢你们对圣地亚哥的耐心照顾和温暖呵护。我还想（再次）感谢我的父母（Stan and Sandy），感谢你们对我的写作一直以来的支持。感谢我的兄弟艾伦·约翰逊（Alan Johnson），没有你的创意，就没有本书精美的封面，感谢你为我提供关于心理学和艺术的有趣灵感！

（作者普林斯）感谢希瑟·哈钦森（Heather Hutchinson）在我紧张的写作期间给予了非凡耐心。感谢我的父母（Satnam and Ruby Ghuman）给予的坚定支持。特别感谢我最亲爱的姐姐（Sweety Ghuman），提醒我劳逸结合，如果没有你的不断鼓励和信任，这个梦想不会成真。感谢法拉兹·埃拉希（Faraz Ellahie）为本书的语句和幽默感提供的宝贵建议。还要感谢我的缪斯女神——狗狗施梅克尔（Schmeckle），始终为我提供情感支持。最后祝贺勒布朗·詹姆斯加盟湖人，为这支球队再添辉煌！

注 释

盲视的力量

1. B. De Gelder, M. Tamietto, G. van Boxtel, R. Goebel, A. Sahraie, J. van den Stock, B.M.C.Steinen, L. Weiskrantz, A. Pegna, "Intact navigation skills after bilateral loss of striate cortex," *Current Biology 18*(2009):R1128–R1129.

第一章 只 "吃" 菜单，不 "吃" 菜

1.. J. Bohannon, R. Goldstein, and A. Herschkowitsch, "Can People Distinguish Pâté From Dog Food?"(American Association of Wine Economists Working Paper No. 36, April 2009), https://www.wine-economics.org/dt_catalog/working-paper-no-36/.

2. G. Morrot, F. Brochet, & D. Dubourdieu, "The Color of Odors."*Brain & Language 79* (2001): 309–20.

3. H. McGurk and J. MacDonald J., "Hearing Lips and Seeing Voices," *Nature 264*, no. 5588 (1976): 746–48, doi:10.1038/264746a0.

4. Sixesfullofnines, "McGurk effect – Auditory Illusion – BBC Horizon Clip," video, 0:54, November 6, 2011, https://www.youtube.com/watch?v=2k8fHR9jKVM.

5. M. Nishizawa, W. Jiang, and K. Okajima, "Projective-AR System for Customizing the Appearance and Taste of Food," in Proceedings of the 2016 Workshop on Multimodal Virtual and Augmented Reality (MVAR '16) (New York: ACM, 2016), 6, doi:10.1145/3001959.3001966.

6. G. Huisman, M. Bruijnes, and D. K. J. Heylen, "A Moving Feast: Effects of Color, Shape and Animation on Taste Associations and Taste Perceptions," in Proceedings of the 13th International Conference on Advances in Computer Entertainment Technology (ACE 2016) (New York: ACM, 2016), 12,

doi:10.1145/3001773.3001776.

7. M. Suzuki, R. Kimura, Y. Kido, et al., "Color of Hot Soup Modulates Postprandial Satiety, Thermal Sensation, and Body Temperature in Young Women," *Appetite 114* (2017): 209-16.

8. Angel Eduardo, "George Carlin—Where's the Blue Food?," video, 1:09, May 25, 2008. https://www.youtube.com/watch?v=l04dn8Msm-Y

9. Author Matt had this precise scenario play out when he was living abroad in China.On a trip to Hangzhou, he was enjoying a very well-prepared meal and was thoroughly impressed by the flavorful dishes, especially his main entrée.Not wanting to be rude, he dug into it the meat in front of him without asking what it was.Then, a colleague revealed what the dish was—horse face. Suddenly, the entree tasted much different.

10. Wan-chen Lee, Jenny Mitsuru Shimizu, Kevin M. Kniffin, et al., "You Taste What You See: Do Organic Labels Bias Taste Perceptions?"*Food Quality and Preference 29, no. 1* (2013): 33-39, doi:10.1016/j.foodqual.2013.01.010.

11. James C. Makens, "Effect of Brand Preference upon Consumers' Perceived Taste of Turkey Meat," *Journal of Applied Psychology 49, no. 4* (1964): 261–63.

12. H. Plassmann, J.O'Doherty, B. Shiv, et al., "Marketing Actions Can Modulate Neural Representations of Experienced Pleasantness," *Proceedings of the National Academy of Sciences of the USA 105* (2008): 1050.

13. Jeffrey R. Binder and Rutvik H. Desai, "The Neurobiology of Semantic Memory," *Trends in Cognitive Sciences 15, no. 11* (2011): 527–36,

14. Karalyn Patterson, Peter J. Nestor, and Timothy T. Rogers, "Where Do You Know What You Know? The Representation of Semantic Knowledge in the Human Brain," *Nature Reviews Neuroscience 8* (2007): 976-87.

15. R. Lambon and A. Matthew, "Neural Basis of Category-Specific Semantic Deficits for Living Things: Evidence from Semantic Dementia, HSVE and a

Neural Network Model," *Brain 130, no. 4* (2007): 1127-37.

16. J. R, Saffran, R. N. Aslin, and E. L. Newport, "Statistical Learning in 8-Month Olds," *Science 274, no. 5294* (1996): 1926–28.

17. Interbrand, "Best Global Brands 2019 Ranking," accessed October 28, 2019, https:// www.interbrand.com/best-brands/best-global-brands/2019/ranking/.

18. S.I. Lee, interview with the authors in San Francisco, November 2018.

19. S. M. McClure, J. Li, D. Tomlin, et al., "Neural Correlates of Behavioral Preference for Culturally Familiar Drinks," *Neuron 44* (2004): 379–87.

20. Yann Cornil, Pierre Chandon, and Aradhna Krishna, "Does Red Bull Give Wings to Vodka? Placebo Effects of Marketing Labels on Perceived Intoxication and Risky Attitudes and Behaviors," *Journal of Consumer Psychology 27, no. 4* (2017): 456-65.

21. Pascal Tétreault, Ali Mansour, Etienne Vachon-Presseau, et al., "Brain Connectivity Predicts Placebo Response across Chronic Pain Clinical Trials," *PLoS Biology*, October 27, 2016, https://doi.org/10.1371/journal.pbio.1002570.

22. T. D. Wager and L. Y. Atlas, "The Neuroscience of Placebo Effects: Connecting Context, Learning and Health," *Nature Reviews: Neuroscience 16*, no. 7 (2015): 403–18.

23. Gary Greenberg, "What If the Placebo Effect Isn't a Trick?"*New York Times*, November 7, 2018, https://www.nytimes.com/2018/11/07/magazine/placebo-effect-medicine. html.

24. A. M. Garvey, F. Germann, and L. E. Bolton, "Performance Brand Placebos: How Brands Improve Performance and Consumers Take the Credit," *Journal of Consumer Research 42*, no. 6 (2016): 931-51.

第二章　锚定效应

1. C. Escera, K. Alho, I. Winkler, et al., "Neural Mechanisms of Involuntary

Attention to Acoustic Novelty and Change," *Journal of Cognitive Neuroscience 10* (1998): 590-604.

2. M. Milosavljevic, V. Navalpakkam, C. Koch, et al., "Relative Visual Saliency Differences Induce Sizable Bias in Consumer Choice," *Journal of Consumer Psychology 22*, no. 1 (2012): 67-74, https://doi.org/10.1016/j.jcps.2011.10.002.

3. Milosavljevic et al., "Relative Visual Saliency Differences."

4. Felicity Murray, "Special Report: Vodka Packaging Design," *the drink sreport*, September 13, 2013, https://www.thedrinksreport.com/news/2013/15045-special-report-vodka-packaging-design.html.

5. Katie Calautti, phone interview with the authors, February 28, 2019.

6. Macegrove, "Cadbury's Gorilla Advert," video, 1:30, Aug 31, 2017, https://www.youtube. com/watch?v=TnzFRV1LwIo.

7. Nikki Sandison, "Cadbury's Drumming Gorilla Spawns Facebook Group," Campaign, September 11, 2007, https://www.campaignlive.co.uk/article/cadburys-drumming-goril- la-spawns-facebook-group/737270.

8. "Cadbury's Ape Drummer Hits the Spot," Campaign Media Week, September 25, 2007, https://www.campaignlive.co.uk/article/brand-barometer-cadburys-ape-drummer- hits-spot/740054.

9. A. Gallagher, R. Beland, P. Vannasing, et al., "Dissociation of the N400 Component between Linguistic and Non-linguistic Processing: A Source Analysis Study," *World Journal of Neuroscience 4* (2014): 25-39.

10. M. Kutas and K. D. Federmeier, "Thirty Years and Counting: Finding Meaning in the N400 Component of the Event-Related Brain Potential (ERP)," *Annual Review of Psychology 62* (2011): 621-47.

11. Dan Hughes, "6 of the Most Memorable *Digital Marketing Campaigns of 2018...So Far*," *Digital Marketing Institute*, accessed November 28, 2019, https://digitalmarket- inginstitute.com/en-us/the-insider/6-of-the-most-

memorable-digital-marketing-cam- paigns-of-2018.

12. Daniel J. Simons and Daniel T. Levin, "Failure to Detect Changes to People during a Re- al-World Interaction," *Psychonomic Bulletin and Review 5, no. 4* (1998): 644–49, https:// msu.edu/course/psy/802/snapshot.afs/altmann/802/ Ch2-4a-SimonsLevin98.pdf.

13. Daniel Simons, "The 'Door' Study," video, 1:36, March 13, 2010, https:// www.youtube. com/watch?v=FWSxSQsspiQ.

14. Daniel J. Simons and Christopher F. Chabris, "Gorillas in our midst: sustained inat- tentional blindness for dynamic events," *Perception 28* (1999): 1059–74, http://www. chabris.com/Simons1999.pdf.

15. Daniel Simons, "Selective Attention Test," video, 1:21, March 10, 2010, https://www. youtube.com/watch?v=vJG698U2Mvo.

16. William Poundstone, Priceless: The Myth of Fair Value (and How to Take Advantage of It) (New York: Hill and Wang, 2011), 15; Brian Wansink, Robert J. Kent, and Stephen J. Hoch, "An Anchoring and Adjustment Model of Purchase Quantity Decisions," *Journal of Marketing Research 35* (February 1998): 71-81.

17. Wansink, Kent, and Hoch, "Anchoring and Adjustment Model."

第三章　记忆编码加速器

1. D. I. Tamir, E. M. Templeton, A. F. Ward, et al., "Media usage diminishes Memory for Experiences," *Journal of Experimental Social Psychology 76* (2018): 161-68.

2. L. A. Henkel, "Point-and-Shoot Memories: The Influence of Taking Photos on Memory for a Museum Tour," *Psychological Science 25*, no. 2 (2014): 396-402.

3. A. Barasch, G. Zauberman, and K. Diehl, "Capturing or Changing the Way We (Never) Were? How Taking Pictures Affects Experiences and Memories of

Experiences," *European Advances in Consumer Research 10* (2013): 294.

4. C. Diemand-Yauman, D. M. Oppenheimer, and E. B. Vaughan, "Fortune Favors the Bold (and the Italicized): Effects of Disfluency on Educational Outcomes," *Cognition 118* (2011): 114-18.

5. RMIT University, "Sans Forgetica" (typeface download page), 2018, http://sansforgetica. rmit/.

6. "Sans Forgetica: New Typeface Designed to Help Students Study," press release, RMIT University, October 26, 2018, https://www.rmit.edu.au/news/all-news/2018/oct/sans-forgetica-news-story.

7. E. Fox, R. Russo, R. Bowles, et al., "Do Threatening Stimuli Draw or Hold Visual Attention in Subclinical Anxiety?"*Journal of Experimental Psychology: General 130, no. 4* (2001): 681–700, doi:10.1037/0096-3445.130.4.681.

8. E. A. Kensinger and S. Corkin, "Memory Enhancement for Emotional Words: Are Emotional Words More Vividly Remembered Than Neutral Words?"*Memory and Cognition 31* (2003):1169–80.

9. Paulo Ferreira, Paulo Rita, Diogo Morais, et al., "Grabbing Attention While Reading Website Pages: The Influence of Verbal Emotional Cues in Advertising," *Journal of Eye Tracking, Visual Cognition and Emotion* (June 2, 2011), https://revistas.ulusofona.pt/ index.php/JETVCE/article/view/2057.

10. Jonathan R. Zadra and Gerald L. Clore, "Emotion and Perception: The Role of Affective Information," *Wiley Interdisciplinary Reviews: Cognitive Science 2, no. 6* (2011): 676–85, https://www.ncbi.nlm.nih.gov/pmc/articles/PMC3203022/.

11. A. D. Vanstone and L. L. Cuddy, "Musical Memory in Alzheimer Disease," *Aging, Neuropsychology, and Cognition 17*(1): 2010; 108–28.

12. A. Baird and S. Samson, "Memory for Music in Alzheimer's Disease: Unforgettable?"*Neuropsychology Review 19*, no. 1 (2009): 85-101.

13. D. J. Levitin, This Is Your Brain on Music: The Science of a Human Obsession (New York: Dutton/Penguin, 2006).

14. T. L. Hubbard, "Auditory Imagery: Empirical Findings," *Psychological Bulletin 136* (2010): 302-29.

15. Andrea R. Halpern and James C. Bartlett, "The Persistence of Musical Memories: A Descriptive Study of Earworms," *Music Perception: An Interdisciplinary Journal 28, no. 4* (2011): 425-32.

16. Ronald McDonald House Charities, "Our Relationship with McDonald's," accessed October 28, 2019, https://www.rmhc.org/our-relationship-with-mcdonalds.

17. "Ronald McDonald School Show Request," n.d., accessed October 28, 2019, https:// www.mcdonaldssocal.com/pdf/School_Show_Request_Form.pdf.

18. D. Kahneman, D. L. Fredrickson, C. A. Schreiber, et al., "When More Pain Is Preferred to Less: Adding a Better End," *Psychological Science 4* (1993): 401-5.

19. Event Marketing Institute, EventTrack 2015: Event & Experiential Marketing Industry Forecast & Best Practices Study (Norwalk, CT: Event Marketing Institute, 2015), http:// cdn.eventmarketer.com/wp-content/uploads/2016/01/ EventTrack2015_Consumer.pdf.

20. Google.org, "Impact Challenge Bay Area 2015," accessed October 28, 2019, https://im- pactchallenge.withgoogle.com/bayarea2015.

21. Tony Chen, Ken Fenyo, Sylvia Yang, et al., "Thinking inside the Subscription Box: New Research on E-commerce Consumers," *McKinsey*, February 2018, https://www. mckinsey.com/industries/high-tech/our-insights/thinking-inside-the-subscrip-tion-box-new-research-on-ecommerce-consumers.

22. Gerken, Tom (Sep 2018), "Kevin Hart: Fans kicked out for using mobile phones atgigs," *BBC News*, accessed October 28, https://www.bbc.com/news/world-us-canada-45395186.

23. Katie Calautti, phone interview with the authors, February 28,2019.

24. Music Industry Research Association and Princeton University Survey Research Center, "Inaugural Music Industry Research Association (MIRA) Survey of Musicians," June 22, 2018, https://img1.wsimg.com/blobby/go/53aaa2d4-793a-4400-b6c9- 95d6618809f9/downloads/1cgjrbs3b_761615.pdf.

25. RIAA, "U.S. Sales Database," accessed October 28, 2019, https://www.riaa.com/u-s- sales-database/.

26. Statista, "Music Events Worldwide," accessed October 28, 2019, https://www.statista. com/outlook/273/100/music-events/worldwide.

第四章　记忆合成

1. Linda Rodriguez McRobbie, "Total Recall: The People Who Never Forget," *The Guardian*, February 8, 2017, https://www.theguardian.com/science/2017/feb/08/total-recall-the-people-who-never-forget.

2. Valerio Santangelo, Clarissa Cavallina, Paola Colucci, et al., "Enhanced Brain Activity Associated with Memory Access in Highly Superior Autobiographical Memory,"Proceedings of the National Academy of Sciences 115, no. 30 (July 9, 2018), doi:10.1073/ pnas.1802730115.

3. Bart Vandever, "I Can Remember Every Day of My Life," *BBC Reel*, February 28, 2019, https://www.bbc.com/reel/video/p0722s3y/-i-can-remember-every-day-of-my-life.

4. "Coca Cola Commercial - I'd Like to Teach the World to Sing (In Perfect Harmony) -1971," YouTube video, 0:59, posted by "Shelly Kiss," December 29, 2008, https://www. youtube.com/watch?v=ib-Qiyklq-Q.

5. Shelly Kiss, "Coca Cola Commercial - I'd Like to Teach the World to Sing (In Perfect Harmony) – 1971," video, 0:59, December 29, 2008, https://www.

youtube.com/ watch?v=ib-Qiyklq-Q.

6. Accenture."Who Are the Millenial Shoppers? And What Do They Really Want?", accessed December 2, 2019, https://www.accenture.com/us-en/ insight-outlook-who-are- millennial-shoppers-what-do-they-really-want-retail.

7. Andrew Webster, "Nintendo NX: Everything We Know So Far," The Verge, September 23, 2016, https://www.theverge.com/2016/4/27/11516888/nintendo-nx-new-console- news-date-games.

8. InternetExplorer, "Microsoft's Child of the 90s Ad for Internet Explorer 2013," video, 1:40, Jan 23, 2013, https://www.youtube.com/watch?v=qkM6RJfl5cg.

9. "Elizabeth Loftus: How Can Our Memories Be Manipulated?"NPR, TED Radio Hour, October 13, 2017, https://www.npr.org/2017/10/13/557424726/ elizabeth-lof- tus-how-can-our-memories-be-manipulated.

10. E. F. Loftus and J. E. Pickrell, "The Formation of False Memories," *Psychiatric Annals* 25, no. 12 (1995): 720–25.

11. Lawrence Patihis, Steven J. Frenda, Aurora K. R. LePort, et al., "False Memories in Superior Autobiographical Memory," *Proceedings of the National Academy of Sciences of the USA*, 110, no. 52 (December 24, 2013): 20947-952, doi:10.1073/pnas.1314373110.

12. Daniel M. Bernstein, Nicole L.M.Pernat, and Elizabeth F. Loftus, "The False Memory Diet: False Memories Alter Food Preferences," *Handbook of Behavior, Food and Nutrition* (January 31, 2011): 1645–63.

13. John Glassie, "The False Memory Diet," *New York Times*, December 11, 2005, https:// www.nytimes.com/2005/12/11/magazine/falsememory-diet-the.html.

14. Kathryn Y. Segovia and Jeremy N. Bailenson, "Virtually True: Children's Acquisition of False Memories in Virtual Reality," Media Psychology 12 (2009): 371–93, https://vhil. stanford.edu/mm/2009/segovia-virtually-true.pdf.

15. D. R. Godden and A. D. Baddeley, "Context-Dependent Memory in Two

Natural Environments: On Land and Underwater," *British Journal of Psychology*, 66 (1975): 325–331. doi:10.1111/j.2044-8295.1975.tb01468.x.

16. Hajo Adam and Adam D. Galinsky, "Enclothed Cognition," Journal of Experimental Social Psychology 48, no. 4 (July 2012): 918-25.

17. Jason Notte, "5 Champagne Beers for New Year's Toasting," *The Street,* December 21,2011, https://www.thestreet.com/story/11350740/1/5-champagne-beers-for-new-years- toasting.html.

18. Alix Spiegel, "What Vietnam Taught Us about Breaking Bad Habits," *NPR Shots, January* 2, 2012, https://www.npr.org/sections/health-shots/2012/01/02/144431794/what- vietnam-taught-us-about-breaking-bad-habits.

19. "Drug Facts: Heroin," National Institute on Drug Abuse, June 2019, http://www.drug- abuse.gov/publications/drugfacts/heroin.

20. B. P. Smyth, J. Barry, E. Keenan, et al., "Lapse and Relapse Following Inpatient Treat-ment of Opiate Dependence," Irish Medical Journal 103, no. 6 (2010): 176-79.

21. Wendy Wood and David T. Neal, "The Habitual Consumer," *Journal of Consumer Psychology 19* (2009): 579–92, https://dornsife.usc.edu/assets/sites/545/docs/Wendy_ Wood_Research_Articles/Habits/wood.neal.2009._the_ habitual_consumer.pdf.

22. P. B. Seetheraman, "Modeling Multiple Sources of State Dependence in Random Utility Models: A Distributed Lag Approach," *Journal of Marketing Science 23*, no. 2 (2004): 263-71.

23. Verena Vogel, Heiner Evanschitzky, and B. Ramaseshan, "Customer Equity Drivers and Future Sales," *Journal of Marketing 72*, no. 6 (2008): 98-108.

24. L. Festinger and J. M. Carlsmith, "Cognitive Consequences of Forced Compliance," *Journal of Abnormal and Social Psychology 58* (1959): 203-10.

25. "Nissan Xterra Commercial (2002)," YouTube video, 0:29, posted by "Vhs Vcr," Novem- ber 23, 2016, https://www.youtube.com/watch?v=SVmn_ tlxpYU.

26. M. Moscovitch, "Confabulation," in Memory Distortion, ed. D. L. Schacter, J. T. Coyle, G. D. Fischbach et al.(Cambridge, MA: Harvard University Press, 1995), 226–51.

27. Sandra Blakeslee, "Discovering That Denial of Paralysis Is Not Just a Problem of the Mind," *New York Times*, August 2, 2019, https://www.nytimes.com/2005/08/02/sci- ence/discovering-that-denial-of-paralysis-is-not-just-a-problem-of-the.html.

28. T. Feinberg, A. Venneri, and A. M. Simone A.M. et al., "The Neuroanatomy of Aso- matognosia and Somatoparaphrenia," *Journal of Neurology*, Neurosurgery & Psychia- try 81 (2010): 276-81.

29. Petter Johansson, Lars Hall, Sverker Sikström, et al., "Failure to Detect Mismatches between Intention and Outcome in a Simple Decision Task," *Science*, October 2005, 116–19.

30. L. Hall, P. Johansson, B. Tärning, et al., "Magic at the Marketplace: Choice Blindness for the Taste of Jam and the Smell of Tea," *Cognition 117* (2010): 54–61, doi: 10.1016/j. cognition.2010.06.010

31. Anat Keinan, Ran Kivetz, and Oded Netzer, "The Functional Alibi," *Journal of the Association for Consumer Research 1*, no. 4 (2016), 479–96.

32. Rory Sutherland, *Alchemy: The Dark Art and Curious Science of Creating Magic in Brands, Business, and Life* (New York: William Morrow), loc.3645, Kindle.

33. Ruth Westheimer, "You've Decided to Break Up with Your Partner.Now What?" *Time*, January 4, 2018, http://time.com/5086205/dr-ruth-breakup-advice/.

第五章 左右摇摆

1. Daniel Kahneman and Shane Frederick, "Representativeness Revisited: Attribute Substitution in Intuitive Judgment," in *Heuristics and Biases: The Psychology of Intuitive Judgment, ed.* Thomas Gilovich, Dale Griffin, and Daniel Kahneman (New York: Cambridge University Press), 49–81.

2. Kara Pernice, "F-Shaped Pattern of Reading on the Web: Misunderstood, But Still Relevant (Even on Mobile)," *Nielsen Norman Group*, November 12, 2017, https://www. nngroup.com/articles/f-shaped-pattern-reading-web-content/.

3. SimilarWeb, "Youtube.com Analytics – Market Share Stats & Traffic Ranking," accessed October 2019, SimilarWeb.com/website/youtube.com.

4. P. Covington, J. Adams, and E. Sargin, "Deep Neural Networks for YouTube Recommendations," in Proceedings of the 10th ACM Conference on Recommender Systems (New York: ACM, 2016), 191–98.

5. A. Alter, Irresistible: The Rise of Addictive Technology and the Business of Keeping Us Hooked (New York: Penguin, 2016).

6. J. Koblin, "Netflix Studied Your Binge-Watching Habit.That Didn't Take Long," *New York Times*, June 9, 2016, https://www.nytimes.com/2016/06/09/business/media/netflix- studied-your-binge-watching-habit-it-didnt-take-long.html.

7. E. J. Johnson, J. Hershey, J. Meszaros, et al., "Framing, Probability Distortions, and Insurance Decisions," *Journal of Risk and Uncertainty 7* (1993): 35–51, doi:10.1007/ BF01065313.

8. James C. Cox, Daniel Kreisman, and Susan Dynarski, "Designed to Fail: Effects of the Default Option and Information Complexity on Student Loan Repayment," *National Bureau of Economic Research Working Paper No. 25258*, November 2018, https://www. nber.org/papers/w25258.

9. S. Davidai, T. Gilovich, and L. Ross, "The Meaning of Default Options for Potential Organ Donors," *Proceedings of the National Academy of Sciences of the USA* 109, no. 38 (2012): 15201-205.

10. Jennifer Levitz, "You Want 20% for Handing Me a Muffin? The Awkward Etiquette of iPad Tipping," *Wall Street Journal*, October 17, 2018, https://www.wsj.com/articles/ you-want-20-for-handing-me-a-muffin-the-awkward-etiquette-of-ipad-tipping- 1539790018?mod=e2fb.

11. Phil Barden, *Decoded: The Science Behind Why We Buy* (Hoboken, NJ: John Wiley & Sons), 150, Kindle.

12. Daniel Burstein, "Customer-First Marketing Chart: Why Customers Are Satisfied (and Unsatisfied) with Companies," *Marketing Sherpa*, February 21, 2017, https://www. marketingsherpa.com/article/chart/why-customers-are-satisfied.

13. NPR/Marist Poll results, April 25–May 2, 2018, accessed October 28, 2019, http:// maristpoll.marist.edu/wp-content/misc/usapolls/us180423_NPR/NPR_Marist%20 Poll_Tables%20of%20Questions_May%202018.pdf#page=2.

14. J. Clement, "Online shopping behavior in the United States - Statistics & Facts."*Statista Report*, August 30, 2019, https://www.statista.com/topics/2477/online-shopping-behavior/.

15. Sapna Maheshwari, "Marketing through Smart Speakers? Brands Don't Need to Be Asked Twice," *New York Times*, December 2, 2018, https://www.nytimes.com/2018/12/02/business/media/marketing-voice-speakers.html.

16. "Cavs Player Timofey Mozgov Accidentally Speaks Russian," YouTube video, 0:34, posted by FOX Sports, March 19, 2015, https://www.youtube.com/watch?v=mL- 2wnGbDQSs.

17. T. W. Watts and G. J. Duncan, "Controlling, Confounding, and Construct Clarity: A Response to Criticisms of 'Revisiting the Marshmallow Test'"

(2019), https://doi. org/10.31234/osf.io/hj26z.

18. Aimee Picchi, "The American Habit of Impulse Buying," *CBS News*, January 25, 2016, https://www.cbsnews.com/news/the-american-habit-of-impulse-buying/.

19. Sienna Kossman, "Survey: 5 in 6 Americans admit to impulse buys," CreditCards.com, January 25, 2016, https://www.creditcards.com/credit-card-news/impulse-buy-survey. php.

20. Phillip Hunter, "Your Decisions Are What You Eat: Metabolic State Can Have a Serious Impact on Risk-Taking and Decision-Making in Humans and Animals," *European Molecular Biology Organization 14*, no. 6 (2013): 505–8.

21. S. Danziger, J. Levav, J., and L. Avnaim-Pesso, "Extraneous Factors in Judicial Deci- sions," *Proceedings of the National Academy of Sciences of the USA 108*, no. 17 (2011): 6889–94.

22. Though see for a critique Keren Weinshall-Margel and John Shapard, "Overlooked Factors in the Analysis of Parole Decisions," *Proceedings of the National Academy of Sciences of the USA 108 no. 42* (2011): E833, https:// www.pnas.org/content/108/42/ E833.long.

23. Malcolm Gladwell, "The Terrazzo Jungle," *The New Yorker*, March 15, 2004, https:// www.newyorker.com/magazine/2004/03/15/the-terrazzo-jungle.

24. "The Gruen Effect," May 15, 2015, in 99% Invisible, produced by Avery Trufelman, MP3 audio, 20:10, https://99percentinvisible.org/episode/the-gruen-effect/.

25. David Derbyshire, "They Have Ways of Making You Spend," *Telegraph*, December 31, 2004, https://www.telegraph.co.uk/culture/3634141/They-have-ways-of-making-you- spend.html.

26. A. Selin Atalay, H. Onur Bodur, and Dina Rasolofoarison, "Shining in the Center: Central Gaze Cascade Effect on Product Choice," *Journal of Consumer*

Research 39, no. 4 (December 2012): 848-66.

27. LivePerson, The Connecting with Customers Report: A Global Study of the Drivers of a Successful Online Experience," November 2013, https:// docplayer.net/8484776-The- connecting-with-customers-report-a-global-study-of-the-drivers-of-a-successful-on- line-experience.html.

28. "Ebates Survey: More Than Half (51.8%) of Americans Engage in Retail Therapy—63.9% of Women and 39.8% of Men Shop to Improve Their Mood," Business Wire, April 2, 2013, http://www.businesswire.com/news/ home/20130402005600/en/ Ebates-Survey-51.8-Americans-Engage-Retail-Therapy%E2%80%94.

29. Selin Atalay and Margaret G. Meloy, "Retail Therapy: A Strategic Effort to Improve Mood," *Psychology & Marketing 28, no. 6* (2011): 638-59.

30. Emma Hall, "IPA: Effective Ads Work on the Heart, Not on the Head," Ad Age, July 16, 2017, https://adage.com/article/print-edition/ipa-effective-ads-work-heart- head/119202/.

31. Francisco J. Gil-White, "Ultimatum Game with an Ethnicity Manipulation," in *Foundations of Human Sociality: Economic Experiments and Ethnographic Evidence from Fifteen Small-Scale Societies*, ed. Joseph Henrich, Robert Boyd, Samuel Bowles, et al.(New York: Oxford University Press, 2004), https:// www.oxfordscholarship.com/view/1 0.1093/0199262055.001.0001/acprof-9780199262052-chapter-9.

32. Carey K. Morewedge, Tamar Krishnamurti, and Dan Ariely, "Focused on Fairness: Alcohol Intoxication Increases the Costly Rejection of Inequitable Rewards," *Journal of Experimental Social Psychology 50* (2014): 15-20.

33. J. A. Neves."Factors influencing impulse buying behaviour amongst Generation Y students," accessed December 2, 2019, https://pdfs.semanticscholar. org/4e37/7f- c1680020a106de47f9996e8fea07a6f9e8.pdf/.

34. Brian Boyd, "Free Shipping & Free Returns," Clique (website), April 15, 2016, http:// cliqueaffiliate.com/free-shipping-free-returns/.

35. Sarah Getz, "Cognitive Control and Intertemporal Choice: The Role of Cognitive Control in Impulsive Decision Making" (PhD diss., Princeton University, September 2013), http://arks.princeton.edu/ark:/88435/dsp019s161630w.

36. S. J. Katz and T. P. Hofer, "Socioeconomic Disparities in Preventive Care Persist Despite Universal Coverage: Breast and Cervical Cancer Screening in Ontario and the United States," JAMA 1994;272(7):530–534.

37. Manju Ahuja, Babita Gupta, and Pushkala Raman, "An Empirical Investigation of Online Consumer Purchasing Behavior," Communications of the ACM 46, no. 12 (December 2003): 145–51. doi:https://doi.org/10.1145/953460.953494.

38. Anandi Mani, Sendhil Mullainathan, Eldar Shafir, et al., "Poverty Impedes Cognitive Function," Science 341, no. 6149 (2013): 976–80.

39. Jiaying Zhao, Skype interview with the authors, December 7, 2018.

40. New York Stock Exchange, *PGR stock pricing*, January 1996–January 1997.

41. Emily Peck, Felix Salmon, and Anna Szymanski, "The Dissent Channel Edition," Sep- tember 29, 2018, in The Slate Money Podcast, MP3 audio, 59:44, http://www.slate.com/ articles/podcasts/slate_money/2018/09/slate_money_on_thinking_in_bets_why_elon_ musk_should_get_some_sleep_and.html.

42. N. Mazar, D. Mochon, and D. Ariely, "If You Are Going to Pay within the Next 24 Hours, Press 1: Automatic Planning Prompt Reduces Credit Card Delinquency," *Journal of Consumer Psychology 28*, no. 3 (2018): https://doi.org/10.1002/jcpy.1031.

第六章　快乐－痛苦＝购买

1. Artangel, "Michael Landy: Break Down," February 10–24, 2001, https://www.

artangel. org.uk/project/break-down/.

2. Alastair Sooke, "The Man Who Destroyed All His Belongings," *BBC Culture*, July 14, 2016, http://www.bbc.com/culture/story/20160713-michael-landy-the-man-who-de- stroyed-all-his-belongings.

3. A. Pertusa, R. O. Frost, M. A. Fullana, et al., "Refining the Boundaries of Compul- sive Hoarding: A Review," *Clinical Psychology Review 30*, no. 4 (2010): 371-86, doi:10.1016/j.cpr.2010.01.007.

4. B. Knutson, S. Rick, G. E. Wimmer, et al., "Neural Predictors of Purchases," Neuron 53, no. 1 (2007): 147–56, http://doi.org/10.1016/j.neuron.2006.11.010.

5. Silvia Bellezza, Joshua M. Ackerman, and Francesca Gino, "Be Careless with That! Avail- ability of Product Upgrades Increases Cavalier Behavior Toward Possessions," *Journal of Marketing Research 54*, no. 5 (2017): 768-84.

6. "EA SPORTS FIFA Is the World's Game," BusinessWire, press release, September 5, 2018, https://www.businesswire.com/news/home/20180905005646/en/.

7. Gregory S. Burns, Samuel M. McLure, Giuseppe Pagnoni, et al., "Predictability Modulates Human Brain Response to Reward," *Journal of Neuroscience 21*, no. 8 (2001): 2793-98.

8. Jerry M. Burger and David F. Caldwell, "When Opportunity Knocks: The Effect of a Per- ceived Unique Opportunity on Compliance," *Group Processes & Intergroup Relations 14, no. 5* (2011): 671–80, http://gpi.sagepub.com/content/14/5/671.full.pdf+html.

9. Clive Schlee, "Random Acts of Kindness," Pret a Manger website, April 27, 2015, https:// www.pret.com/en-us/random-acts-of-kindness.

10. Ryan Spoon, "Zappos Marketing: Surprises & Delights," *Business Insider*, March 11, 2011, https://www.businessinsider.com/zappos-marketing-surprises-and-de-lights-2011-3.

11. Stan Phelps, "Zappos Goes Door to Door Surprising and Delighting an Entire

Town for the Holidays," *Forbes*, December 9, 2015, https://www.forbes. com/sites/stanphelps/2015/12/09/zappos-goes-door-to-door-surprising-and-delighting-an-en- tire-town-for-the-holidays/#3058e0f4f6ca.

12. Mauro F. Guillén and Adrian E. Tschoegl, "Banking on Gambling: Banks and Lot-tery-Linked Deposit Accounts," *Journal of Financial Services Research 21*, no. 3 (2002): 219–231, http://www-management.wharton.upenn.edu/guillen/ PDF-Documents/ Gambling_JFSR-2002.pdf.

13. Shankar Vedantam, "'Save To Win'Makes Saving as Much Fun as Gambling," NPR Hidden Brain, January 6, 2014, https://www.npr.org/2014/01/06/260119038/ save-to- win-makes-saving-as-much-fun-as-gambling.

14. Barry Schwartz, "More Isn't Always Better," *Harvard Business Review*, June 2006, https://hbr.org/2006/06/more-isnt-always-better.

15. S. S. Iyengar and M. R. Lepper, "When Choice Is Demotivating: Can One Desire Too Much of a Good Thing?"*Journal of Personality and Social Psychology 79*, no. 6 (2000): 995–1006.

16. Alexander Chernev, U. Böckenholt, and J. K. Goodman, "Choice Overload: A Concep- tual Review and Meta-analysis," *Journal of Consumer Psychology 25* (2015): 333-58.

17. Sarah C. Whitley, Remi Trudel, and Didem Jurt, "The Influence of Purchase Motivation on Perceived Preference Uniqueness and Assortment Size Choice," *Journal of Consumer Research 45*, no. 4 (2018): 710–24, doi: 10.1093/jcr/ ucy031.

18. Thomas T. Hills, Takao Noguchi, and Michael Gibbert, "Information Overload orSearch-Amplified Risk? Set Size and Order Effects on Decisions from Experience," *Psychonomic Bulletin & Review 20*, no. 5 (October 2013): 1023–1031, doi:10.3758/ s13423-013-0422-3.

19. Accenture, "Accenture Study Shows U.S. Consumers Want a Seamless

Shopping Expe- rience Across Store, Online and Mobile That Many Retailers Are Struggling to Deliver," press release, April 15, 2013, http://newsroom. accenture.com/news/accenture-study- shows-us-consumers-want-a-seamless-shopping-experience-across-store-online-and- mobile-that-many-retailers-are-struggling-to-deliver.htm.

20. Corporate Executive Board, "Consumers Crave Simplicity Not Engagement," press release, May 8, 2012, https://www.prnewswire.com/news-releases/consumers-crave-sim- plicity-not-engagement-150569095.html.

21. Flixable, "Netflix Museum," n.d., accessed October 29, 2019, https://flixable. com/net-flix-museum/.

22. Yangjie Gu, Simona Botti, and David Faro, "Turning the Page: The Impact ofChoice Closure on Satisfaction," *Journal of Consumer Research 40*, no. 2 (August 2013): 268-83.

23. Statistic Brain Research Institute, "Arranged/Forced Marriage Statistics," n.d., accessed October 29, 2019, https://www.statisticbrain.com/arranged-marriage-statistics/.

24. Divorcescience, "World Divorce Statistics—Comparisons Among Countries," n.d. accessed October 29, 2019, https://divorcescience.org/for-students/world-divorce-sta- tistics-comparisons-among-countries/.

25. P. C. Regan, S. Lakhanpal, and C. Anguiano, "Relationship Outcomes in Indian-American Love-Based and Arranged Marriages," *Psychological Reports 110*, no. 3 (2012): 915–24, doi:10.2466/21.02.07.PR0.110.3.915-924.

26. Tor Wager, "Functional Neuroanatomy of Emotion: A Meta-Analysis of Emotion Activation Studies in PET and fMRI," *NeuroImage 16*, no. 2 (June 2002): 331-48, doi:10.1006/nimg.2002.1087.

27. D. Prelec and G. F. Loewenstein, "The Red and the Black: Mental Accounting of Savings and Debt," *Marketing Science 17* (1998): :4–28 (reference list).

28. Visa, "Visa Inc. at a Glance," n.d., accessed October 29, 2019, https://usa.visa. com/dam/ VCOM/download/corporate/media/visa-fact-sheet-Jun2015.pdf.

29. George Loewenstein, "Emotions in Economic Theory and Economic Behavior," *American Economic Review 90*, no. 2 (2000): 426-32, doi:10.1257/ aer.90.2.426.

30. Alberto Alesina and Francesco Passarelli, "Loss Aversion in Politics," *National Bureau of Economic Research Working Paper No. 21077*, April 2015, https:// www.nber.org/ papers/w21077.

31. F. Harinck, E. Van Dijk, I. Van Beest, et al., "When Gains Loom Larger Than Losses: Reversed Loss Aversion for Small Amounts Of Money," Psychological Science 18, no. 12 (2007): 1099–1105, doi:10.1111/j.1467-9280.2007.02031.x.

32. Lü Dongbin, The Secret of the Golden Flower, http://thesecretofthegoldenflower. com/ index.html.

33. Daugirdas Jankus.Effects of cognitive biases and their visual execution on consumer behavior in e-commerce platforms.Master's Thesis (2016): ISM Vadybos ir ekonomikos universitetas.

第七章 上瘾 2.0 时代

1. HFR."25 Shocking Caffeine Addiction Statistics," accessed October 28, 2019, https:// healthresearchfunding.org/shocking-caffeine-addiction-statistics/.

2. HealthReseachFunding.org, "7 Unbelievable Nicotine Addiction Statistics," n.d., accessed October 29, 2019, https://healthresearchfunding.org/7-unbelievable-nicotine-ad- diction-statistics/.

3. Statista, "Tobacco Products Report 2019—Cigarettes," n.d., accessed October 29, 2019, https://www.statista.com/study/48839/tobacco-products-report-cigarettes/.

4. Alexa, "Top Sites in the United States," https://www.alexa.com/topsites/

countries/US.

5. Alex Hern, "Facebook should be 'regulated like the cigarette industry', says tech CEO," accessed December 2, 2019, https://www.theguardian.com/technology/2018/jan/24/ facebook-regulated-cigarette-industry-salesforce-marc-benioff-social-media.

6. G. S. Berns and S. E. Moore, "A Neural Predictor of Cultural Popularity," Journal of Consumer Psychology 22 (2012): 154-60.

7. Daniel J. Lieberman and Michael E. Long, The Molecule of More: How a Single Chemical in Your Brain Drives Love, Sex, and Creativity—and Will Determine the Fate of the Human Race (Dallas: BenBella, 2018), 6.

8. Áine Doris, "Attention Passengers: your Next Flight Will Likely Arrive Early. Here's Why," KelloggInsight, November 6, 2018, https://insight.kellogg. northwestern.edu/article/attention-passengers-your-next-flight-will-likely-arrive-early-heres-why.

9. Debi Lilly, phone interview with the authors, March 6, 2019.

10. "#4: Oprah Relives the Famous Car Giveaway | TV Guide's Top 25 | Oprah Winfrey Network," YouTube video, 5:01, posted by OWN, September 25, 2012, https://www. youtube.com/watch?v=WmCQ-V7c7Bc.

11. OWN, "#4: Oprah Relives the Famous Car Giveaway | TV Guide's Top 25 | Oprah Winfrey Network," video, 5:05, September, 25, 2012, https://www. youtube.com/ watch?v=WmCQ-V7c7Bc.

12. Michael D. Zeiler, "Fixed and Variable Schedules of Response Independent Reinforce- ment," *Journal of the Experimental Analysis of Behavior 11*, no. 40 (1968): 405-14.

13. R. Schull, "The Sensitivity of Response Rate to the Rate of Variable-Interval Rein- forcement for Pigeons and Rats: A Review," *Journal of the Experimental Analysis of Behavior 84*, no. 1 (2005): 99-110.

14. Olivia Solon, "Ex-Facebook President Sean Parker: Site Made to Exploit Human 'Vulnerability,'" The Guardian, November 9, 2017, https://www. theguardian.com/technology/2017/nov/09/facebook-sean-parker-vulnerability-brain-psychology.

15. Ruchi Sanghvi, "Yesterday Mark reminded it was the 10 year anniversary of News Feed," Facebook, September 6, 2016, https://www.facebook.com/ruchi/posts/10101160244871819.

16. Shea Bennett, "Users Spend More Time on Pinterest Than Twitter, LinkedIn and Google+ Combined," Adweek, February 18, 2012, http://www.adweek. com/digital/usa- social-network-use/#/.

17. B. Zeigarnik, "On Finished and Unfinished Tasks," in A Sourcebook of Gestalt Psychol- ogy, ed. W. D. Ellis (New York: Humanities Press, 1967), 300–14.

18. The Numbers, "Box Office History for Marvel Cinematic Universe Movies," accessed December 2, 2019, https://www.the-numbers.com/movies/franchise/Marvel-Cinemat- ic-Universe.

19. Michael Sebastian, "Time Inc. Locks in Outbrain's Headline Recommendations in $100 Million Deal," Ad Age, November 18, 2014, http://adage.com/article/media/time-deal- outbrain-worth-100-million/295889/.

20. Craig Smith, "38 Amazing BuzzFeed Statistics and Facts (2019)," DMR by the Num- bers, September 6, 2019, https://expandedramblings.com/index.php/business-directo- ry/25012/buzzfeed-stats-facts/.

21. Sam Kirkland, "Time.com's Bounce Rate Down by 15 Percentage Points Since Adopting Continuous Scroll," Poynter, July 20, 2014, https://www.poynter. org/news/time- coms-bounce-rate-down-15-percentage-points-adopting-continuous-scroll.

22. Bianca Bosker, "The Binge Breaker: Tristan Harris Believes Silicon Valley Is Addicting Us to Our Phones. He's Determined to Make It Stop," The Atlantic,

November 2016, https://www.theatlantic.com/magazine/archive/2016/11/the-binge-breaker/501122/.

23. Tristan Harris, "A Call to Minimize Users' Distraction & Respect Users' Attention, by a Concerned PM & Entrepreneur" (slide deck), February 2013, LinkedIn SlideShare, uploaded by Paul Mardsen, August 13, 2018, https://www.slideshare.net/paulsmarsden/ google-deck-on-digital-wellbeing-a-call-to-minimize-distraction-and-respect-us-ers-attention.

24. Brian Resnick, "What Smartphone Photography Is Doing to Our Memories," Vox, March 28, 2018, https://www.vox.com/science-and-health/2018/3/28/17054848/smart-phones-photos-memory-research-psychology-attention.

25. Devin Coldewey, "Limiting Social Media Use Reduced Loneliness and Depres- sion in New Experiment," *TechCrunch*, November 9, 2018, https://techcrunch. com/2018/11/09/limiting-social-media-use-reduced-loneliness-and-depres- sion-in-new-experiment/.

26. Haley Sweetland Edwards, "You're Addicted to Your Smartphone.This Company Thinks It Can Change That," *Time*, April 12, 2018, updated April 13, 2018, http://amp. timeinc.net/time/5237434/youre-addicted-to-your-smartphone-this-company-thinks- it-can-change-that.

27. Digital Detox Retreats (website), accessed October 29, 2019, http://digitaldetox.org/ retreats/.

28. Molly Young, "What an Internet Rehabilitation Program Is Really Like," Allure, January 21, 2018, https://www.allure.com/story/internet-addiction-rehab-program.

29. Nicolas Thompson, "Our Minds Have Been Hijacked by Our Phones.Tristan Harris Wants to Rescue Them," *Wired* (July 26, 2017), https://www.wired.com/story/our- minds-have-been-hijacked-by-our-phones-tristan-harris-wants-to-

rescue-them/.

30. "Venture Investment in VR/AR Startups," PitchBook, n.d., accessed October 29, 2019, https://files.pitchbook.com/png/Venture_investment_in_VR_AR.png.

31. Bernard Yack, *The Problems of a Political Animal: Community, Justice, and Conflict in Aristotelian Political Thought* (Berkeley: University of California Press, 1993).

第八章　偏好

1. Jennifer Thorpe, "Champions of Psychology: Robert Zajonc," Association for Psycho- logical Science, January 2005, https://www.psychologicalscience.org/observer/champions-of-psychology-robert-zajonc.

2. Margalit Fox, "Robert Zajonc, Who Looked at Mind's Ties to Actions, Is Dead at 85," *New York Times*, December 6, 2008, https://www.nytimes.com/2008/12/07/educa- tion/07zajonc.html.

3. R. B. Zajonc, "Mere Exposure: A Gateway to the Subliminal," *Current Directions in Psychological Science 10*, no. 6 (2001): 224.

4. R. F. Bornstein, "Exposure and Affect: Overview and Meta-analysis of Research, 1968–1987," *Psychological Bulletin*, 106 (1989): 265–89.

5. Robert B. Zajonc "Attitudinal Effects Of Mere Exposure," *Journal of Personality and Social Psychology 9*, no. 2, Pt. 2 (1968): 1–27. doi:10.1037/h0025848.

6. Zajonc, "Mere Exposure."

7. Jan Conway, "Coca-Cola Co.: Ad Spend 2014–2018," Statista, August 9, 2019, https:// www.statista.com/statistics/286526/coca-cola-advertising-spending-worldwide/.

8. Aleksandra, "63 Fascinating Google Search Statistics," *SEO Tribunal,* September 26, 2018, https://seotribunal.com/blog/google-stats-and-facts/.

9. Robert F. Bornstein and Paul R. D'Agostino, "Stimulus Recognition and the

Mere Exposure Effect," *Journal of Personality and Social Psychology 63*, no. 4 (1992): 545–52, https://faculty.washington.edu/jdb/345/345%20Articles/ Chapter%2006%20Born- stein%20&%20D%27Agostino%20(1992).pdf.

10. Joseph E. Grush, "Attitude Formation and Mere Exposure Phenomena: A Nonartifactual Explanation of Empirical Findings," Journal of Personality and Social Psychology 33, no. 3 (1976): 281–90, http://psycnet.apa.org/ record/1976-22288-001.

11. Sylvain Delplanque, Géraldine Coppin, Laurène Bloesch, et al., "The Mere Exposure Effect Depends on an Odor's Initial Pleasantness," *Frontiers in Psychology*, July 3, 2015, https://doi.org/10.3389/fpsyg.2015.00920.

12. A. L. Alter and D. M. Oppenheimer, "Predicting Short-Term Stock Fluctuations by Using Processing Fluency," Proceedings of the National Academy of Sciences of the USA 103, no. 24 (2006): 9369–72, doi:10.1073/ pnas.0601071103.

13. Michael Bernard, Bonnie Lida, Shannon Riley, et al., "A Comparison of Popular Online Fonts: Which Size and Type Is Best?"Usability News 4, no. 1 (2018), https://pdfs.semanticscholar.org/21a3/2bc134881ef07726c0 e45e3d01923418f14a.pdf?_ga=2.217085078.1679975153.1572354996- 1611920395.1572354996.

14. Christian Unkelbach, "Reversing the Truth Effect: Learning the Interpretation of Processing Fluency in Judgments of Truth," *Journal of Experimental Psychology: Learning, Memory, and Cognition 33*, no. 1 (2007): 219-30, doi:10.1037/0278-7393.33.1.219.

15. Karen Riddle, "Always on My Mind: Exploring How Frequent, Recent, and Vivid Television Portrayals Are Used in the Formation of Social Reality Judgments," *Media Psychology 13* , no. 2 (2010): 155–79, doi:10.1080/15213261003800140.

16. Stephanie Clifford, "Video Prank at Domino's Taints Brand," *New York*

Times, April 15, 2019, https://www.nytimes.com/2009/04/16/business/media/16dominos.html.

17. "Domino's President Responds to Prank Video," YouTube video, 2:01, posted by "swifttallon," April 18, 2009, https://www.youtube.com/watch?v=dem6eA7-A2I.

18. Cornelia Pechmann and David W. Stewart, "Advertising Repetition: A Critical Review of Wearin and Wearout," *Current Issues and Research in Advertising 11*, nos.1–2 (1988): 285-329.

19. R. F. Bornstein, "Exposure and Affect: Overview and Meta-analysis of Research, 1968–1987," *Psychological Bulletin 106* (1989): 265–89, doi:10.1037/0033-2909.106.2.265.

20. R. Bornstein and P. D'Agostino, "Stimulus Recognition and Mere Exposure," *Journal of Personality and Social Psychology 63* (1992):4;545-552.

21. Stewart A. Shapiro and Jesper H. Nielsen, "What the Blind Eye Sees: Incidental Change Detection as a Source of Perceptual Fluency," *Journal of Consumer Research 39*, no. 6 (April 2013): 1202-1218.

22. Bornstein and D'Agostino, "Stimulus Recognition and Mere Exposure."

23. Derek Thompson, "The four-letter code to selling just about anything," *The Atlantic*, January 2017.

24. https://nypost.com/2015/02/14/fifty-shades-of-grey-whips-sex-toy-sales-into-a-frenzy/.

第九章 世界上最有说明力的莫过于一个好故事

1. This refers to the broad, "language-sensitive" network of the brain, spanning the left temporal cortex, auditory cortex, and Broca's area, as described in Hasson's work, and consistent with E. Fedorenko and N. Kanwisher, "Functionally Localizing Language-Sensitive Regions in Individual Subjects

with fMRI," *Language and Linguistics Compass 5*, no. 2 (2011): 78-94.

2. G. Stephens, L. Silbert, and U. Hasson, "Speaker–Listener Neural Coupling Underlies Successful Communication," Proceedings of the National Association of Sciences of the USA 107, no. 32 (2010): 14425–30.

3. M. Pickering and S. Garrod, "Toward a Mechanistic Psychology of Dialogue," Behavioral and Brain Sciences 27, no. 2 (2004):169–90. http://www.psy.gla. ac.uk/~simon/CD8063.Pickering_1-58.pdf.

4. Libby Hill, "Pepsi Apologizes, Pulls Controversial Kendall Jenner Ad," Los Angeles Times, April 5, 2019, https://www.latimes.com/entertainment/la-et-entertainment-news-updates-april-2017-htmlstory.html#pepsi-apologizes-pulls-controver- sial-kendall-jenner-ad.

5. L. Steinberg and K. C. Monahan, "Age Differences in Resistance to Peer Influence," *Developmental Psychology 43* (2007): 1531-43.

6. David Bambridge, *Teenagers: A Natural History* (London: Portobello Books, 2009).

7. Robert Ferris, "Harley-Davidson's electric motorcycle signals a big change for the legendary, but troubled, company," CNBC, November 11, 2018, https:// www.cnbc. com/2018/11/09/harley-davidsons-electric-motorcycle-is-a-big-change-for-the-company.html.

8. L. Fogassi, P. F, Ferrari, B. Gesierich, et al., "Parietal Lobe: From Action Organization to Intention Understanding," *Science 308*, no. 5722 (2005): 662-67.

9. Pier Francesco Ferrari and Giacomo Rizolatti, "Mirror Neurons: Past and Present," *Philosophical Transactions of the Royal Society of London B: Biological Sciences 369, no.* 1644 (2014): 20130169, https://doi.org/10.1098/rstb.2013.0169.

10. M. Iacoboni, "Imitation, Empathy, and Mirror Neurons," *Annual Review of Psychology 60* (2009): 653-70.

11. S. Bekkali, G. J. Youssef, P. H. Donaldson, et al., "Is the Putative Mirror Neuron System Associated with Empathy? A Systematic Review and Meta-Analysis," *PsyArXiv Preprints* (March 20, 2019), https://doi.org/10.31234/osf.io/6bu4p.

12. "Taste the Feeling - Sam Tsui, Alyson Stoner, Josh Levi, Alex G. Diamond, & KHS," YouTube video, 3:11, posted by Kurt Hugo Schneider, August 13, 2016, https://www. youtube.com/watch?v=5-uXzOW6SLo.

13. Adobe Marketing Cloud, "8 Marketers Doing Big Data Right," Mashable, May 6, 2013, https://mashable.com/2013/05/06/cmo-data/#2rNcAJeGpPq5.

14. Binkley, Christina, "More Brands Want You to Model Their Clothes," *The Wall Street Journal*, May 15, 2013, https://www.wsj.com/articles/SB100014241278 87324216004578483094260521704.

15. L. Budell L., et al "Mirroring Pain in the Brain: Emotional Expression Versus Motor Imitation," PLoS One 10, no. 2 (2015): e0107526.

16. P. Slovic, "'If I Look at the Mass I Will Never Act'": Psychic Numbing and Genocide," *Judgment and Decision Making 2* (2007): 79-95.

17. P. Slovic and D. Västfjäll, "The More Who Die, the Less We Care: Psychic Numbing and Genocide," in Imagining Human Rights, ed. S. Kaul & D. Kim (Berlin: De Gruyter, 2015), 55–68.

18. Wendy Koch, "Lives of Indelible Impact," *USA Today*, May 29, 2007.

19. M. Johnson, L. Detter, and P. Ghuman. "Individually Driven Narratives Facilitate Emotion and Consumer Demand," *The European Conference on Media, Communications & Film: Official Conference Proceedings, 2018.*

20. M. Fidelman, "5 of the Best Sports Marketing Campaigns That Went Viral in 2015," Forbes, June 9, 2015, https://www.forbes.com/sites/ markfidelman/2015/06/09/ here-are-5-of-the-best-sports-marketing-campaigns-that-went-viral-in-2015/#7d- c3a18a401d.

21. C. Nass, Y. Moon, B. Fogg, et al., "Can Computer Personalities Be Human Personalities?"International Journal of Human–Computer Studies 43 (1995): 223–39; C. Nass, Y. Moon, and P. Carney, "Are People Polite to Computers? Responses to Comput-er-Based Interviewing Systems," *Journal of Applied Social Psychology 29*, no. 5 (1999): 1093–1110; C. Nass and Y. Moon, "Machines and Mindlessness: Social Responses to Computers," Journal of Social Issues 56, no. 1 (2000): 81-103.

22. P. Karr-Wisniewski and M. Prietula, "CASA, WASA, and the Dimensions of Us," Computers in Human Behavior 26 (2010): 1761–71.

23. R. Sager, "Do Celebrity Endorsements Actually Work?"MarketWatch, March 11, 2011, http://www.marketwatch.com/story/do-celebrity-endorsements-work-1300481444531.

24. Kit Yarrow, Decoding the New Consumer Mind: How and Why We Shop and Buy (Hoboken, NJ: John Wiley & Sons), 145, Kindle.

25. Johnny Green, "Under Armour - Misty Copeland - I Will What I Want," video, 1:40, March 15, 2016, https://www.youtube.com/watch?v=zWJ5_HiKhNg.

第十章　万物的本质

1. Mattha Busby, "Woman Who Bought Shredded Banksy Artwork Will Go Through with Purchase," *The Guardian*, October 11, 2018, https://www.theguardian.com/artandde-sign/2018/oct/11/woman-who-bought-shredded-banksy-artwork-will-go-through- with-sale.

2. Elizabeth Chuck, "Purchaser of Banksy Painting That Shredded Itself Plans to Keep It," NBC News, October 12, 2018, https://www.nbcnews.com/news/world/purchaser- banksy-painting-shredded-itself-plans-keep-it-n91941.1.

3. B. M. Hood and P. Bloom, "Children Prefer Certain Individuals over Perfect Duplicates," *Cognition 106*, no. 1 (2008): 455–62, doi10.1016/

j.cognition.2007.01.012.

4. Chris Dwyer, "How a 'Chef' Can Sway Fine Diners into Preferring Inferior Food," August 20, 2015, http://www.cnn.com/travel/article/chef-fools-diners-taste-test/index.html.

5. Brian Wansink, Collin R. Payne, and Jill North, "Fine as North Dakota Wine: Sensory Expectations and the Intake of Companion Foods," *Physiology & Behavior 90*, no. 5 (2007): 712–16.

6. Eustacia Huen, "How Stories Can Impact Your Taste in Food," Forbes, September 29, 2018, https://www.forbes.com/sites/eustaciahuen/2018/09/29/story-food/#7c34f5393597.

7. Anna Bernasek and D. T. Morgan, *All You Can Pay: How Companies Use Our Data to Empty Our Wallets* (New York: Hachette Book Group, 2015).

8. "Perrier Orson Welles," YouTube video, 0:29, posted by Retronario, March 9, 2014, https://www.youtube.com/watch?v=2qHv4yh4R9c.

9. Bruce G. Posner, "Once Is Not Enough: Why the Marketing Genius Who Made Perrier a Household Word Has Fizzled as a Small-Business Consultant," *Inc.*, October 1, 1996, https://www.inc.com/magazine/19861001/7075.html.

10. Retrontario, "Perrier Orson Welles 1979," video, 0:29, March 9, 2014. https://www. youtube.com/watch?v=2qHv4yh4R9c.

11. Nestlé, "Perrier: Perrier Brand Focus," n.d., accessed November 1, 2019, https://www. nestle.com/investors/brand-focus/perrier-focus.

12. Dan Shapley, "Almost Half of All Bottled Water Comes from the Tap, but Costs You Much More," *Good Housekeeping*, August 12, 2010, https://www. goodhousekeeping. com/home/a17834/bottled-water-47091001/.

13. Posner, "Once Is Not Enough."

14. "Significant Objects," website, accessed November 1, 2019, http:// significantobjects. com/.

15. "5 minutes with ... a 1926 Bottle of The Macallan Whisky," Christie's, December 12, 2018, https://www.christies.com/features/5-minutes-with-a-1926-bottle-of-The-Macal- lan-whisky-9384-1.aspx.

16. "Lot 312: The Macallan 1926, 60 Year-Old, Michael Dillon" (auction listing), Christie's, accessed November 1, 2019, https://www.christies.com/lotfinder/ wine/the-macallan-1926-60-year-old-michael-dillon-6180404-details. aspx?from=salesummary&intObjec- tID=6180404&lid=1.

17. Dean Small, phone interview with the authors, February 13, 2019.

18. "Bertha Benz: The Journey That Changed Everything," YouTube video, 4:02, posted by Mercedes-Benz, March 6, 2019, https://www.youtube.com/ watch?v=vsGrFYD5Nfs.

19. "Mercedes Benz - Company History Commercial," YouTube video, 0:33, posted by "TheRealBigBlack," November 30, 2019, https://www.youtube. com/watch?v=ynzZxHy- 9jrs.

20. "Macy's 150 Years Commercial," YouTube video, 1:00, posted by "Frenite," https://www. youtube.com/watch?v=4oORxFJJc88.

21. Emily Glazer, "Wells Fargo to Pay $185 Million Fine over Account Openings," *Wall Street Journal*, September 8, 2016, https://www.wsj. com/articles/wells-fargo-to-pay-185-million-fine-over-account-openings-1473352548?mod=article_inline.

22. "Wells Fargo Re-established 2018," Vimeo video, 1:01, posted by "craigknelson," https:// vimeo.com/270298076.

23. "The Fédération Internationale de l'Automobile (FIA)," *FIA Heritage* Museums website, accessed November 1, 2019, fiaheritagemuseums.com.

24. Evangeline Holland, "The Spirit of Ecstasy," Edwardian Prominence (blog), May 3, 2008, http://www.edwardianpromenade.com/love/the-spirit-of-ecstasy/.

25. Daniel Kahneman, Alan B. Krueger, David Schkade, et al., "A Survey Method

for Characterizing Daily Life Experience: The Day Reconstruction Method,"
Science 306, no.5702 (December 3, 2004): 1776-1780.

26. Amir Mandel, "Why Nobel Prize Winner Daniel Kahneman Gave Up on
Happiness," *Haaretz*, October 7, 2018, https://www.haaretz.com/israel-news/.
premium.MAGAZINE-why-nobel-prize-winner-daniel-kahneman-gave-up-on-
happiness-1.6528513.

第十一章　不知不觉

1. William M. O'Barr, "'Subliminal' Advertising," *Advertising & Society Review
6*, no. 4 (2005), doi:10.1353/asr.2006.0014.

2. J. A. Krosnick, A. L. Betz, L. J. Jussim, et al., "Subliminal Conditioning of At-
titudes," *Personality and Social Psychology Bulletin 18, no. 2* (1992): 152–62,
doi:10.1177/0146167292182006.

3. Omri Gillath, Mario Mikulincer, Gurit E. Birnbaum, et al., "Does
Subliminal Exposure to Sexual Stimuli Have the Same Effects on Men
and Women?"*The Journal of Sex Research 44, no. 2* (2007): 111-21,
doi:10.1080/00224490701263579.

4. J. Karremans, W. Stroebe, and J. Claus, "Beyond Vicary's Fantasies: The
Impact of Sub- liminal Priming and Brand Choice," Journal of Experimental
Social Psychology 42, no. 6 (2006): 792–98. doi:10.1016/j.jesp.2005.12.002.

5. Federal Communications Commission, "Press Statement of Commissioner
Gloria Tristani, Re: Enforcement Bureau Letter Dismissing a Request by
Senators Ron Wyden and John Breaux for an Investigation Regarding
Allegations of the Broadcast of Subliminal Advertising Provided by the
Republican National Committee," press release, March 9, 2001, https://
transition.fcc.gov/Speeches/Tristani/Statements/2001/stgt123.html.

6. Committee on Advertising Practice, BCAP Code: The UK Code of Broadcast

Advertis- ing, "03 Misleading Advertising," section 3.8, n.d., accessed November 1, 2019, https:// www.asa.org.uk/type/broadcast/code_section/03. html.

7. "Subliminal Message in KFC Snacker," YouTube Video, 0:12, posted by "defying11," May 18, 2008, https://www.youtube.com/watch?v=zrRDEjPoeGw.

8. A. A. Karim, B. Lützenkirchen, E. Khedr, et al., "Why Is 10 Past 10 the Default Setting for Clocks and Watches in Advertisements? A Psychological Experiment," *Frontiers in Psychology 8* (2017): 1410, https://doi.org/10.3389/fpsyg.2017.01410.

9. R. B. Zajonc."Mere Exposure: A Gateway to the Subliminal."*Current Directions in Psychological Science, 10*(6) (2001): 224-228.

10. Associated Press, "'Transformers' a GM Ad in Disguise," *NBC News*, July 3, 2007, http://www.nbcnews.com/id/19562215/ns/business-autos/t/transformers-gm-ad-dis- guise/.

11. Michael L. Maynard and Megan Scale, "Unpaid Advertising: A Case of Wilson the Vol- leyball in Cast Away," *Journal of Popular Culture 39*, no. 4 (2006), https://onlinelibrary. wiley.com/doi/abs/10.1111/j.1540-5931.2006.00282.x.

12. Sarah Whitten, "Starbucks Got an Estimated $2.3 Billion in Free Advertising from'Game of Thrones' Gaffe, and It Wasn't Even Its Coffee Cup," *CNBC*, May 7, 2019, https://www.cnbc.com/2019/05/07/starbucks-got-2point3-billion-in-free-advertising- from-game-of-thrones-gaffe.html.

13. "U.S. Product Placement Market Grew 13.7% in 2017, Pacing for Faster Growth in 2018, Powered by Double-Digit Growth in Television, Digital Video and Music Integrations," PRWeb, press release, June 13, 2018, https://www.pqmedia.com/wp-content/ uploads/2018/06/US-Product-Placement-18.pdf.

14. Nicolas Guéguen, "Color and Women Hitchhikers' Attractiveness: Gentlemen

Drivers Prefer Red," *Color Research & Application 37* (2012): 76–78, doi:10.1002/col.20651.

15. Nicolas Guéguen and Céline Jacob, "Clothing Color and Tipping: Gentlemen Patrons Give More Tips to Waitresses with Red Clothes," *Journal of Hospitality & Tourism Research*, April 18, 2012, http://jht.sagepub.com/content/early/2012/04/16/1096348012442546.

16. Elizabeth Paten, "Can Christian Louboutin Trademark Red Soles? An E.U.Court Says No," *New York Times*, February 6, 2018, https://www.nytimes.com/2018/02/06/busi- ness/christian-louboutin-shoes-red-trademark.html.

17. Stephen A Stansfeld and Mark P. Matheson, "Noise Pollution: Non-auditory Effects on Health," *British Medical Bulletin 68*, no. 1 (2003): 243–57, https://doi.org/10.1093/ bmb/ldg033.

18. Torø Graven and Clea Desebrock, "Bouba or Kiki with and Without Vision: Shape-Au- dio Regularities and Mental Images," *Acta Psychologica 188* (2018): 200–12.

19. Ronald E. Milliman, "Using Background Music to Affect the Behavior of Supermarket Shoppers," *Journal of Marketing 46*, no. 3 (1982): 86-91.

20. Adrian C. North, David J. Hargreaves, and Jennifer McKendrick, "The Influence of In-Store Music on Wine Selections Article," *Journal of Applied Psychology 84*, no. 2 (1999): 271-76.

21. Adrian C. North, Amber Shilcock, and David J. Hargreaves, "The Effect of Musical Style on Restaurant Customers' Spending," *Environment and Behavior 35*, no. 5 (2003): 712–18.

22. K. C. Colwell, "Faking It: Engine-Sound Enhancement Explained," *Car and Driver*, April 2012, https://www.caranddriver.com/features/faking-it-engine-sound-enhance- ment-explained-tech-dept.

23. M. Lynn, J. Le, and D. Sherwyn, "Reach Out and Touch Your Customers,"

Cornell Hotel and Restaurant Administration Quarterly, 39(3) (1998): 60–65.

24. Christopher Bergland, "The Neuroscience of Smell Memories Linked to Place and Time," *Psychology Today*, July 31, 2018, https://www.psychologytoday. com/us/blog/ the-athletes-way/201807/the-neuroscience-smell-memories-linked-place-and-time.

25. N. R. Keinfield, "The Smell of Money," *New York Times*, October 25, 1992, https:// www.nytimes.com/1992/10/25/style/the-smell-of-money.html.

26. "The Smell of Commerce: How Companies Use Scents to Sell Their Products," The Independent, August 16, 2011 https://www.independent.co.uk/ news/media/advertising/ the-smell-of-commerce-how-companies-use-scents-to-sell-their-products-2338142.html.

27. Geke D. S. Ludden and Hendrik N. J. Schifferstein, "Should Mary smell like biscuit? Investigating scents in product design," *International Journal of Design 3*(3) (2009): 1–12.

28. Hancock, G.D.(2009).The Efficacy of fragrance use for enhancing the slot machine gaming experience of casino patrons.

29. N. Gueguen and C. Petr, "Odors and consumer behavior in a restaurant," *International Journal of Hospitality Management 25* (2) (2006): 335–339.

30. P. E. Murphy, "Research in Marketing Ethics: Continuing and Emerging Themes," *Recherche et Applications En Marketing* (English edition) 32, no. 3 (2017): 84–89.

31. B. Milner, "The Medial Temporal-Lobe Amnesic Syndrome," *Psychiatric Clinics of North America 28* (2005): 599–611.

32. A. J. Marcel, "Conscious and Unconscious Perception: Experiments on Visual Masking and Word Recognition," *Cognitive Psychology 15* (1983): 197–237.

33. C. S. Soon, M. Brass, H.-J. Heinze, et al., "Unconscious Determinants of Free Decisions in the Human Brain," *Nature Neuroscience 11*, no. 5 (2008): 543–

45, doi:10.1038/ nn.2112.

34. A. Tusche, S. Bode, and J. Haynes, "Neural Responses to Unattended Products Predict Later Consumer Choices," *The Journal of Neuroscience 30*, no. 23 (2000): 8024–31.

35. L. E. Williams and J. A. Bargh, "Experiencing Physical Warmth Promotes Interpersonal Warmth," *Science 322* (2008): 606-7.

第十二章　未来营销

1. Charles Duhigg, "How Companies Learn Your Secrets," *New York Times*, February 16, 2012, https://www.nytimes.com/2012/02/19/magazine/shopping-habits.html.

2. Associated Press and NBC News, "Facebook to send Cambridge Analytica Data-Use Notices to 87 Million Users Monday," *NBC News*, April 9, 2018, https://www.nbcnews.com/tech/social-media/facebook-send-cambridge-analytica-data-use-notices-mon- day-n863811.

3. M. Wojcik, M. Nowicka, M. Bola, and A. Nowicka, "Unconcious Detection of One's Own Image," *Psychological Science 30:4* (2019): 471-480

4. Joel Stein, "I Tried Hiding From Silicon Valley in a Pile of Privacy Gadgets," *Bloomberg Businessweek*, August 8, 2019, https://www.bloomberg.com/news/features/2019-08- 08/i-tried-hiding-from-silicon-valley-in-a-pile-of-privacy-gadgets.

5. DrFakenstein, "Full House of Mustaches - Nick Offerman [deepfake]," video, 1:01, August 11, 2019, https://www.youtube.com/watch?v=aUphMqs1vFw.

6. Grace Shao and Evelyn Cheng, "The Chinese face-swapping app that went viral is taking the danger of 'deepfake' to the masses," *CNBC*, September 4, 2019, https://www.cnbc. com/2019/09/04/chinese-face-swapping-app-zao-takes-dangers-of-deepfake-to-the- masses.html.

7. NBC News Now "The Future Is Zao: How A Chinese Deepfake App Went Viral," video, 3:12, September 4, 2019, https://www.youtube.com/watch?v=dJYTMhKXCAc.

8. A. M. Garvey, F. Germann, and L. E. Bolton, "Performance Brand Placebos: How Brands Improve Performance and Consumers Take the Credit," *Journal of Consumer Research 42, no. 6* (2016): 931-51.

9. Domo, "Data Never Sleeps 5.0," infographic, n.d., accessed November 1, 2019, https:// www.domo.com/learn/data-never-sleeps-5.

10. M. Johnson, P. Ghuman, and R. Barlow, "Psychological Coordinates of Marketing Ethics for the Modern World" (forthcoming); see http://www.popneuro.com.

© 民主与建设出版社，2023

图书在版编目（CIP）数据

　　上瘾的秘密：潜移默化的营销方式如何重塑我们的
大脑 /（美）马特·约翰逊，（美）普林斯·古曼著；柴
淼麟译. -- 北京：民主与建设出版社，2023.1
　　书名原文：Blindsight:The (mostly) Hidden Ways
Marketing Reshapes our Brains
　　ISBN 978-7-5139-4063-4

　　Ⅰ.①上… Ⅱ.①马… ②普… ③柴… Ⅲ.①消费心
理－研究 Ⅳ.①F713.55

中国版本图书馆CIP数据核字(2022)第240905号

Copyright © 2020 by Matt Johnson and Prince Ghuman.
This edition arranged with DeFiore and Company Literary Management, Inc.
through Andrew Nurnberg Associates International Limited.
Simplified Chinese edition copyright © 2023 Ginkgo (Beijing) Book Co., Ltd.
All Rights Reserved.
中文简体版权归属于银杏树下（北京）图书有限责任公司。

版权登记号：01-2023-0632

上瘾的秘密：潜移默化的营销方式如何重塑我们的大脑
SHANGYIN DE MIMI QIANYIMOHUA DE YINGXIAO FANGSHI RUHE
CHONGSU WOMEN DE DANAO

著　　者	[美]马特·约翰逊　普林斯·古曼		
译　　者	柴淼麟		
出版统筹	吴兴元	责任编辑	郝　平
特约编辑	高龙柱	营销推广	ONEBOOK
装帧制造	墨白空间·杨和唐		
出版发行	民主与建设出版社有限责任公司		
电　　话	（010）59417747　59419778		
社　　址	北京市海淀区西三环中路 10 号望海楼 E 座 7 层		
邮　　编	100142		
印　　刷	天津中印联印务有限公司		
版　　次	2023 年 1 月第 1 版		
印　　次	2023 年 3 月第 1 次印刷		
开　　本	889 毫米 × 1194 毫米　1/32		
印　　张	10.75		
字　　数	153 千字		
书　　号	ISBN 978-7-5139-4063-4		
定　　价	62.00 元		

注：如有印、装质量问题，请与出版社联系。